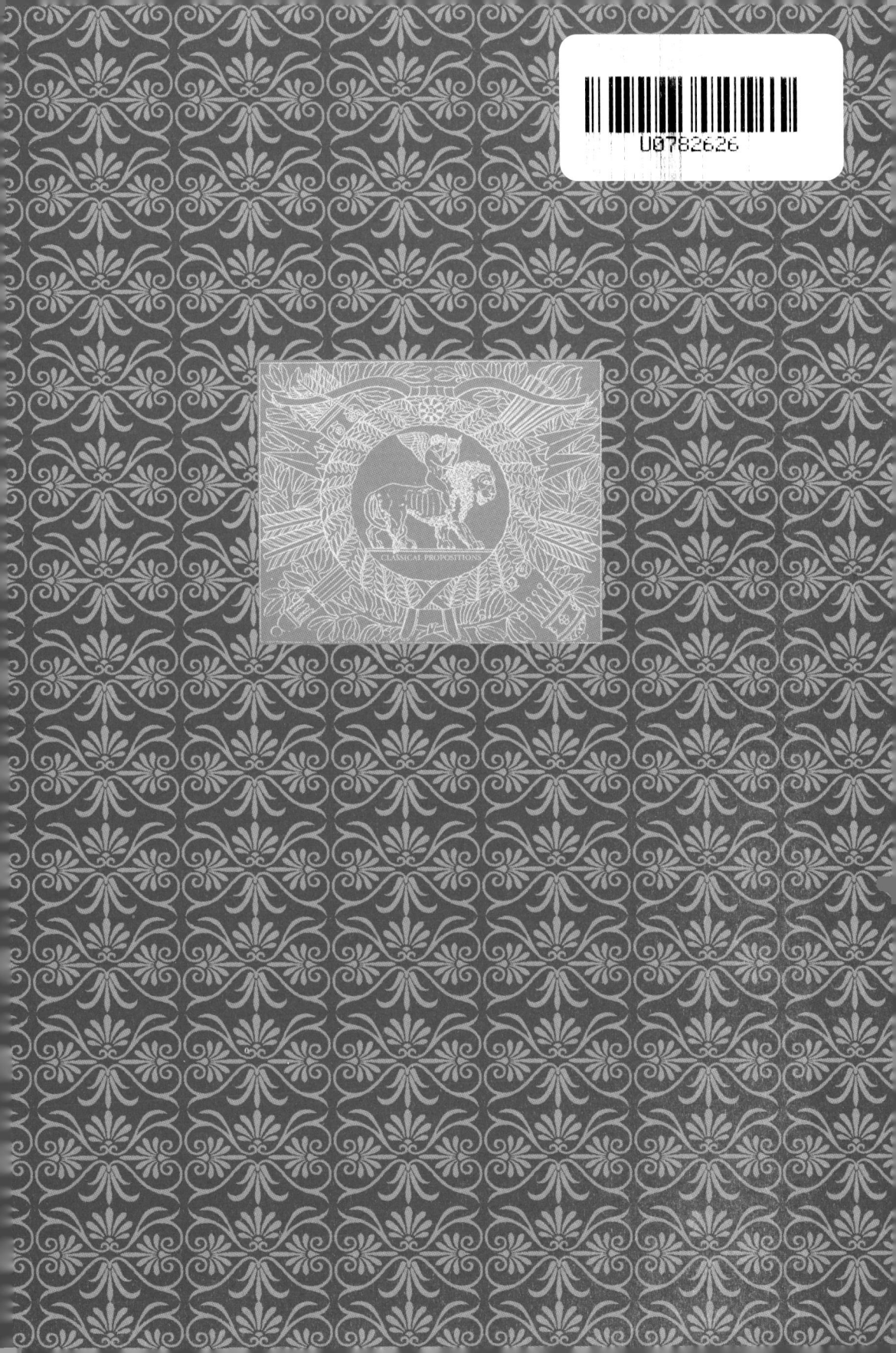

西方经典命题丛书

西方工商管理学经典命题
Classical Propositions on Western Business Administration

主　编／陈传明

副主编／周小虎

江西人民出版社

　　管理理论是在总结人类管理实践的基础上产生的。只要有人类有组织的集体活动，就有对人类有组织集体活动的管理；只要有对人的集体活动的管理，就会有对人的管理活动的思考；只要有对管理活动的思考，就可能形成不同的管理观念和思想。因此，管理思想可能同人类一样古老，可以追溯到历史久远的时代。西方如此，东方亦然。

　　但是，作为一种系统的理论，管理学的产生和发展则是近 100 年左右的事。在历史的长河中，东西方的先哲们虽然也对管理活动的内涵和特点进行了大量的思考，但这些思考通常是零散的、片断的，大多只是对管理活动中的某个要素、管理主体的某种行为进行分离式的研究。只是等到产业革命的到来，工厂制度的出现，管理思考才变得比较活跃，管理的系统思想也才逐渐形成。随着这些工厂数量的不断增加，其规模日益扩大、活动内容日趋复杂，对这些活动的组织也就需要愈来愈多的专职管理人员。这些专职管理人员在自己的职能活动中就会不断地对管理活动的一般规律进行思考和总结。法约尔、泰罗就曾经是这些来自实践的管理思想家的杰出代表。体系比较完整的管理理论理与方法正是在这个过程中逐渐地形成并不断完善的。

　　从泰罗、法约尔等人对管理活动进行系统思考开始到现在，已经过去了一个多世纪。在这 100 多年的时间里，由于人类活动、特别是人类在企业这个微观经济单位中组织经济活动的特点以及这些活动的环境不断发生变化，管理思考的重点和视角也在不断地被调整，管理思想的内容因此而渐趋丰富,管理的理论体系也因此而不断完善和成熟。"科学管理原理"、"人际关系学派"、"社会系统理论"、"资源基础"以及"核心能力理论",只不过是理论发展过程中人们耳熟能详的几个代表性名词。

理论的系统构造是以该理论讨论中的一系列命题为基础的,理论的发展实际上也是通过这些命题的不断发展来实现的。对管理理论大厦中的经典命题进行系统的总结和介绍,是一件非常有意义的事。这项工作要求的理论准备和基础条件虽非我们可以胜任,但借助这个机会梳理管理研究的脉络,对我们今后的研究和教育工作无疑将有着重要的促进作用。所以接到江西人民出版社的邀请后,我们组织了近年来和我一起探讨管理问题的一些博士生和博士后对这种可能进行了论证。在多次讨论的基础上,我们根据江西人民出版社的要求,将相关管理研究的经典命题分为"管理学"和"工商管理"两个部分,列出了近300个命题,然后进行筛选和组合,与责任编辑汪婷老师一起选择了其中的170个命题,组织我的博士生或博士后进行写作。

《西方工商管理学经典命题》是从横向工作领域根据工商管理活动的不同职能来设计体系的。南京理工大学经济管理学企业管理系主任周小虎博士提供了第一篇《战略管理》、江苏大学会计学院吴梦芸博士提供了第二篇《财务管理》、安徽大学管理学院马文彬博士提供了第三篇《人力资源管理》、南京大学孙俊华博士提供了第四篇《运营与物流》、南京理工大学经济管理学院刘兴国博士提供了第五篇《研究与开发》以及南京大学管理学院韩顺平博士提供了第六篇《市场营销》等篇命题的初稿。小虎教授协助我实际组织了对这些初稿的修改润色、对部分命题甚至是重写的工作。当然,写作和统稿中虽经努力可能依然存在的疏漏和不当之处,其学术责任仍应由我承担。

本书得以出版,是许多人共同努力的结果。借此机会,感谢江西人民出版社的有关领导为我们提供了整理管理经典命题的机会;感谢汪婷女士在本书编辑出版过程中付出的远远超过责任编辑的贡献。

本书编写获得教育部哲学社会科学创新基地南京大学经济和发展研究中心的资助。

愿本书的出版对那些关心本土管理理论与实践的人们有所助益。

陈传明
2009 - 11 - 18 于南京龙江

目录

第三篇　人力资源管理

第六篇　市场营销

第一篇 战略管理

战略决定结构，结构追随战略

小艾尔弗雷德·钱德勒生于 1918 年。1952 年获得哈佛大学历史系哲学博士学位，1950—1963 年任教于麻省理工学院，1963—1971 年转到霍普金斯大学，1971 年被哈佛大学商学院聘为企业史教授，在那里工作到近 80 岁才退休。熊彼特对钱德勒有过直接影响，熊彼特在去世前曾任该中心的高级研究员，而钱德勒则是该中心的成员。钱德勒的工作都是具有重要学术影响的，《战略与结构》提出了"结构追随战略"命题，是战略管理的经典理论；《看得见的手》则获得美国历史著作最高奖班克洛夫特和菲利策奖；《规模与范围》荣获 1990 年美国出版协会商业和管理类最佳图书奖。钱德勒毕生致力于企业史的研究，他的威信和实力在今天尚无人超越。

对于企业战略与组织结构联系的研究始于大师钱德勒，他在 1962 年出版的巨著《战略与结构：美国工业企业史的若干篇章》中，研究了杜邦公司、通用汽车公司、新泽西标准石油公司以及西尔斯公司组织结构的演变。由此得出了如下结论，企业的组织结构是根据企业所制定的战略发展而来的，而这些战略又是受到环境的变化所驱动。这个思想就概括为战略管理的经典格言"战略决定结构，结构追随战略"。

钱德勒通过对企业发展史的考察注意到，现代企业的出现经历了两个"关键变革"，一个是依靠职能部门进行集中管理的结构和企业集团的出现，后来的学者们将这两种结构简称为 U 型结构(Unitary Form，简称 U-Form) 和 H 型结构(Holding Form，简称 H-Form)。另一个则是自 20 世纪初以来大企业组织越来越多地采用多部门组织结构(Multidivional Form 简称 M 型结构)。

U 型结构和 H 型结构产生于在 19 世纪晚期，当时技术和市场基础设施的发展为在化工、机械、烟草等行业获取规模经济和范围经济提供了机会，像美国烟草、杜邦公司、麦考梅克收割机公司等首先在所在行业进行了大规模生产设备的投资，因而得到了迅速扩张，并发展出 U 型结构，这种结构能够对劳动进行专业化分工，有助于实现制造、营销等职能活动的规模经济。H 型结构则是产生于像通用汽车公司那些靠横向兼并组合而成的企业，往往经过同业协会、卡特尔等"松散联合"，逐步达到控股公司式的"紧密联合"，形成各子公司有很大独立性和自主权的企业集团。

钱德勒发现 20 世纪 20 年代越来越多大型企业向 M 型结构转变，最先发明了多部门结构的公司是杜邦、通用汽车、新泽西标准石油和西尔斯。这四家企业之间并没有模仿，他们在解决各自问题时独立创新出来的。

杜邦原来是一家主要生产炸药的化工企业，公司管理层预期第一次世界大战后对主线产品的需求会下降，企业开始采取多样化战略，到 1919 年杜邦进入人造革、染料、漆料、化工品、低氮硝化纤维素和人造纤维等领域，以充分利用公司的研发、资金、销售、技术和组织管理等资源，特别是它在硝化棉技术优势方面的潜力。然而，由此出现了每一种产品领域之间协调变得日益困难，原有组织的不适应导致了管理上的混乱。1921 年的公司财务年终报表，除了炸药以外，其他所有的产品线都出现亏损。杜邦的解决方案是采用新的组织结构，建立五个产品事业部和一个总部。总部负责公司整体的战略问题并协调、评估各事业部的工作，公司职能部门的专业人员协助执行委员会工作，不再承担行政职责。每个事业部享有经营的自主权，都有自己的职能部门；事业部对自己的财务负责。

早期的通用汽车公司是由金融家杜兰特一手创建的控股公司。他运用金融手段从 1904 到 1919 年并购了几十家生产汽车、卡车和各种零件的厂商。但通用内部没有建立一个紧凑的组织结构，独立的小公司被兼并过来以后，仍然保持着很大的独立性和自主权，而公司总部协调全公司投资和生产活动的能力几近于无。同时，各子公司不顾市场萎缩的实际状况继续扩大生产，导致存货大幅度上升。面对着这种情况，杜兰特"完全不能够使事情得到控制"。危机导致公司被杜邦财团和摩根财团所接管，斯隆出任了新的领导人。斯隆的战略是通过为不同收入水平的消费者提供相应档次的产品,使通用汽车占领所有的市场,"为每一个钱包和用途都生产一辆汽车"。新的组织结构是按市场档次划分产品事业部,它们依次为卡迪拉克、别克、奥克兰和沃尔兹,最后是雪佛莱。新结构基于两个原则,一是每个事业部经理负责部门经营和绩效,总部专注公司长远的战略问题并对公司的资源进行分配和协调,总部负责协调与监督各事业部的投资以及资本回报率,协调各事业部工作以及制定产品政策。

新泽西标准石油公司是标准石油托拉斯(美孚)在1911年被美国最高法院裁定违反反托拉斯法被拆散后保留下来的公司。新泽西基本目标是降低公司资源在炼油部门的集中度,向后并购油田和向前建立运油船队的纵向合并。随之而来的问题是,油田数量和产品加工量不断增加,附属的部门和办事机构越来越多。制造部门越来越难以协调从采油到炼油的生产流程,国内销售、出口和国外生产等部门倾向于从各自需要来规定产品流量。1927年新泽西为了控制原油产量并降低成本,实行部门行政首长负责制,把集中于总部的职能下放到运营企业,在那里建立职能部门。

西尔斯原是一家邮寄零售公司,主要为分散在农村的消费者服务,其组织结构是按主要业务而设立的职能式组织结构。为了进入日益增长的城市市场,西尔斯采取新的扩张战略,通过建立零售店而进入直接零售领域,到1929年西尔斯的全国连锁店扩张到324家。从1932年起,公司对连锁店重新集中管理并发展了会计和统计的控制方法,以后开始重建地区办事处,逐步建立具备所有职能的地区分部及发展有能力管理分部和公司职能部门的总办事处。

这四家企业案例说明,扩张战略必须跟随相应的结构变化。M型组织结构是在企业规模扩大,向新的产品和地区市场扩张时被采纳的。创造新组织结构的真正原因并不是企业规模本身,而是在多样化扩张战略下,当企业开始在若干不同的地区市场或若干相关的产品市场上运营时,高级管理人员决策的多样性和复杂性不断增加。"战略性的增长来自更加有利可图地利用现存的或扩张中的资源。如果要有效率地经营一个被扩大了的企业,新的战略就要求一个新的或至少是重新调整过的结构。没有结构调整的增长只能导致无效率。没有(集中的)行政职责和结构,企业中的个别单位作为独立的单位无疑可以有效地运行。只要企业负责人不能创造出把若干行政职责有效结合成一个统一整体所必要的行政职责和结构,他们就不能履行基本的经济职能。"

管理者很少会改变他们日常的惯例和权力地位,除非受到强大的压力。由 U 型和 H 型组织结构的转变,是这两种组织结构都存在很大的缺陷,需要创造更有效率的企业组织结构来加以取代。U 型企业的特点,是依靠总部的采购、营销、财务等职能部门直接控制各业务单元。因此,决策权力过分集中于总部,而总部的执行委员会又往往只是各职能部门负责人讨价还价、达成交易的俱乐部。公司规模日益扩大,使决策难以正确和及时,协调各种职能部门工作的成本也很高。M 型企业的战略决策和协调功能,是由公司总部执行的。钱德勒 1997 年指出,大公司总部执行官员的作用,是执行两项互相紧密关联的功能:一个是"企业家的或价值创造的"功能。就是决定企业战略,并运用企业的管理技能,设备和资本,以及配置企业拥有的资源,去实施这些战略。另一个是"行政性的或防止亏损的"功能。就是监测各运营分部的绩效,控制它们对分配给自己的资源的运用,并在必要时重新规定它们的产品范围以便使企业的组织能力持续地得到有效利用。M 型组织结构的产生及扩散是因为它能更有效地协调大规模的生产和分配。创造新组织形式的决策取决于管理者意识到企业面临的紧迫需要和机会,而他们的相应决策就是一个战略问题。一个企业面对新的机会(进入相关的产品市场和地理扩张)可能会采取一个投资战略;但这个投资战略就生产工艺、产品和地理来说越是目标远大,发展一个能够协调投入流量和产出分配的管理结构就越是关键;因为只有这种相应的结构才能协调多样化和复杂化的企业生产过程,从而证明大规模投资的合理性。

(周小虎)

参考文献:

[1] Alfred D. Chandler, 1962, Strategy and Structure: Chapters in the History of the American Industrial Enterprise[M]. Cambridge Mass: The MIT Press.

[2] [美]小艾尔弗雷德·钱德勒. 规模与范围:工业资本主义的原动力[M]. 北京:华夏出版社,2006.

[3] [美]小艾尔弗雷德·钱德勒. 看得见的手:美国企业的管理革命[M]. 北京:商务印书馆,1987.

[4] 路风,从结构到组织能力:钱德勒的历史性贡献[J]. 世界经济,2001.7.

战略就是追求公司资源与机遇的匹配

肯尼思·R. 安德鲁斯的一生具有传奇色彩。1936 年安德鲁斯作为优等生毕业于英国卫斯理派教会大学,之后获得了美国文学硕士学位,但他在伊利诺斯州立大学的博士学习,却因第二次世界大战被迫中断。1946 年他重返大学完成了有关马克·吐温的文学博士论文。然而,几个月之后哈佛商学院给他提供一个机会,讲授组织行为学中的一门新的课程"管理实践",1948 年他拿得哈佛商学院博士学位。同年,他被邀请参加了企业政策课程研究小组,正是这个小组提出了公司战略概念。

在他的职业生涯中,作为哈佛商学院企业政策课程和综合管理团队的负责人,安德鲁斯在公司治理、企业战略、管理学发展、经理人教育,以及对于马克·吐温的研究等领域发表了大量学术论文。他的主要著作有:《大学管理发展项目的功能》(1966),该书荣获美国管理协会优秀图书奖;《经营策略:内容和案例》(1965)和《公司战略概念》(1971 和 1980),该书荣获管理 McKinsey 基金优秀图书奖。1990 年,安德鲁斯获哈佛商学院杰出贡献奖。

虽然企业战略的思想早已存在,但公司战略概念却是肯尼思·R. 安德鲁斯及其领导的企业政策小组最先提出的。20 世纪 60 年代,企业管理的研究"主要以营销、生产和财务等单向职能为导向",但哈佛商学院的企业政策课程研究小组却提出了公司战略概念,运用整体思维来阐述公司的经营活动。

安德鲁斯认为,企业战略是企业决策的基本范式,它决定了企业的目标、意图与任务,它确定了公司实现这些目标的基本政策与计划,界定企业的业务范围,决定着企业性质及要为股东、员工、顾客和社区作出什么贡献。公司战略就是可以做的与公司能做的之间的匹配。所谓"可以做"即环境提供的机会与威胁；"能做"即为公司自身的强项与弱项，它就是著名的 SWOT 分析框架，安德鲁斯认为 SWOT 分析方法是确保公司正确制定战略的一种方法。事实上，SWOT 分析框架几十年来一直是战略分析的基本方法之一。

1. 环境与内部分析

SWOT 分析是由公司的优势（Strengths）、劣势（Weaknesses）、机会（Opportunities）和威胁（Threats）四个方面的分析构成。最早的 SWOT 分析框架主要提出了四个问题：

我们能做什么？ 即企业的优势和劣势在哪里；

我们打算做什么？ 即组织和个人的价值；

我们可以做什么？ 即外在的机会和威胁；

其他人期望我们做什么？ 即股东的期望。

这些问题是企业战略制定的基础。很明显，安德鲁斯在战略分析中特别重视管理价值和社会责任，特别是领导者的信仰、偏好与企业社会道德。这些思想对今天的企业战略分析都有指导性。对上述问题进一步拓展，就形成安德鲁斯的分析框架，它们是以下四个方面的匹配：我们想拥有什么资源和能力？ 我们应当关注什么？ 我们能找到什么机会？ 以及我们的目标如何才能与其他股东的目标相一致。

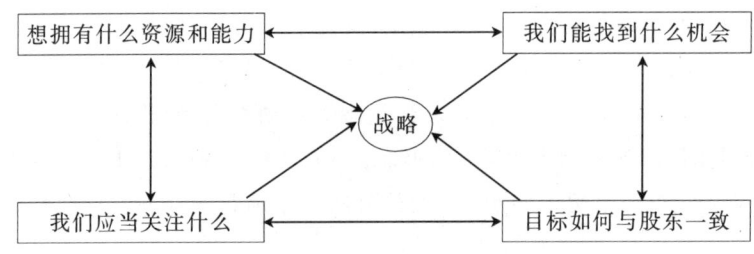

SWOT 原型：指导战略选择的关键问题

资料来源：克雷格·弗莱舍等，战略与竞争分析，清华大学出版社，2004，P94

在环境变化因素分析上，安德鲁斯看重于"企业所在行业基本结构是什么？""可预测的社会、政治和宏观经济变化将会如何影响企业或行业"等问题。主要关注于：（1）社会的变化因素，如顾客喜好的改变，人口状况的改变等。（2）政府的变化因素，如新的立法和新的实施优先权。（3）经济变化因素，如利率的变化和汇率的变化。（4）竞争特点的变化，如新的技术采用、新的竞争对手、价格变化和新产品。（5）供应商的变化,如投入成本的变化,供应商状况的变化和供应商数量变化。（6）市场的变化,如产品新用途、新市场、产品陈旧等。

在企业优劣势分析上,安德鲁斯受到了塞兹尼克的"对行为和反应方式的承诺构成了组织"的观点影响。主要关注于:（1）市场营销,如产品质量、市场份额、广告、推销人员等。（2）研究与开发,如产品研发能力、工艺研发能力等。（3）管理信息系统,如速度和响应、信息质量。（4）管理队伍,如价值观的统一性、团队精神、经验和工作协调。（5）经营,如原材料控制、生产能力、生产成本结构等。（6）财务,如金融杠杆、经营杠杆、股东状况等。（7）人力资源,如雇员能力、人事体制、雇员流动等。

2. 战略制定和选择

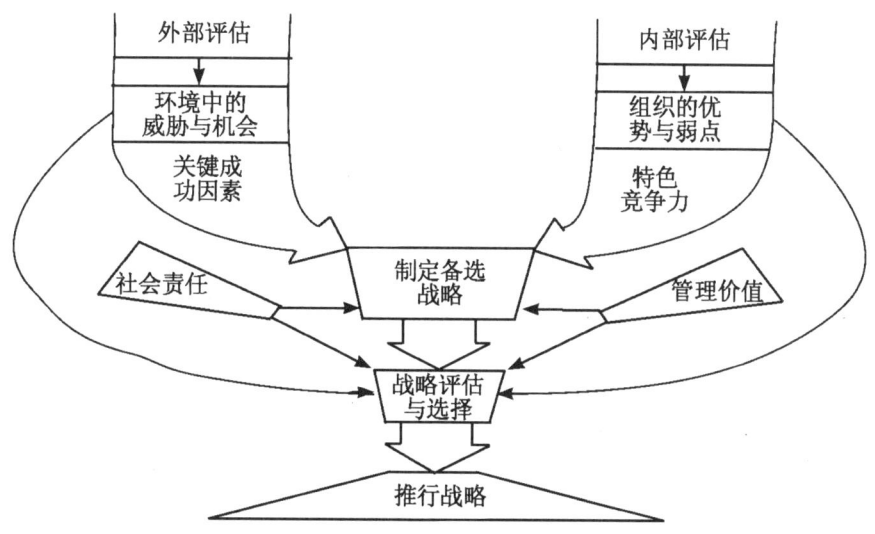

安德鲁斯战略制定模型

资料来源:明兹伯格,战略历程,机械工业出版社,2002,P20

明兹伯格将安德鲁斯的战略制定和选择思想描绘成了上图,企业战略制定过程的四个基本步骤:对外部环境进行研究,发现机会与威胁,找到企业关键成功因素;对内部资源进行评估,认清企业的优势和劣势,形成特色竞争力;结合企业的社会责任,依据管理者的价值观念将可以做的与能做的相匹配,制定出战略方案;并由此对评估和选择战略方案。

弗雷德·R. 戴维安德鲁斯的战略制定和选择思想概括成八个步骤：列出公司的关键外部机会；列出公司的关键外部威胁；列出公司关键内部优势；列出公司内部劣势；将内部优势与外部机会相匹配，形成 SO 战略；将内部劣势与外部机会相匹配，形成 WO 战略；将内部优势与外部威胁相匹配，形成 ST 战略；将内部劣势与外部威胁相匹配，形成 WT 战略。最后对 SO 战略、WO 战略、ST 战略、WT 战略加以比较形成可行的最佳战略。所谓 SO 战略就是一种发挥自身企业内部优势而利用外部机会的战略，这种战略是所有管理者都希望看到的。所谓 WO 战略就是通过利用外部机会来弥补自身弱点。所谓 ST 战略则是利用企业的优势回避或减少外部威胁的影响；而 WT 战略则是旨在减少企业内部弱点同时回避或减少外部威胁，通常这样的公司正面临被并购、收缩或宣布破产情景。

理查德·鲁梅尔特概括和丰富了战略评估框架，他提出四个方面的评估：（1）一致性检验。战略必须提出一致的目标和策略。（2）协调性检验。战略应当能够对外部环境和内部的重要变化做出适当的反应。（3）优势检验。战略必须有助于在选择的活动领域内建立或保持竞争优势。（4）可行性检验。战略的执行既不能造成可用资源的紧张，也不允许带来新的问题。

在安德鲁斯和企业政策研究小组提出战略匹配观以后，他们的思想得到了全面的发展。德鲁克进一步提出了企业环境、使命与实力三者之间的匹配是战略的首要问题；安索夫则提出战略的匹配是权变的和动态的，他主张在产品和市场的发展中构建 SWOT 分析。安索夫认为，"新产品和新市场开发都会根本性的和不成比例增加公司风险"。企业需要在内部变量、外部变量和过程变量的框架下分析和构建企业战略。

（周小虎）

参考文献：

[1] Andrews, K, 1971, The Concept of Corporate Strategy [M], Homewoor, IL, Irwin.

[2] [美]亨利·明茨伯格. 战略历程[M]. 北京:机械工业出版社,2002。

[3] [加]克雷格·弗莱舍,[澳]芭贝特·本苏桑. 战略与竞争分析. 北京:清华大学出版社,2004.

[4] Ansoff, H, I, etc, 1988, Strategic Planning to Strategic Management[M].

企业绩效源自不同业务的有效组合

布鲁斯·亨德森(1915—1992)是一位具有复杂性格的人,他标新立异,总是把陈规陋习抛在身后。他在范德比尔特大学获得工程学士学位,并进入哈佛商学院。但只过了 90 天,他就离开学校,进入西屋公司。1953 年,艾森豪威尔总统挑选他组成五人小组,负责评估马歇尔计划。1963 年他接受了波士顿平安储蓄信托公司的邀请,组建一支咨询队伍,这就是波士顿咨询公司的前身,他出版了《管理新视野》,记录了波士顿公司的许多重要贡献。在亨德森领导下,波士顿咨询公司已经发展成为拥有 3000 多名员工的世界性组织。

20 世纪 70 年代,将业务组合归纳的观念在战略管理领域十分流行,Richard Bettis 和 William Hall 将其原理概括为,"业务在矩阵中所处的地位应决定战略任务以及业务战略的一般特征"。在这种观念下,产生了一系列业务组合矩阵,如波士顿矩阵(也称为成长—市场份额矩阵)、GE 经营分析矩阵(也称为吸引力—地位矩阵)和竞争地位—生命周期矩阵,它们都是有效的业务组合,是提高企业经营绩效的重要方法。

1. 经验曲线和生命周期:成长—市场份额矩阵的理论基础

以亨德森挂帅的波士顿咨询公司认为,成长—市场份额矩阵的理论基础是根源于经验曲线客观性,"成长—市场份额矩阵是直接由经验曲线引申而来的"。

所谓的经验曲线也称为学习曲线,它是指由于经验和专有技术的积累所带来的成本优势。早在 1936 年就已经有人注意到经验曲线的存在,这些研究表明企业可以从经验中以恒定的速率来学习许多有价值的东西,以不断降低产品成本。可以用进步比率来表示学习效果,它是通过计算平均成本随着累计产出增加而下降的程度来得到。波士顿咨询公司在对近 20 个行业进步比率评估后提出,标准产品平均进步比率为 0.80,即公司的累计产出增加一倍,单位成本将下降 20% 。也就是说,如果公司第一批 10 万件产品是 100 美元,则当产品达到 20 万件时,单位成本就是 80 美元;当产品达到 40 万件时,单位成本为 64 美元。

由此,亨德森推断增加企业市场份额,就必然会导致企业累计产品产量的提高,从而由于经验曲线的作用,产品成本将下降,企业竞争优势将提高。因此,企业成功制定和实施某种战略而获取了最大市场份额,就等于获取了竞争优势。正是按照这个逻辑,波士顿咨询公司将市场份额作为 BCG 矩阵的一个变量。

波士顿矩阵的另一个理论基础是生命周期理论(PLC)。根据产品生命周期理论,产品需求要经历四个阶段:在产品导入期,销售增长缓慢;随后进入到产品需求高速增长阶段;但进入产品成熟期后,需求量虽然很大,但需求增长停滞。到产品衰退期,替代品出现,消费者开始转移,从而使该产品的需求下降。波士顿咨询公司认为,企业争夺市场份额的战争,是受到了产品生命周期的影响和现金流的约束:

(1)如果将资源投入在高速成长的市场,企业将可以通过崭新的增长,而不是从竞争对手手中抢夺市场,因而获得市场份额相对要容易得多。

(2)在成长期需要大量资金投入,而处于成熟期的业务将产生大量现金。因此,将成长期业务与成熟期业务匹配起来,需要企业把利润点从成熟的且衰退的业务转移到导入期和成长期业务。从这种观点出发,波士顿咨询公司也需要引入市场增长作为 BCG 矩阵的变量。

2. 业务分类与有机组合

波士顿咨询公司引入相对市场份额和行业销售增长率两个变量,对企业经营业务进行分类。所谓相对市场份额是公司该业务的市场份额与行业最大竞争对手市场份额之比;行业销售增长率表征了市场吸引力。由此,企业经营业务可以分成明星、问题、现金牛和瘦狗四类(如第 11 页图所示)。

亨德森认为,各个业务投资有机组合是公司利润最大化的最佳方法,战略管理的目标就是保持现金流的使用和产生之间的平衡。"一个企业为了获得成功,应当拥有销售额增长率与市场份额都不相同的业务的产品组合。这种组合是现金流动差额的一种作用。高增长率产品需要资金投入达到增长的目的,而增长率产品能产生富余的资金。企业同时需要这两种产品。"

高 **明星** 战略:为增长加大投资		**问题** 战略:仔细分析
低 **现金牛** 战略:维持		**瘦狗** 战略:放弃

市场增长率（纵轴）

高　　　　　　　　　　　　　　　　低

相对市场份额

亨德森认为,有四条规则决定了企业产品的资金流动方向:(1)企业获取现金和利润与市场份额有直接的关系,利润高的产品往往是市场占有率高的产品,经验曲线可以对此加以解释。(2)销售额增长需要注入资金以增加固定资产。用以争夺市场份额的额外资金与增长率有直接关系。(3)必须采用一定手段来获取较高市场份额。购买市场份额需要额外的投资。(4)没有任何一个产品市场可以无限地扩大,增长带来的盈利必须在增长减慢时就产生,否则将根本不会产生,这部分盈利不可能用来对该产品进行再投资。

"一家多元化经营公司只有拥有一个平衡的产品组合,才能充分发挥自身优势,合理利用其产品销售额增长带来的机遇。"平衡产品组合包括:

明星(starts)——高增长率、高市场份额业务。明星通常是公司未来的希望,高增长率和高市场份额要求经营业务应当得到大量现金投入以保持和加强其竞争优势地位。

现金牛(cash cows)——低增长率、高市场份额业务。现金牛业务具有较强的竞争优势,其创造的资金超过所需要的投入,它是企业利润的源泉。波士顿矩阵认为应当尽可能长时期地保持其优势地位,将其创造的现金转移到明星和问题类业务。

问题(problem children)——高增长率、低市场份额业务。虽然问题类业务的市场具有较强吸引力,但其本身在经验曲线上处于不利地位。波士顿矩阵认为解决"问题"只能有两条出路,对于没有可能扩大市场份额的"问题"业务应当及时放弃,而其他"问题"业务最好是加大现金投入,以扩大市场份额。

瘦狗(dogs)——低增长率、低市场份额业务。它们是公司业务组合中无用的业务,由于市场没有吸引力,业务本身又处于竞争劣势,这类业务部门往往被清算、剥离或任其自生自灭。波士顿矩阵对瘦狗业务提出第三路径,可以在一些特定的区域,通过采用专业化战略而赢利。

3. 波士顿矩阵的局限性和启发

自 BCG 理论提出以来,对其局限性的争论始终没有停止。克雷格·弗莱舍将这些研究进行了系统归纳,它们包括:不当假设,如市场份额是否与竞争优势之间存在清晰的关系,忽视了边际概念等;对市场界定的依赖;易受战略态势的冲击,如维持瘦狗可能避免竞争对手对于主营业务的攻击等;容易导致"自以为是"等。我们认为,从经验曲线到竞争优势之间存在较大的逻辑跳跃。事实上,经验曲线的存在是企业学习能力提高的结果,从而可能提升了企业竞争优势,但不是企业竞争优势的原因。企业战略不能陷入为市场份额而市场份额的套套逻辑,而应当不断追求个人学习能力和组织学习能力的提升。尽管如此,波士顿矩阵还是留给我们很多重要的启发,特别是企业战略更要注重未来的趋势,而非过去绩效表现;公司战略必须是处于各经营单位层面上的各种经营战略的整合,有效的业务组合是提高公司绩效的重要途径。

（周小虎）

参考文献:

[1] Boston Consulting Group Inc, the Product Portfolio, Perspectives, Boston, MA: Boston Consulting Group Inc, 1970.

[2] Boston Consulting Group Inc, the Experience Curve-Reviewed, Perspectives No. 135, Boston, MA: Boston Consulting Group Inc, 1973.

[3] [加]克雷格·弗莱舍,[澳]芭贝特·本苏桑. 战略与竞争分析,北京:清华大学出版社,2004.

[4] [美]亨利·明茨伯格. 战略历程[M]. 北京:机械工业出版社,2002.

[5] [美]罗伯特·D. 巴泽尔,布拉德利·T. 盖尔. 战略与绩效[M]. 北京:华夏出版社,2000.

市场份额提高投资回报率

沿着 BCG 的通用战略和战略定位的思路,肖弗勒、巴泽尔、盖尔所领导的战略计划协会从 1972 年开始了 PIMS(Profit Impact of Market Strategy)计划,探究市场战略对企业绩效,是否存在一般的战略原则。"这些原则不是为了解决具体的业务问题而提供现成的公司。但是,这些原则能够为具体情况的分析提供基础,以便获得一个较好的决策。"但 PIMS 计划并不同于 BCG 方法,主要区别在于两个方面:一是,PIMS 计划不能赞同将业务绩效的解释只归于两个简单的变量——市场增长和市场份额,而对其他影响绩效的重要变量不加考虑;二是,PIMS 设计和使用了一个数据库用以观察战略在不同环境下如何影响结果的。在巴泽尔、盖尔看来,虽然并不存在两个完全相同的业务,但是确实存在着一些原理,它们能够帮助管理人员理解和预测战略选择和市场条件是如何影响业务绩效的,"实际上,过分强调每种情况的独特性与过分强调它们可归纳为几类同样是过度简单化的"。

PIMS 计划确定了七个战略变量,它们包括产品/服务策略(产品/服务质量和新产品引进相对比率)、定价策略、营销计划(销售力量、广告和促销)、投资策略(经营的自动化、生产能力扩大、存货水平)、劳动生产率、垂直一体化、研究与开发。PIMS 计划确定了六个影响绩效的市场或行业因素,它们分别是市场演化阶段、供应商集中度、销售价格上涨、主要顾客购买数量和重要性、产品或服务标准化程度以及行业进出口范围。对于绩效的衡量广泛使用着三个标准:公司的自身以往经验、同行业其他公司的业绩以及资本成本。在 PIMS 计划看来,这三个方面对于绩效的衡量都可以归于销售利润率(ROS)和投资收益率(ROI)。在确定以上变量的基础上,PIMS 计划分别从 450 家公司,近 3000 个战略业务单位收集了三个方面数据信息:对业务运行

13

所处市场条件的描述;业务单位在其市场中的竞争地位;战略业务单位在 2 到 12 年内的财务和经营绩效。在此基础上,PIMS 计划运用统计的方法得出了六个有关战略与绩效之间的重要联系,市场份额提高投资回报率就是其中之一。

PIMS 数据库是市场份额/盈利性关系迄今为止最全面和最详细的信息来源。PIMS 数据表明:每 10 个百分点市场份额的增加会得到 3.5 个百分点的投资收益率。如图所示:

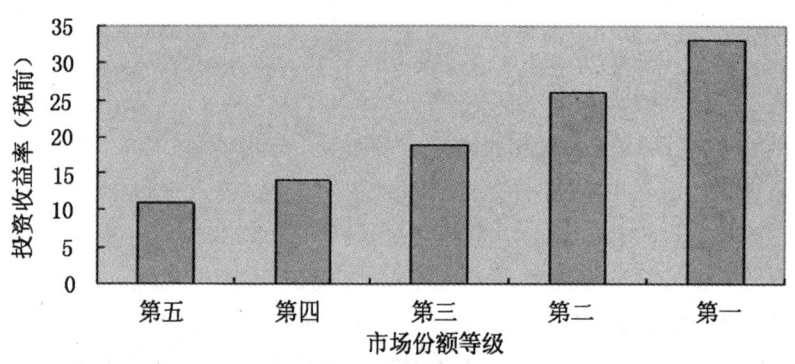

市场份额与投资收益率相关性

(1)市场份额与盈利性的相关性解释。PIMS 计划认为市场份额与投资收益率相关性至少可以得到四个方面解释:首先,规模经济。市场份额高的企业明显在采购、制造、营销、研发和其他成本构成方面具有规模经济性。PIMS 数据表明,小份额的业务其采购额占销售额的 53%,而市场领先者只占 42%。其次,消费者风险厌恶。厌恶风险消费者偏好于市场份额领先者,因为这些品牌可以给他们更多的信心。再次,市场力量。规模大的企业市场力量也更大,企业规模不仅使得他们讨价还价能力增强,同时也增强了资源控制能力,最终实现某种产品的特别高价格。第四,优质资源共享。市场领先者可以通过复制、辐射等手段将自己的优质资源在不同市场中进行共享。

(2)影响成本因素。但事实上,在 20 世纪 70 年代中后期 BCG 关于份额/盈利性关系遭遇了广泛的批评,留给 PIMS 计划的难题是如何解释小市场份额力量。例如,美国汽车通用、福特等大公司不得不让位于日本丰田等小公司。

照 PIMS 计划看来,影响相对成本还有其他重要因素:相对生产率、国际比较优势、存货成本和供应成本,以及统计过程中控制的有效性。虽然市场份额等级与投资收益率之间有很强的相关性,按平均计算,市场领先者所赚取的报酬率要比市场份额等级排名在第五位或更后的业务高三倍。但其他方面的劣势同样可以抵消市场份额等级的贡献。"在其他大多数战略因素方面占据有利地位的小份额的业务,应当赚取满意利润。"日本在汽车和钢铁产业中的成功主要是资本和劳动成本的国际比较优势,而不是累计产量。但PIMS 数据同时也表明,市场份额等级小于 10% 的业务中,只有四分之一的业务投资收益率超过 20% ,相反,四分之三的市场份额等级高于 40% 的业务投资收益率超过 20% 。

PIMS 计划并不是将市场份额等级,而是将认知质量看成是推动业务绩效的关键性步骤。PIMS 计划的观点是首先要在认知质量上胜过竞争对手,然后通过市场份额达到规模经济,并最终实现低成本。相反,BCG 的份额/盈利性关系则是从低价采购开始,以低成本为结果。没有质量的领先者在高质量的竞争者面前当然不堪一击了。因此,"质量对于市场领先者来说极为重要,市场领先者不仅要求高价格,而且在相对于他们的竞争对手所提供的产品和服务方面也要保持领先地位"。

(3)何时市场份额更重要。市场份额与投资收益率相关性在不同行业中表现并不相同,在稳定市场中市场份额要比不稳定市场中重要得多;获取价值方式和投资密度也影响市场份额的作用。首先,在研发与营销密集型业务中,市场份额的重要性要远大于生产密集型业务。PIMS 数据表明,在研发与营销密集型业务中,市场领先者的投资收益率比市场份额较小者平均高出 26个百分点;而在生产密集型业务中,相应的投资收益率差距只有 12 个百分点。对于这种现象的解释,PIMS 认为与生产成本相比,研发与营销成本趋向于固定。在研发与营销密集型业务中,市场领先者可以更好消化用于创新和营销的费用,降低单位产品的成本,这样,营销与研发而不是生产成本更具有规模经济性。其次,在低投资密集度的行业中,比高投资密集度的行业中,市场份额更具有重要性。PIMS 数据表明,在投资密集度较低的行业中,市场领先者的投资收益率比小市场份额的业务平均高出 25 个百分点;在投资密集度较高的行业中,这个数据的差距只有 11 个百分点。这是因为在投资—销售比非常低的行业中,市场领先者与追随者之间的销售收益率差异有巨大的杠杆作用。

除了市场份额与获得能力相关外,PIMS 还给出其他具有影响的结论。它们是:"从长期来看,影响一项业务单位绩效最重要的单个因素是相对其竞

15

争对手的产品和服务质量";"较高的投资密集度对获得能力是一种有力的拉动";"有大量所谓的狗类与问题类业务能够产生现金,而金牛业务则不能";"垂直一体化对某些业务来说是一个可获利的战略,但对另外一些业务则不然";"大多数有利于增加投资收益率的战略因素对长期价值也有所贡献"。应当说,PIMS 是依据科学方法进行的扎实研究,其成果不少具有普适性。可惜的是不少管理学研究人员将"PIMS 宝贝连同 BCG 洗澡水一起泼掉"了。

（周小虎）

参考文献：

1. [美]罗伯特·D. 巴泽尔,布拉德利·T. 盖尔. 战略与绩效[M]. 北京:华夏出版社,2000.

2. [美]亨利·明茨伯格. 战略历程[M]. 北京:机械工业出版社,2002.

3. Schoeffler, Sidney, Buzzell, Robert D. and Heany, Donald F. Impact of Strategic Planning on Profit Performance[J], Harvard Business Review, March – April, 137 – 45.

产业结构决定竞争强度

迈克尔·波特是哈佛商学院著名教授,企业战略领域的权威。他于 1969 年毕业于普林斯顿大学的航空航天和机械工程专业,获学士学位;1971 年获哈佛商学院工商管理硕士学位;1973 年获哈佛商学院博士学位。波特教授是杜邦、英特尔、宝洁、壳牌石油、台湾半导体、爱德华·琼斯等公司的战略顾问。他还是一名政府顾问,他参与到行政部门、国会和许多国际组织,在美国经济政策的制定中扮演了重要角色。波特教授迄今共有 16 部专著,85 篇论文。其中,《竞争战略》自 1980 年出版以来,已经再版 53 次,并被翻译成 17 种语言;《竞争优势》也再版 32 次。1990 年出版的《国家竞争优势》拉开了国家、区域竞争优势和经济繁荣的研究。2000 年出版的《日本能竞争吗?》被《经济学家》评为 2000 年度最具现实意义的著作。波特教授获得了哈佛的 David A. Well 奖,多次获得《哈佛商业评论》年度最佳论文奖——麦肯锡奖,1997 年美国国家商业经济学家协会授予波特 Adam Smith 奖以表彰其在商业经济方面的突出贡献;1988 年他成为国际管理学会第一个杰出奖获得者。

对市场结构与企业竞争关系的研究可以追溯到哈佛学派的竞争理论、20 世纪 30 年代梅森对市场竞争过程中的市场结构、市场行为及其市场结果进行了经验研究,1959 年贝恩等人继续从事该领域的研究,并在出版的《产业组织》一书中,提出把产业分解为特定的市场,按结构、行业、绩效三个方面对其进行分析,构造了"市场结构—市场行为—市场绩效"的分析框架,简称 SCP 框架。其中,市场结构是指一个市场的组织结构特征,主要衡量标志有市场集中度、产品差别化、新企业的进入壁垒。虽然哈佛学派开展对市场结构与竞争关系的研究,但其主要兴趣集中于产业政策层面。他们的观点曾在战后至20世纪70年代相当长的时间内成为美国政府制定反垄断政策的依据。

迈克尔·波特成功地将SCP模型运用于企业战略的分析。波特提出"形成竞争战略的实质就是将一个公司与其环境建立联系","产业内部的竞争根植于其经济结构,并且远远超越了现有竞争者的行为范围。一个产业内部的竞争状态取决于五种基本竞争力,这些作用力汇集起来决定了该产业的最终利润潜力"。五种力量在本质上塑造了行业的竞争结构:潜在进入者的威胁、替代品的威胁、购买者的讨价还价能力、供应商的讨价还价能力和业内企业间的竞争程度。

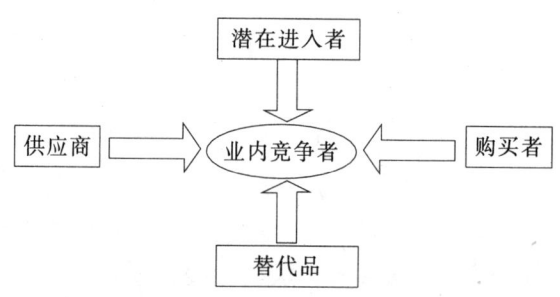

行业竞争的五种力量模型

1. 潜在进入者威胁

行业中新的进入者会给在位企业带来两个方面的巨大威胁:一是,它们的出现会增加行业的总产出,使得产品的价格下降,行业的收入降低;另一是,它们也增加行业对于投入品的需求,从而导致单位产品的生产成本增加。企业进入一个行业的可能性是由行业进入壁垒和预期在位企业报复程度决定的。所谓的进入壁垒是潜在进入者为进入行业而付出的代价,它是在位企业的优势表现。它既可能表现为企业进入行业需要具备的条件,也可以表现为在位企业从行业的机会窗口中获得的先发优势。企业进入壁垒的主要源泉有资本需求、规模经济、产品差异化、获得分销渠道、与规模无关的成本劣势以及政府和法律的障碍。

2. 替代品的威胁

替代品的存在会限制产品的价格,降低行业的利润水平。针锋相对地顶住替代产品往往需要全产业的集体行动。波特认为应当特别关注具有以下两个特性的替代品:"(1)具有改善产品价格—性能比从而排挤原产业产品的趋势;(2)这些替代品是由盈利很高的产业生产的。"

3. 购买者讨价还价力量

购买者的竞争手段是压低价格、要求较高的产品质量或索取更多的服务项目,并且从竞争者彼此对立的状态中获利。购买者的讨价还价能力取决于(1)相对于卖方来说,购买是大批量或集中进行的;(2)买方从产业中购买的产品占其成本或购买数额的相当大一部分;(3)从产业中购买标准的或非歧异性产品;(4)买方转换成本低;(5)买方盈利低;(6)买方采取后向整合的现实威胁;(7)产品对买方的质量及服务无重大影响;(8)购买者掌握充分信息。

4. 供应商讨价还价力量

供应商讨价还价力量和购买者讨价还价力量的分析实际是同一问题的两个方面,与购买者分析相似,供应商对于价格的敏感度与相对市场力量也采用相似的分析方法。

5. 行业内企业间竞争

行业内企业间往往具有直接的利益冲突,对既得利益的争夺导致行业内长期的和广泛的竞争。竞争形式既有直接的价格竞争,也有多种多样的非价格竞争,如质量、广告、服务和创新等形式。行业内竞争的激烈程度对于整个行业的竞争状况和盈利水平有着最为直接和重要的影响,而竞争激烈程度常常受到行业集中度、产品差异性、过剩的产能和退出壁垒等多种因素影响。(1)行业集中度是行业内厂商的数量和规模的分布。一般来说,集中度较高的行业竞争通常较弱,企业间可能容易出现价格串谋,竞争的形式也会更多表现为非价格竞争。因为随着企业数目的增加,价格协商变得更加困难。(2)产品差异性。消费者在寻找到特殊的商品来满足其个性化需求时,消费者忠诚率就会很高,企业间竞争程度就会较小。当行业内产品差异性受到侵蚀时,消费者更倾向将产品看成是标准商品,选择的基础更多是价格因素,企业只能在价格上展开竞争,竞争就趋向更加激烈。(3)过剩的产能。行业内过剩对竞争强度提升往往具有指数效应,需求与供给的偏差程度显示着竞争的激烈程度。因为巨大的固定成本的摊薄,需要较大规模的销售数量,这样闲置的生产能力促使着在位企业通过降价等多种手段来争夺市场份额。规模经济性是造成过剩产能的原因之一,它要求企业增加规模、提高产能来降低成本。过剩产能的产生还有供应商和顾客的压力、管理者的因素和政府政策的影响等等。供应商会通过补贴、便捷融资等方式来诱导企业增加产能,而顾客常常以默许未来生意的方式,强烈鼓励企业扩大产能。(4)退出壁垒。过剩产能导致的竞争程度是与其能否退出市场直接相关联的,退出壁垒就是指企业退出某个行业所发生的成本。有些行业中由于存在过高的退出壁垒,使得企业现有的投资回报率已经远远低于平均水平,也还要坚持参与竞争。常见的退出壁垒有:专用性资产,这些资产与具体的业务和地理位置相联系,清算后价值极低;退出的固定成本,如劳工协议等;内部战略的关联性,如共享的设备和金融市场的支持等;情感因素与政府约束。(5)市场增长速度。过剩的产能多数出现于增长缓慢的市场中,企业都在瓜分现有的市场份额,竞争相对就激烈得多;在成长速度较快的市场中,企业会将注意力更多地集中于如何利用有限的资源来满足不断扩大的顾客需要,企业间竞争强度就得到稀释。

(周小虎)

参考文献:

[1] [美]迈克尔·波特,1980. 竞争战略[M]. 北京:华夏出版社,1997。

[2] [美]迈克尔·波特,1985. 竞争优势[M]. 北京:华夏出版社,1997。

[3] [美]巴尼. 获得与保持竞争优势[M]. 北京:清华大学出版社,2002。

[4] [美]迈克尔·波特,加里·哈默尔. 未来的战略[M]. 成都:四川人民出版社,2000.

成本领先者的低成本地位
可以转化成高收益

迈克尔·波特认为,企业的竞争战略包括了两个基本问题:第一个是由产业长期盈利能力及其影响因素所决定的产业吸收力;第二问题则是决定产业内相对竞争地位的因素。前者在波特看来,可以通过五种基本力模型来解决;后者则是企业竞争优势的来源,波特提出"竞争优势归根到底来源于企业为客户创造的超过其成本的价值,而超额价值产生于以低于对手的价格提供同等的效益,或者所提供的独特的效益能补偿高价而有余"。这样,企业就有两种获取竞争优势的战略:成本领先战略和差异化战略。

低成本企业可以获取高于产业平均水平的收益,波特认为主要原因在于:(1)其成本优势可以使得公司在与竞争对手的斗争中受到保护,因为其他企业失去利润时,这家公司仍然可以获取利润。(2)在产业面临巨大的买方或卖方威胁时,低成本拥有较高市场份额,可以在面对卖方涨价和卖方压价时,具有较高的灵活性。(3)低成本企业通常也可以利用规模经济或成本优势形成进入壁垒。(4)在面对替代品威胁时,低成本企业也比产业中其他竞争企业有利。当然,企业获取成本优势不可能是没有代价的,波特提出成本优势的四个方面的风险,它们包括了技术上的变革对企业投资与经验的冲击;产业新的进入者具有更高技术水平的投资能力;企业关注于生产成本,而可能忽视市场的变化;成本的控制削减了企业差异化优势。

在波特看来,企业成本优势战略的获取是与其资源和组织相匹配的。一个企业要想获取成本优势通常需要具有持续的资本投资能力和良好的融资能力,具有较高的工艺加工技能,对工人严格监督,所设计的产品易于制造,还具有低成本的分销渠道。相应地在组织制度和文化上也具有结构分明的组织形式，以满足严格定量目标为基础的激励制度、严格的成本控制体系。

传统的研究中，人们主要是根据成本的特性和投入的类型来划分成本，削减成本的目光更多集中于生产成本。在《竞争优势》中，波特试图提供一个系统分析框架，即活动——成本法，它按照创造价值的经营活动来分配成本。波特的战略性成本分析可以概括为以下六个步骤：

1. 识别适当的价值链，以分摊成本和资产。在波特看来，企业的成本首先来自于资产的利用率。将资产分配到价值活动中去，反映出一项活动的资产数量和资产利用率对该活动成本的重要性。人们常常会忽视那些所占比例较小，但增长较快，最终改变其成本结构的价值活动；此外，将具有不同成本驱动因素的活动划为相同的类别、不能充分注意价值活动的共享成本和资产也是常犯的错误。

2. 判定每种价值活动的成本驱动因素以及它们的相互作用。成本行为取决于影响成本的一些结构因素，波特将这些因素称为成本的驱动因素。有十种主要成本驱动因素决定了价值活动的成本行为：（1）规模经济。规模经济产生于以经营成本在更大范围上的分摊，资源的共享机会增多和规模带来的分工效率。各种活动的规模敏感性有很大的区别，相关的规模指标在各项价值活动和各个产业中互不相同，忽视了这些的企业会削弱其相对成本地位基础。（2）学习。随着时间的推移，学习可以提高价值活动的效率而降低成本。波特提出的学习机制是多样的，它既包括了员工劳动效率提高，也包括了生产流程的改进，制度安排效率的改善和企业外部关系的整合。经典学习指标有：活动中的累积量（用于决定机器速度或装配作业中废品率），生产作业中的时间（用于组装中工作流程设计），累积投资（用于工厂效率），累积产出量（用于降低溢出高的地方的成本的设计改进），外生技术变革（用于基本工艺改进）。（3）生产能力利用模式。在大量固定成本投资时，生产能力利用率的高低直接影响着其相对成本地位。（4）联系。一项价值活动的成本常常会受到其他活动实施情况的影响。联系通过协调和最优化带来成本削减的机会。改善相互间的协调和权衡取舍都会改进相对成本地位；企业与供应商和销售渠道的价值链的相互依存也影响着每项活动的成本，供应链的管理已经成为现代企业改变相对成本地位的重要途径。（5）相互关系。波特的相互关系更多的是指业务单元之间的共享,特别是专有知识的共享,共享知识可以将学习成果从一项活动转移到另一项活动中去。从现代企业管理角度来看,知识共享已经成为企业学习的核心内容之一。(6)整合。企业通过纵向整合可以改变相对成本地位,这些内容在制度经济学中得到广泛的研究。企业通过整合来合理地安排组织边界,来减少由市场不确定性、交易频率和机会主义行为所带来的交易成本。(7)时机选择。企业的活动总是与经济周期或市场条件有关时机相联系,时机选择可以为企业带来持久的相对成本地位。(8)自主政策。企业需要根据目标市场来确定最优的成本构成,而不能盲目地削减成本,牺牲企业的特色。(9)地理位置。地理位置几乎对所有的价值活动的成本都有影响,对工资水平和税率的影响最为明显。(10)机构因素。一个国家或区域的政策,如税收、利率和汇率等也是影响企业相对成本地位的不可忽视的因素。

3. 识别竞争对手的价值链,确定竞争对手的相对成本和成本差异的根源。一个企业的相对成本地位是由相对于竞争对手的价值链构成;以及相对于每一项活动的成本驱动因素的相对地位构成。如果企业进行所有价值活动的累计成本低于竞争对手的成本,它就具有了竞争优势。如果企业的成本优势来源于难以模仿或复制的因素,那么企业的成本优势就可以持久存在。

4. 通过控制成本驱动因素或重构价值链,来制定降低相对成本地位的战略。首先,企业可以通过取得恰当的规模;利用学习曲线、保持学习专有性和向竞争对手学习;均衡生产量、减少生产波动;有效利用价值链内外的联系;共享适当活动;进行有效的组织整合;控制时机,选择有机的地理位置等因素来控制成本驱动因素,从而使企业在占有重大比例的价值活动的成本驱动因素方面获得优势。其次,企业也可以通过不同的生产工艺;新的分销渠道;新的原材料;纵向整合上的重大差异等多种方式来重新构造价值链。重构价值链可能会在两个方面改变相对成本地位:改变整体的成本结构,利用企业的优势资源来改变竞争的基础。

5. 确保为降低成本所做的努力不会损害差异性。在波特看来,企业实施低成本战略也同样存在着各种误区,损害经营的差异性就是这些活动中的典型。企业削减成本的努力应当集中于对企业差异性没有什么贡献的活动。

6. 检验成本削减战略的持久性。企业只有具有持久的成本优势才能够维持高于平均水平的收益。波特对于成本优势持久性的考察仍然是集中于成本驱动因素上,波特提出"成本优势因不同的成本驱动因素、不同的产业而异"。但规模、相互关系、联系、专有性学习、政策选择、时机选择和价值链的重构具有更多的可持续性。

（周小虎）

参考文献:

[1][美]迈克尔·波特,1980. 竞争战略[M]. 北京:华夏出版社,1997.

[2][美]迈克尔·波特,1985. 竞争优势[M]. 北京:华夏出版社,1997。

[3][美]巴尼. 获得与保持竞争优势[M]. 北京:清华大学出版社,2002.

[4][美]迈克尔·波特,加里·哈默尔. 未来的战略[M]. 成都:四川人民出版社,2000.

差异化优势源于创造独特的买方价值

差异化优势是企业两种基本竞争优势之一。企业可以通过提供的产品或服务的特色,形成在全产业范围中具有独特性的东西。波特认为"实现差异化可以有许多方式:设计或品牌形象、技术特点、外观特点、客户服务、经销网络及其他方面独特性"。在波特看来,企业如果实现了差异化战略,它也可以成为产业中赢得超常收益的战略。因为,差异化战略可以利用客户对于品牌的忠诚,以及由此产生对价格敏感性下降来避开竞争。客户忠诚以及竞争对手要战胜这种独特性的努力就构成了进入壁垒。同时,产品差异性产生的较高收益,可以用来对付供方压力,可以缓解买方压力;而且采取差异化战略的企业在面对替代品竞争时,也比其他的竞争对手更为有利。

波特认为,差异化优势源于创造独特的买方价值,"独特性如果对买方没有价值,就不可能经营差异性。一个成功差异化企业找到创造买方价值的途径,使获得的溢价大于增加的成本"。一个企业可以通过两种机制为买方创造他们需要的价值:降低买方成本、提高买方收益。

1. 降低买方成本。对消费者来说,成本不仅包括了财务成本,也包括了时间或方便成本。"消费者的时间成本反映了在其他地方使用的机会成本以及挫折、烦恼和努力的内涵成本。买方价值产生于任何一种成本的降低。"

将价值链引入到了顾客价值分析之中。波特提出企业可以通过自己的价值链影响买方的价值链,从而达到减少买方成本,提高买方收益的目的。这种影响不仅是通过企业的产品,还可以通过其他活动,如后勤系统、定货系统、销售队伍等。企业为顾客创造价值是通过价值链和买方价值链之间联系的全部射线确定的。例如,载重汽车提供了一个多种联系。不仅卡车本身影响着买方价值链,而且零部件的齐备程度影响买方的卡车修检时间,信贷制度将影响卡车的融资成本,卡车商的推销队伍质量还会影响使用者的卡车知识。总之,对买方价值链的每一个影响,包括企业与买方价值活动之间的每一个联系都代表了形成经营差异化的一个可能机会。

波特认为,企业能够用以下方法来降低买方成本:(1)降低发货、安装及筹资成本;(2)降低要求的产品使用率;(3)降低产品的直接使用成本,例如劳动力、燃料、维修、需要的空间;(4)降低产品的间接使用成本或产品对其他价值活动的影响;(5)降低买方在其他有形产品没有联系的其他价值活动中的成本;(6)降低产品失败的风险和买方由此预计失败的费用。

2. 提高买方收益。在波特看来,提高买方收益关键在于了解对买方来说,什么是最理想的效益。由于信息的不对称性和消费行为的滞后,"买方不能充分理解供应商为实际或潜在的降低买方成本或者提高收益所做的一切努力"。买方实质上是借助于广告、信誉、包装、专业性、外观、供应商雇员的个性、设备吸引力等价值信号,来推断企业为买方创造的价值。"买方绝不买他们未认同的价值,无论这种价值有多么真实,如果企业不能成功地有效地发出价值信号,就永远不可能实现企业实际价值应得的溢价。"

识别企业为买方创造的价值和买方使用的价值信号有赖于明确实际的买方,而不同的决策者对供应商做出不同的评价,并用不同的价值信号判断他们。波特将买方的购买标准划分成两类:使用标准和信号标准。

(1)使用标准:所谓的使用标准源于供应商通过降低买方成本或提高买方效益影响实际买方价值的方式。使用标准可以包括如产品质量、产品特性、交货时间和应用工程支持等因素。使用标准产生于企业价值链和买方价值链之间的联系,买方最终感知产品的差异化价值是通过实际使用产品来实现的,因此,企业满足使用标准的行为也是企业提升顾客价值基本途径,企业需要恰当利用使用标准,避免含糊不清。

(2)信号标准:产生于价值信号的购买标准,或者买方推断供应商的实际价值所使用的方法。如果说使用标准是衡量什么创造买方价值的具体尺度,信号标准就是衡量买方怎样认识显现出来的价值尺度。如果说使用标准更看重供应商产品、发货后勤和服务活动,那么信号标准常常则是来自于营销活动。经典的信号标准包括:信誉或形象、累积的广告、产品重量和外观、包装和标签、外观及设备尺寸、从业时间、安装基础、顾客清单、市场份额、价格、母公司状态、对买方企业高层管理的可见性等。

差异化优势来自于创造买方价值的独特性,它可以通过满足使用标准或信号标准加以实现。企业经营差异化的总体水平是为满足买方的所有购买标准而创造的价值,如果买方认同的价值超过差异化成本,经营差异性就可以产生显著效益。波特提出成功经营差异化具有以下几种特征：首先，在增加独特性来源上，通过价值链环节、合理利用使用标准和信号标准、将产品与信息结合等途径来增加独特性。其次，变差异成本为优势。企业的有效途径包括了发掘经营差异化的所有廉价来源；有效控制成本驱动因素将经营差异化的成本最小化；在不影响买方价值的活动中减少成本；更加关注于可持续性差异化优势的资源等。再次，改变规则以创造独特性。企业可以使决策者转向使企业独特性更有价值的领域；或者揭示未被认识的购买标准；或者以全新的方式重新构造价值链等来有效经营企业的差异化优势。

在波特看来，经营差异化优势战略同样也要使其资源和组织相匹配。从基本技能和资源需求上来说，经营差异化通常需要强大的生产营销能力；对创造性的鉴别能力；很强的基础研究能力；在质量或技术上领先的公司声誉；在产业中有悠久的传统或具有从其他业务中得到独特技能的组合能力；需要企业得到销售渠道的高度合作。在组织制度和组织形式上，需要在研究与开发、产品开发和市场营销部门之间的密切协作；企业内部应具有轻松愉快的氛围，以吸引高技能工人、科学家和创造性人才。企业在制度上应当重视主观评价和激励，而不是定量标准。

如同成本领先战略一样，差异化战略也是其通用战略的重要组成部分，它同样依赖于行业生命周期、产业结构稳定、竞争者明确、市场扰动小等多种局限性。此外，波特对差异化经营所创造的顾客价值判断，主要停留在定性水平，更看重于购买标准的价值。20 世纪 90 年代以来，对顾客价值判定的定量方法越来越普及，保留价格法、特性评分法、联合分析法和功效定价分析法已经成为相对成熟的方法。

（周小虎）

参考文献：

[1][美]迈克尔·波特,1980. 竞争战略[M]. 北京：华夏出版社,1997.

[2][美]迈克尔·波特,1985. 竞争优势[M]. 北京：华夏出版社,1997.

[3][美]迈克尔·波特,加里·哈默尔. 未来的战略[M]. 成都：四川人民出版社,2000.

[4] Green, P. E. and V. Srinivasan, Conjoint Analysis in Marker Research: New Developments and Directions,[J] Journal of Marketing, 54, October 1990, pp. 3 – 19.

不能用装配汽车的逻辑
来创造企业战略

　　亨利·明茨伯格是当今世界上最杰出的管理思想家。自上个世纪 70 年代以来,先后创立了在管理界影响深远的管理角色学派、战略过程学派和实践管理教育范式,他同时是美国战略管理协会的创始人和前任主席,国际实践管理教育联盟(IMPM)创始人和前任主任。他迄今一共出版了 16 本书和 140 多篇文章,其中最具影响力的包括《管理工作的本质》(1973)、《组织的结构》(1979)、《组织内外的权力斗争》(1983)、《明茨伯格谈管理:我们的奇妙组织世界》(1989)、《战略过程》(1991)、《战略规划兴衰》(1994)、《战略历险》(1998)、《管理者不是 MBA》(2004)等。明茨伯格自 1968 年取得 MIT 管理学博士以来,一直在加拿大 McGill(麦吉尔大学)任教,担任克莱格洪讲座教授,同时担任欧洲工商管理学院(INSEAD)、伦敦商学院、卡耐基—梅隆大学访问教授。他 1975 和 1987 年先后两次获得《哈佛商业评论》的麦肯锡年度最佳文章奖,1998 年获得加拿大国家勋章和魁北克勋章,1995 年获得美国管理学院乔治·泰瑞年度最佳管理图书奖,2000 年获得美国管理科学院杰出学者奖。2003 年获得美国培训与发展协会终身成就奖。

　　明茨伯格用“计划学派”来指称一种战略观点,这种观点将企业战略制定的过程看成是一种计划,它们主张企业战略是可以由计划人员或者咨询师们分析出来,安索夫 1965 年出版《公司战略》就是这种思想的代表。到了上世纪 70 年代战略计划的观点风靡了整个社会,充斥于各种学术期刊和大众商业周刊。然而,“战略是靠分析得出的吗?” 1968 年明茨伯格在写《管理政策理论》时就提出了对计划学派的质疑。在《战略计划的兴衰》(中文版翻译为《公司战略计划——大败局的分析》)中,他对计划学派进行了全面的反思,主张"不能用装配汽车的逻辑来创造企业战略","战略是靠综合而形成的"，"企业战略制定的过程既是分析过程，又是学习过程"。

首先，明茨伯格分析了计划过程和战略内涵。事实上，在上世纪60年代西方对于planning的用法十分混乱。广泛的"计划"一词是与"市场"相对应的，60年代中期，社会主义运动在北美的活跃，"planning"思想也开始风靡起来。那时，"计划学派"的支持者已经扩展到经济学家、政治学家、社会学家、建筑师和科学家之中。

尽管人们对于计划过程的理解千差万别，但还是存在着共同的基础。明茨伯格认为，从表面上来看，人们更多是将计划过程看成是对未来的思考或对未来控制的过程；是把计划过程当成是不断决策的过程，但这些并不是计划学派"planning"的精髓。事实上，计划学派"planning"关键是形式化。安索夫总是将战略计划的过程理解成这样的决策过程：确定目标，研究方案，选择方案。在这种形式化过程中包括了"分解""合理""关联性"三个不可缺少的环节。所谓合理就是要使得计划目标和方案客观、实际、有逻辑；所谓分析和关联性就是要将战略计划过程分解成一系列相互关联的步骤，每个步骤再按照规定的顺序执行，最终汇集成企业战略计划。照计划学派看来，唯有如此才能协调企业内的活动，才能控制经营活动未来的有效性，才能具有组织的合理性。

明茨伯格认为并不能将计划过程看成是战略过程，或决策过程，"只能将计划制定看成通过分解、关联和合理性，来形式化其组织部分的尝试"（同上，p18）。因为，企业战略至少包含四种不同的内涵：(1)战略就是计划，战略主要是指明企业未来的方向、道路等。(2)战略也是一种模式，它是企业行为长期的一致性。从现实战略来看，有深思熟虑和随机应变两种常见模式。但在计划学派看来，随机应变战略不一定是坏的，而深思熟虑的战略一定是好的。(3)战略是定位，就如同波特和其追随者们，把战略看成是对在特殊市场中确定特殊的产品。(4)战略是观念。即一个组织做事的方式。战略是企业家的内心世界，是他看到的企业壮丽美景。可是遗憾的是，计划学派只偏爱其中一种。

其次，明茨伯格讨论了战略计划的模式和依据。如同每种战略学派一样，计划学派也有其存在前提。明茨伯格将计划学派的前提归为三个方面，(1)战略形成是可控的、有意思的以及形式化的、精雕细刻的过程，它可以分解为明确的步骤。(2)原则上，总裁对整个过程负责，实际上高级的计划制定者对执行负责。(3)战略出自于深思熟虑的过程。

安索夫提出了最初的计划模式,斯坦纳对计划模式进行了系统全面地论述。斯坦纳将战略计划划分成五个阶段:(1)目标设定阶段。这个阶段就是阐述并尽可能的量化组织目标。但事实上,绝大多数的计划学派成员都主张将目标和战略区分开来。因为,目标和价值观念难以形式化。在他们的战略计划中,战略制定活动已经被简化到控制目的水平。(2)外部稽查阶段。对组织外部环境进行审查的主要因素是对未来情况的预测。"预测和准备"成为计划学派的座右铭。计划学派发展了一系列的评价方法。(3)内部稽查阶段。除了安索夫的"能力测验图"和 BCG 矩阵外,计划学派并没有对内部审查做出什么发展。(4)战略评估阶段。不同于设计学派,计划学派更加偏向于精确计算,他们推出的竞争性战略评估、风险分析、价值曲线和股东价值等方法。(5)战略运用阶段。在这个层面上,战略已经变得很详细,"所有在操作方面的努力的标志是计划制定,但真正的目的却是控制"。每次预算、每个子目标、操作计划和行动方案都被放在一个明确的组织实体上,按照具体的规定执行。"每件事情都有充分交代,不知什么原因,整个操作的公开目标却在具体运作过程中丢失了。"

再次,明茨伯格陈述了战略计划的缺陷和根本性失误。自 20 世纪 60 年代后期,一些学者就着手证明计划学派的计划制定给企业带来的利益,然而,这些研究绝大多数的公正性遭到质疑。相反,不少学者和企业家对计划学派进行了批驳。波特就说过"在大多数公司中,战略计划一直无助于战略思维"。

明茨伯格提出无论计划人员如何努力,一些问题都可能出现,因为战略计划本身就有着重大缺陷:(1)承诺问题。计划学派总是认为,有效的战略计划要得到组织高层的有力支持。但明茨伯格认为这种承诺本身就存在问题,因为企业家的支持的前提是他们"必须制定并执行战略计划所列出的公司决策",然而,"正确的直觉只是管理部门一种罕见的商品"。当战略计划被分散到低层,各部门作为计划汇兑的一个部分,部门人员就沦为了一种执行者,战略计划制定的过程本身阻碍了单个员工或管理者的直觉。(2)灵活性问题。计划学派总是强调缺乏适宜的组织环境。明茨伯格认为问题的实质在于计划学派是想通过计划制定给组织带来稳定,因为战略计划越是紧密协调,灵活性一定会越小,改变一个完整计划中一部分就会瓦解整个计划;而且当战略计划将组织发展方向形式化后,它就不可避免地带来组织惯性。战略计划说明得越清楚,在组织习俗和人们意志中,它将变得越根深蒂固。明茨伯格还形象的将战略计划、组织发展和环境的关系比喻成车灯、车速和道路。"车灯投射的光线只可能是直线,然而道路却是弯曲不平的,这样开快车无异于自杀"。(3)政治问题。战略计划远不像计划学派认为的那样客观,事实上在复杂的决策过程,战略计划只不过是"尊重现有权力的平衡",战略计划依赖于组织中的高层管理机构,既为贯彻于计划制定的目标,也为了该过程及其最终计划的支持。因此,战略计划是最高的中央集权的思想。战略计划的制定过程可能变成在计划制定者和授权管理者之间展开的一场猫和老鼠的游戏。(4)控制问题。计划学派宣称组织的环境正在发生迅猛的变化,企业唯有通过系统的计划才能掌控未来。但事实上,"当在已有的战略远景规划框架内前推或提出变化增量时,计划制定的运行状态最佳;当涉及组织内部的不稳定、不可预测的情况或变化时,计划制定就不灵了"。企业可以通过提高战略洞察力和加强战略学习来适应未来。

明茨伯格认为,计划学派之所以存在承诺问题、灵活性问题、政治问题和控制问题,根本原因在于计划学派的理论之中存在着三大失误:

(1)预测失误。在计划学派看来,准确的预测对于战略计划是十分重要的,而预测是对已知状态、现存的趋势或反复的模式的推测。因此,明茨伯格认为只有在相对固定的情况下,制定计划才能最有效。计划学派的根本失误在于,将制定计划与制定战略混为一谈。在明茨伯格看来,企业战略既与环境的稳定情况有关,更与组织的不连续环境相联系。企业战略变了恰是环境发生了非连续性变化。战略的变化意味着对世界的一种全新的看法,或至少是对此变化的看法,"新思想并不按时间表产生"。

(2)分离失误。计划学派的一个重要基础是将战略管理与运作管理分离,这样计划制定者不再陷入细节本身,可以把注意力集中于长期的战略问题上。但是,在明茨伯格看来,"认为一个站在象牙塔上的人可以制定一种有效战略本身就等于破产"。战略管理与运作管理的分离使得计划制定者只能用那些形式化、可量化的硬数据。硬数据常常范围有限、内涵不够丰富,而且也常常不能包括最重要的非经济和非定量因素;大多数硬数据要么因为太集中而不能在制定中得到有效利用,要么就是来得太晚或并不可信。事实上,战略制定者通常要花大量时间建立自己的情报系统,组织各种各样的联络和情报网。他们充分利用那些隐性知识,通过自己的直觉将组织的行动与环境联系起来。因此,战略的思维需要超前于组织行为,但它必须紧跟行为,否则就会阻碍组织的战略行动。

（3）规范化失误。计划学派总是认为，可以通过程序化来实现战略创造力和直觉。但是，规范化制定计划不利于创造性发挥。从某种程度上说"制定计划步骤越细，失败的可能越大"。计划学派规范化过程的实现就是通过分解完成的，一个过程被划分为明确的一个程序，一系列步骤。但是分析方法涉及面越宽其深度就越低，扩大范围意味着浓缩内容；战略计划的分析也是对企业管理者的维护、对现行观念的保护，因而阻碍着组织的变革；计划分解本身还丧失了战略的整体性。

明茨伯格归纳到，"这样我们看到计划学派的失误：因为分析而不是综合，所以制定战略计划不是制定战略"。

最后，明茨伯格提出了"战略手艺化"思想。在明茨伯格看来，战略也是一门手艺，制定战略的过程就如同做手艺一样。在现实中，制定战略既要深思熟虑，也要随机应变，必须两条腿走路。纯粹依赖计划就会排斥组织学习过程，完全依托自生也会失去控制。明茨伯格认为，战略制定本身就是一个根本性矛盾，既需要保持稳定也需要随着环境的变化而不断调整。一个好的战略制定者就是一名优秀的设计师，他能够维持现行战略的执行，也关注于战略变革的时机；他能够按照既定的战略取向进行管理，也能够洞察环境的非连续的变化；他有用手艺方式来制定战略的经验，更有超脱经验的战略洞察力。他们既要创建战略，也要发现潜在的战略模式。

（周小虎）

参考文献：

［1］［美］亨利·明茨伯格. 公司战略计划——大败局的分析［M］. 昆明：云南大学出版社,2002.

［2］［美］亨利·明茨伯格. 战略历程［M］. 北京：机械工业出版社,2002.

［3］［美］亨利·明茨伯格. 战略手艺化［J］,商业评论. 2006（4）,pp32-45.

［4］项保华. 战略：精心设计？ 机缘巧合？［J］,商业评论. 2006（4）,pp54-58.

企业持续竞争优势根源于
内部资源的特性

　　杰恩·巴尼教授是俄亥俄州立大学费雪商学院公司战略课程首席教授。他在耶鲁大学获得博士学位,曾任教于加州大学洛杉矶分校和得克萨斯大学A&M分校。巴尼教授著有《公司经济学:研究和认知组织新的范式》、《管理组织:战略、结构和行为》、《获取持续竞争优势》,他在顶级学术期刊上发表了40多篇论文,他还是《管理杂志》、《组织科学》、《AMR》、《SMJ》、《人力资源管理》杂志的编辑委员会成员。杰恩教授曾为惠普、得州仪器等20多个全球公司提供咨询指导。

　　20世纪90年代,在企业战略领域反思产业结构决定论中聚集了一批学者,他们将研究的视角转向企业内部资源,从企业内部资源特性来寻找竞争优势的根源。这些学者包括了沃纳菲尔德、巴尼、格兰特、哈默尔、普拉哈拉德、康纳等,他们的观点被统称为资源基础观点。其中巴尼是最具影响的学者之一,明茨伯格称其"把资源观发展成了完整理论"。

　　资源概念和资源基础假设

　　对于企业资源概念的理解,可以说是见仁见智。彭罗斯在考虑企业成长性问题时,最先将企业描述成"生产性资源集合体"。在资源基础学派中,第一个给出资源概念的是沃纳菲尔德,他在1984年的《企业的资源基础观点》一文中提出"资源是那些可能给企业带来优势或劣势的东西,它们是较为持久的企业(有形和无形)资产",这些资源包括"品牌、内部技术知识、有技术的员工、商业合同、机器有效程序、资本等"。巴尼继承了沃纳菲尔德的思想,他更加清晰地将企业资源表述为"企业所控制的,并能够使企业构思和实施设计好的战略效果和效率来提高企业的特性,包括了全部的财产、能力、竞争力、组织程序、企业特性、信息、知识等"。巴尼将企业资源分成四类:金融资本、实物资本、人力资本和组织资本。其中组织资本包括了"企业的正式报告结构；正式的和非正式的计划；控制以及协调系统；以及企业文化和声誉；也还包括企业内部群体之间的非正式关系，以及企业内部群体与企业环境的非正式关系"。

巴尼认为，资源基础观点在理论上有两个前提假设：首先是资源异质性假设，它是由彭罗斯提出的。传统经济学只看到了企业供求条件，彭罗斯观察到不同企业所控制的生产性资源之间存在着显著差异，企业资源本质上是异质的。限制企业成长的因素则是异质的资源给企业提供了不同的生产机遇。其次是资源的不可移动性假设，它是从塞尔兹尼克和理查德理论中延伸出来的。这个假设认为企业中存在着某些资源要么复制成本相当高昂，要么没有供给弹性。有了这两个假设就可以推断，如果企业拥有的某项资源能够使得企业利用机遇或避免威胁，并且如果这些资源的复制成本高昂或者这些资源不具备供给弹性，那么这些资源可能就是企业优势或可能是竞争优势的潜在源泉。巴尼对于资源基础观点的前提假设分析，为资源基础学派奠定了理论基础，甚至可以说正是由于巴尼的工作才使得资源基础观点成为一种规范研究。

战略性资源的特性（VRIO）

巴尼认为，自安索夫提出 SWOT 理论以来，以波特的产业结构分析为代表的分析工具使外部环境分析得到较快发展，而内部资源分析还近似空白。事实上，"竞争优势的源泉……还必须把企业的内部资源属性——实力和弱点——包括在内"。在 1991 年的《企业资源和持续竞争优势》中，巴尼那些战略性资源，即在企业面临竞争时提供最持久利益的资源，它们具有价值性、稀缺性、难以模仿性和不可替代性四个方面的特性。1994 年巴尼对其理论进行了调整，提出 VRIO 分析框架，即价值问题（V）、稀缺性问题（R）、可模仿性问题（I）和组织问题（O）。

首先，所谓价值问题就是，企业的资源和能力是否能够使得企业对环境机遇或者威胁做出反应。尽管一些企业资源在过去会增加价值，但环境的变化可能会使得其价值性丧失。那些不能用于利用环境机遇或威胁的企业资源，可以看成是企业的劣势。"战略管理人员最重要的职责之一就是持续评估他们企业的资源和能力在竞争环境发生变化时能否继续增值。"然而，环境并非总是剧烈变化，更普遍情况是"管理人员面临的关键问题是：我们如何以新的方式利用传统实力来开发机会和抵制威胁"。

其次，稀缺性问题。资源的价值性只是理解竞争优势来源的首要因素，但是，如果一种有价值的资源被众多企业所控制，那么，这种资源就不太可能成为企业竞争优势的源泉，它只能给企业带来对等竞争的机会。只有稀缺的有价资源才能是企业暂时竞争优势的源泉。当然，战略管理人员不会忽视有价而普遍资源的重要性，因为它们在创造对等机会的同时也确实提高了企业生存概率。至于资源稀缺性要达到何种程度，巴尼认为，资源的稀缺并不一定要达到独一无二，但至少要使得行业内掌握资源的数量小于完全竞争的数目。

再次，可模仿性问题。拥有有价值的、稀缺的资源，企业至少可以获得短期竞争优势，如果竞争企业在模仿这些资源时面临成本劣势，那么拥有这些资源就可以为企业带来可持续竞争优势。巴尼将可模仿性问题分成直接复制和替代两种，在1991年的论文中，它们分别被称为资源的难以模仿性和不可替代性。

第四，组织问题。在巴尼看来，企业拥有有价值的、稀缺性的、难以模仿的资源，只是拥有了获取可持续竞争优势的可能性。要从潜在竞争优势转变成现实的竞争优势，前提是企业要充分利用这些资源进行组织。像施乐公司虽然拥有不少创新技术，但它却缺少相应的组织资源，缺少有效的正式报告结构、明确的管理控制系统和科学的激励政策。因此，施乐公司无法形成它的竞争优势。巴尼将企业的组织资源看成是充分发挥竞争优势的补充资源。

模仿资源中的成本劣势来源

对于企业模仿的成本劣势来源，巴尼认为主要可以分成四类：创造企业资源的历史重要性；原因模糊性；社会资源的复杂性和专利。（1）独特的历史条件。特定的企业获取、开发和利用某一资源的低成本常常依赖于企业的时间和空间条件。没有了这些时间和空间条件，任何企业获取资源都面临着高昂的成本压力。像朗讯与贝尔公司的良好的合作关系是从婴儿期的贝尔公司开始的。独特的历史条件可以使得企业在行业中首先认识和利用行业机遇，同时路径依赖性也会对企业后继发展产生显著影响，从而创造可持续竞争优势。（2）原因模糊性。企业战略性资源的无法模仿另一个原因，可能是来自于企业管理者对资源和竞争优势之间关系的不清楚。不少企业高管迷恋于对竞争优势起关键性作用的"重大决策"，但常常是，企业的竞争优势似乎来自于无数的"小决策"。这些小决策似乎每个都无关紧要，因此企业管理者无法确定什么才是优势企业的战略性资源。巴尼还主张像企业文化、组织特性等无形资产，它们本身都是随机的，它们产生的结果也会被人们认为是理所当然的事情，因此，劣势企业无法认识到，也无法去模仿这些资源带来的竞争优势。（3）社会复杂性。第三个影响企业模仿的成本劣势因素可能是复杂的社会现象，很多的企业资源都可能具有社会复杂性。它们包括了企业内部经理之间的人际关系、企业文化、企业在客户和供应商中声誉等。（4）专利。企业来源于专利方面的优势受到了法律保护。

VRIO 分析框架的局限性

巴尼认为，和波特的 SCP 分析框架一样，VRIO 分析框架也有其局限性。巴尼认为这种局限主要体现于三个方面：首先，如果维持企业竞争优势的环境发生剧变，特别是那些环境以不可预测方式迅速变化时，企业再难以维护竞争优势，只能转而寻求创新——"熊彼特革命"，当然，很多行业都有过"熊彼特革命"的经历，但只要行业中游戏规则保持相对稳定，那么资源基础观点就有其用武之地；其次，VRIO 分析框架降低管理的影响。按照资源可模仿性原则，企业绩效更多是来源于资源长期投资积累，管理人员创造持续竞争优势的能力有限。最后，波特的 SCP 分析框架是以行业为分析单位的，它需要的数据相对便于收集。而资源基础观点分析的单位是企业内部资源，分析企业资源的价值性、稀缺性和不可模仿性数据相对难以获取。

尽管如此，资源基础观点还是告诉我们，对于企业可持续优势认知，不能通过简单分析环境机遇和威胁就可以获知。"管理人员必须从企业内部寻求有价值的、稀缺性的、模仿成本高的资源，然后经由他们所在的组织开发利用这些资源。"

（周小虎）

参考文献：

[1] Jay Barney, Looking inside for Competitive Advantage, Academy of Management Executive[J], 1995, vol. 9, no. 4.

[2] Jay Barney, Firm Resource and Sustained Competitive Advantage, Journal of Management[J], 1991. 1, pp99 – 120.

[3] Jay Barney, Organizational Culture: Can It Be a Source of Sustained Competitive Advantage[M], Academy of Management Review, 1986. 11.

[4] [美]杰恩·巴尼. 获得与保持竞争优势[M]. 北京：清华大学出版社,2003.

[5] [美]亨利·明茨伯格. 战略历程[M]. 北京：机械工业出版社,2006.

战略就是革命

　　加里·哈默尔是 Strategos 公司的董事长暨创办人,也是前伦敦商学院战略及国际管理教授。1954 年哈默尔生于美国的密歇根。1978 年,大学毕业不久的他辞去了一家医院的行政管理工作,重返校园,攻读博士学位,师从C. K. 普拉哈拉德。自 1985 年以来,哈默尔在《哈佛商业评论》杂志上发表了十多篇掷地有声的重要文章,并由此四度摘得麦肯锡大奖。其代表性作品有:1990 年与普哈拉德在《哈佛商业评论》上发表《企业的核心能力》;1996年与普拉哈拉德合著出版《竞争大未来》;2000 年,新著《领导革命》等。

　　加里·哈默尔曾被《经济学人》誉为"世界一流的策略大师";《财富》杂志称他为"当今商界战略管理的领路人";在 2001 年美国《商业周刊》"全球管理大师"的评选中,他位列第四,可谓声名显赫。战略意图(Strategic Intent)、核心竞争力(Core Competencies)、战略构筑(Strategic Architecture)、行业远景(Industry Foresight),这一系列影响深远的革命性概念,都是由他提出的,改变了许多知名企业的战略重心和战略内容。

　　"战略是什么"这个问题是各种战略流派首先需要回答的。作为学习学派的主要代表人物,加里·哈默尔旗帜鲜明地反对战略的计划观点。可能是受到明茨伯格的影响①,他认为"计划过程并不产生战略,只产生计划",战略

---

① 有一些证据可以支持我们的推测,在《竞争大未来》的"致谢"中哈默尔写道:"亨利·明茨伯格同样对我们的学术研究作出了有价值的贡献。我们完全赞同他关于战略结果总是逐步展开的,而且经常是不可预测的这一看法"(p3)。在《战略创新和追求价值》中他也写道:"我同意明茨伯格所说的,战略是'自发产生'的"(p139)。

本质就是革命。他的思想被明茨伯格称为"战略学习的新发展"。

1. 战略革命的价值

20世纪80年代中期以来,企业战略地位开始显著褪色。它已经不像波士顿矩阵和波特竞争战略那样,在七八十年代占据管理理论中最耀眼的地位。"许多管理者们的注意力转向了质量、循环时间的缩短和其他不得不面对的问题。一夜之间,咨询顾问都成了吸脂医生,他们的收入是增加了,但他们的工作人员越来越少地处理战略问题或帮助雇主设计未来。"哈默尔认为特别是到了90年代,"战略的崇高地位被完全忽视了",人们关注于企业流程的再造,"宏观的思考没有了,代替它的是各种削减规模的委婉辞藻"。

然而,在哈默尔看来必须重新认知战略革命的价值。在《战略就是革命》中,哈默尔提出"让我们来正视这一现实吧:全世界快要达到渐近发展的极限了"。如果我们的企业整天只是在追求渐近式发展,而竞争对手则在塑造新的行业,企业就"如同大难临头时却歌舞升平一样危险"。哈默尔认为,所有的行业中都存在三类企业:规则制定者、规则的遵循者和规则的破坏者。而那些破坏者像戴尔、西南航空公司等企业它们决意颠覆整个行业,是行业革命者。对于企业来说,"要不就将未来拱手让给那些具有革命精神的挑战者,要不就对自己的公司战略的方式来一场革命"。因此,哈默尔提出必须树立一个新的战略观:"战略就是革命,其他的一切都只不过是战术"。

在《战略创新和追求价值》中,哈默尔进一步阐述了战略就是革命的观点。他认为企业必须进行战略革命的根源在于竞争环境的根本变化。在经济全球化和信息技术革命的冲击下,企业的环境正变得越来越不稳定,变化速度越来越快。"在不断变化的世界上,战略革命是创造财富的关键。"战略革命能够调整现存行业的模式,塑造新的行业规则。它既为客户创造价值,也能打乱竞争者的脚步。而那些能够给股东带来较高回报的成功公司,要么是发明全新业务,要么改革现有的业务,它们都是发展了非常规的战略革命。

2. 战略革命的逻辑

在哈默尔看来,企业战略虽然不是深思熟虑的,是"自发产生"的,但不等于企业管理者在战略革命上就无所作为。正像生物进化不是偶然的过程一样,企业战略的"自发产生"也是有规律可循的。哈默尔认为需要发现"战略自发产生的规律—战略创新—行业创新—新的财富创造"之间的联系。

不少企业管理者只是沉迷于战略结果的幻想中,而不是探索催化战略创新的条件。在哈默尔看来,战略的自然产生有五个前提:不同的见解、新的交流方式、新的激情、新的观念和新的实验。也就是说,战略的自然产生需要释放每个人心中潜藏的热情,创造公司内部和外部的对话,允许人们重新构想自己的行业、公司的能力和顾客的需求,需要在战略产生的过程中加入新的"基因"。

哈默尔认为企业的战略意图也是跨越渐近发展的重要条件。在《战略意图》中,哈默尔写道:过去20年达到世界顶级地位的公司都是具有与公司资源和能力极不相称的雄心壮志。"战略意图不仅仅是雄心释放,这一概念还包括积极管理的过程:将企业组织的注意力集中于成功的本质;通过向员工传达目标价值而激发活力,让个人与团队都能作出贡献;当情况发生变化时提出管理的新定义以保持热情;利用意图并始终如一的指导资源配置。"而现有的战略决策分析,只能使我们注意到已知的竞争对手战略,无助于了解潜在竞争者的决心、持久力与创造力。

3. 战略革命的原则

在《战略就是革命》中,哈默尔提出了十条可以帮助公司焕发革命精神的原则:

(1)莫把战略规划当成战略。哈默尔认为战略规划是从现在推断未来,而不是以未来的眼光看待现在。"战略制定不能只是一种机械过程,而是一种探索行为。"

(2)战略决策必须是颠覆性的。就如同爱因斯坦挑战牛顿力学一样,规则破坏者必须抛弃行业传统的规范,着手重新定义行业,通过挑战旧传统来开创新事业。

(3)瓶颈就在顶部。企业中总是存在维护正统战略观念的力量,而这种力量往往来自于高层管理人员。

(4)每家公司都存在革命者。问题不是存在与不存在革命者,而是革命者的呼声总被官僚们压制了,他们只能弃暗投明,寻找更具想象力的东家。

(5)关键问题是参与而不是变革。战略革命不是依靠英雄般领导去引发人们的恐惧,而是赋予员工推动变革的责任,让他们掌握自己命运。

(6)制定战略必须讲究民主。在战略构建上采用精英路线只会造成盲从,企业高层在思想上常常存在着"近亲结婚"现象。战略革命形成需要让年轻人、企业边缘员工和新员工获得更多发言权。

(7)任何人都可以成为战略活动家。战略制定不是要超越高层管理者,不是要发动宫廷政变。但必须注意到由于中层管理人员和一线员工缺乏大胆直言的勇气,它们在改革潮流中已经远远落在后面。

(8)新视角价值50分的智商。要发现行业革命的机遇,就需要以新的方式来观察世界,视角不改变,战略构建就不会创新。将公司看成核心能力的组合,而不是事业部集合就是新的视角。

(9)自上而下与自下而上相结合。战略探索目标是确保掌握组织资源人员与革命者达成一致意见,高层经理们必须与那些处于行业革命前沿的员工一道参与学习过程。

(10)结局无法预测。综合集体力量、采用新的视角、打破行业规范、跨越企业边界这种逃脱渐近发展的革命并不是现在可以预见的,开放式的战略构建过程是对高层管理者的挑战。

(周小虎)

参考文献:

[1][美]加里·哈默尔,1990. 战略就是革命[J]. 北京:哈佛商业评论,2004.6(重印).

[2][美]加里·哈默尔,C. K. 普拉哈拉德,1994. 竞争大未来:企业发展战略[M]. 北京:昆仑出版社,1998.

[3][美]迈克尔·波特,加里·哈默尔. 未来的战略[M]. 成都:四川人民出版社. 2000.

[4][美]加里·哈默尔,2001. 战略创新和追求价值[M]. 迈克尔·库苏曼诺,下一波经济的战略思考. 北京:华夏出版社,2003.

[5][美]C. K. 普拉哈拉德,竞争战略中的变化[M]. 芝加哥大学商学院等联合编辑,把握战略. 北京:北京大学出版社,2003.

[6]Prahalad, C. K., and Hamel, Gray, the Core Competence of the Corporation[J], Harvard Business Review, May – June 1990, pp. 79 – 91.

核心能力是通往未来之门的钥匙

C. K. 普拉哈拉德,1960 年印度马德拉斯大学理学学士,现为密歇根大学商学院公司战略教授、PRAJA 公司董事长,他还担任了许多世界著名公司的高层管理顾问。作为著名的企业战略专家,普拉哈拉德著作丰厚,1998 年发表于《哈佛商业评论》的《企业帝国主义的终结》获年度麦肯锡奖,他与 Stu Har 教授合作的《金字塔底部的战略》力图解决全球贫困问题,他与 G. Hamel 是长期合作伙伴,对企业战略能力理论作出了突出贡献。

企业持续竞争优势来源问题一直是战略理论发展的核心问题之一。对此,企业能力理论的答案就是核心能力。尽管企业能力理论也是错综复杂的,但其中一个标志性的工作,就是普拉哈拉德和哈默尔在 1990 年《哈佛商业评论》论文中对核心能力的界定。

1. 企业核心能力本质

普拉哈拉德和哈默尔认为,专长是一组技能和技术的集合体,而不是单个分散的技能或技术。所谓企业核心能力是对各种技术和组织知识的整合。在普拉哈拉德和哈默尔看来,核心能力具有三个基本特征:(1)用户价值。核心能力特别有助于实现用户价值,只有那些能够使公司为用户提供根本性好处的技能,才能称为核心能力。(2)独特性。从竞争角度来看,一种能力作为核心能力还必须具有独树一帜的能力。如果某种能力为行业内多数竞争对手所掌握,它就绝无成为核心能力的可能。(3)延展性。企业核心能力还能够衍生出一系列新产品或服务。企业高管要摆脱以产品为中心的观念,如果某项专长能够成为开拓新市场的基础,该专长才真正够得上是核心能力。

普拉哈拉德和哈默尔认为,企业核心能力是一种能力,一种技巧。它并不是会计学角度的"资产",因为资产负债表上的财产并不是企业的技能。判定核心能力的最根本的标准就是能否给企业带来竞争优势。企业核心能力也不是垂直整合的另一种形式,它并不要求企业自己生产。核心能力不像有形资产会"耗损",但其价值会随着时间的变化而改变。经过一段时间企业的核心能力可能会变成为基本能力。总的来说,核心能力用得越多,就越精进,就越有价值。

按照核心能力理论的逻辑,企业之间竞争是在四个层次上展开的。人们普遍只注意到企业最终产品份额之争,但它只是企业另外三个层次竞争的延续,它的结果也只是企业其他形式竞争已经注定了的。第一层次竞争是开发和获取构成核心能力的技能之争。有远见的公司总是会未雨绸缪,争夺可能构成企业核心能力的单项技能或技术。它们或抢先占有专利,或占领排他研发关系,或控制优秀人才等。第二层次竞争是整合核心能力之争。一组分散的技能并不能成为核心能力,核心能力是由不同的技能或技术编织而成。将各种各样分散的技能或技术整合起来,需要的是通才,而不是专家。企业整合核心能力是通过多方面重复利用既有专长而实现的,柯达公司核心能力就是其精密化学专长、数字成像专长和电子技术能力的整合。第三层次竞争是核心产品份额之争。核心产品份额不同于最终产品的份额,它往往难以统计出来,因为有的核心产品被当成零部件出售,有的则被安装在最终产品内用其他公司的品牌出售。核心产品是核心能力与最终产品之间的纽带,它是决定着最终产品价值的部件或组件。它决定了企业租金的来源,也是企业控制力的根源。无论是上下游还是其他关系中,核心产品都扮演着重要的控制作用。例如:虽然英国路宝公司长期依赖于本田提供的发动机和底座设计,但是,尽管本田只拥有路宝20%的股权,其控制能力却远不止此。

2. 利用核心能力,竞争未来

普拉哈拉德和哈默尔并不同意企业重组和改造的理念,"打着转移重点、减少管理层级、治理混乱、调整规模的幌子进行的重组,结果总是一个——减少工人,让更少人分担更多的工作"。企业战略应当是着眼于未来,竞争未来就是创造与把握未来的商机,重新划分竞争空间。"只有那些能够想象并抢先创造未来者,才能奔向未来去享有未来。"企业要领先达到未来就需要具有四个方面条件:懂得竞争未来有何不同;获得洞察明日商机的方法;能够激励公司全体员工踏上通往未来漫长而艰苦的征途;具有不冒不必要风险便超越竞争对手领先达到未来的能力。

普拉哈拉德和哈默尔认为,竞争今天与竞争明天是根本不同的。竞争今天企业更多重视市场份额,而对于尚未出现的市场,市场份额就没有意义了,企业考虑的是商机份额。它们应当回答:以我们目前的技术和专长,在未来商机中我们能够占有多少份额? 我们需要什么样新的核心能力。今天的竞争往往集中于产品或业务部门间的竞争,竞争未来则是"公司间竞争",它依赖于公司的核心能力,这种能力通常超越单个业务部门之所及,是多种技术和知识整合创造的协同效应。竞争未来与竞争今天相比,时间范围不同了,速度变得至关重要。

因此,竞争未来是一种全新的战略观,它与很多流行的看法不同。它强调的不是如何实现目标和资源的匹配,而更看重建立企业拓展性目标,这个目标将远远超越企业现有能力,企业需要杠杆性利用资源;竞争未来必须透过迷雾,准确预见未来市场所在。它要求企业能够不断进行自我更新,忘掉过去的东西;竞争未来的战略观念要求企业不仅要在现有产业范围内竞争,更要在塑造未来产业构架方面竞争。

核心能力是通往未来商机之门,"如果公司有意在未来的市场上获取巨大的利润份额,就必须建立起能够对未来顾客所重视的价值起巨大作用的专长"。企业必须清楚知道为了未来应建设哪些核心能力,如何运用核心能力开拓新的竞争空间。

3. 企业核心能力的塑造

普拉哈拉德和哈默尔认为,要在一个公司建立核心能力理念需要做好五个方面工作:(1)辨别现有核心专长。企业要避免在识别核心能力上的误区,不要把核心能力确定工作仅仅交给技术部门,确定核心能力是整个公司的工作。要避免从产品和财务资产角度来审视公司的核心能力;(2)制定获取核心能力计划。确立公司核心能力发展的规划必须是公司战略中的核心部分,明确哪些能力是填补空白的,即如果改进对现有核心专长的利用,哪些可以增进我们现有市场地位的商机;哪些能力是十年后领先的,即为了保持并扩大现有市场份额,需要哪些新的核心能力;哪些是过时专长,即目前企业的核心能力可能被哪些新的专长取代;哪些是具有大商机的能力。(3)培养新的核心能力。建立企业核心能力需要企业高层意见统一,持之以恒;(4)部署核心能力。为了使一项核心能力在多种业务或者新的市场上发挥作用,需要公司将核心能力在公司内部重复使用,从一个部门转移到另一个部门。不少多元化企业的经营只知道公司内部资金的共享,并不了解公司最关键资源就是企业核心能力,公司依据核心能力来布置企业多元化经营,可以有效降低风险,充分利用范围经济。(5)保护并保持核心能力的领先地位。核心能力的领先地位在许多情况下也会丧失,例如资金投入不够会导致专长萎缩,过于部门化,可能会割裂核心能力;对于核心能力的疏忽,可能导致核心能力遗漏。

普拉哈拉德和哈默尔认为:"成功地竞争未来需要具有在自己行业或市场空间引起革命的能力,这种能力又要求创建战略方面亦进行革命。"

(周小虎)

参考文献:

[1][美]加里·哈默尔,1990. 战略就是革命[J]. 北京:哈佛商业评论,2004.6(重印).

[2][美]加里·哈默尔,C. K.普拉哈拉德,竞争大未来:企业发展战略[M]. 北京:昆仑出版社,1998.

[3][美]迈克尔·波特,加里·哈默尔,未来的战略[M]. 成都:四川人民出版社,2000.

[4][美]加里·哈默尔,2001. 战略创新和追求价值[M]. 迈克尔·库苏曼诺. 下一波经济的战略思考. 北京:华夏出版社,2003.

[5][美]C. K.普拉哈拉德,竞争战略中的变化[M]. 芝加哥大学商学院等联合编辑,把握战略. 北京:北京大学出版社,2003.

[6] Prahalad, C. K, and Hamel, Gray, the Core Competence of the Corporation[J], Harvard Business Review, May – June 1990, pp. 79 – 91.

公司总部存在的唯一理由是为子公司创造价值

安德鲁·坎贝尔教授是阿使利智战略管理研究中心主任,他的研究领域包括了公司层面的战略、公司的愿景、事业部整合。坎贝尔著有《公司层面战略》、《战略协同》、《核心能力战略》、《崩溃》、《协同:事业部间的联结失效的原因和解决之道》,2002 年坎贝尔教授又推出了新作《高效组织设计》。坎贝尔撰写了大量学术论文,其中有 6 篇刊登在《哈佛商业评论》,它们是"制定战略的几种有效方法","公司战略:母合优势的创造","战略在哪出了问题?","追求协同","精细的,而非基准的:关于公司计划新的观点","你能做好组织设计吗?"。

从安索夫到波特,企业战略研究的主流都是集中于业务战略层面上。虽然也出现了业务组织理论、多元化研究、战略联盟理论等,但公司战略的研究比较零散、没有整体框架。迈克尔·古尔德、安德鲁·坎贝尔和马库斯·亚历山大认为公司战略应当包括两个基本问题:公司通过何种方式向何种行业投入资源? 母公司如何影响其旗下业务并处理与它们的关系? 对于第一个问题已经有了比较充分的研究,但对于母子公司关系的研究几乎空白。

迈克尔·古尔德、安德鲁·坎贝尔和马库斯·亚历山大认为,母公司既可以创造大量价值,也可以毁坏大量价值。母公司本身会发生成本支出,如果它的活动不能证明这种成本的合理性,就会破坏价值。就像竞争优势已经成为检验业务战略成功与否的试金石一样,迈克尔·古尔德、安德鲁·坎贝尔和马库斯·亚历山大认为母合优势也成为判断公司战略的根本检验标准

45

和指导公司层面决策的原则。所谓母合优势就是母公司作为最佳母公司时，其属下诸业务单位不仅比它们作为独立实体时表现更好，而且还应当比在任何其他母公司属下表现更好。

与业务单位相比，母公司并不直接接触顾客，去创造收益。因此，成功的母合关系在于母公司的特征与其拥有的诸业务之间实现的高度契合。迈克尔·古尔德、安德鲁·坎贝尔和马库斯·亚历山大提出，母公司的特征可以概括为相互关联的五个方面：(1)心智图。它是母公司成员拥有的经验法则和心智模型，借以对信息加以解释和综合。公司的心智图塑造了母公司对业务改善机会的认识。(2)母公司的结构、系统和过程，它是母公司等借以创造价值的机制。(3)职能部门、总部的服务部门和资源。它是总部用来支持直线部门创造价值的参谋部门和核心资产。(4)人员和技能。即总公司拥有的具有独特专长的人员。(5)分权合约。它规定了母公司可以施加影响的事项。业务单位的特征包括了三个部分：(1)业务单位定义。(2)母合机会。业务单位本身的局限性决定了利用公司优势的机会，例如业务单位缺乏的专业特长需要，业务单位管理的弱点等。(3)关键成功因素。即业务成功的至关重要的因素。

从追求母子公司的高度契合来说，具有母合优势的公司一定具有以下三个方面的特征：第一，它们具有创造价值的洞察力。这些公司都能够关注于具有重大意义、能够释放价值的母合机会；关注于那些未被他人觉察到的机会；对于为何存在特定的改进机会及应如何对其加以利用的问题具有特别深入和丰富的理解。第二，成功的母公司具有独特的母合特征。只有借助于独特的母合特征，成功的公司才能从其洞察中实现非同一般的高额价值。第三，具有核心业务区域。母公司通过自己独特的洞察能力，发现了业务单位有价值的经营领域，或者它们能够准确识别业务单位的关键成功因素，将可能的风险损失降到了极限。

事实上，大量的并购活动是以失败而告终的。人们普遍认为在上市公司总的市场价值与其各项业务价值总和之间存在着"价值缺口"。迈克尔·波特对1950—1986年间美国33家大公司并购的研究表明，超过半数的公司在并购后不久被再次出售。因此，按照母子公司高度契合的观点，母公司的公司战略必须具备三个条件才能实现价值创造：第一，母合机会的存在。母公司欲创造价值,必须存在着改善业务组合绩效的真实机会。通常来说,母公司之间在公司控制权上的竞争已经使得其创造价值的空间十分有限,因此发现这些机会绝非易事。第二,该公司必须具有某些母合特征允许其实现这些机会。缺乏适当的母合特征,即使针对重大的母合机会的公司战略也会失败。第三,避免价值的毁损。面对某些不熟悉的业务或缺乏良好感觉的业务,毁坏价值的可能性就要高得多。

迈克尔·古尔德、安德鲁·坎贝尔和马库斯·亚历山大提出,母公司创造业务主要有四种类型:业务影响、联接影响、职能和服务影响、公司发展活动。

1. 业务影响。母公司通过总经理任命、人事规划、批准和否决预算、战略规划和资本支出等多种有力的方式,对其属下的那些独立的业务单位施加影响。"业务影响的基本前提是母公司的影响能够优化各业务单位的战略并改善其业绩。"母公司检查各独立的业务单位管理人员是否称职,战略规划是否合理,监督与保障计划顺利执行,为业务单位提供专门技能和各类信息。

并不是公司的业务影响都会创造价值,毁坏价值的消极影响经常发生。(1)从母公司影响创造价值机会来看,在业务单位管理层薄弱,外部资本市场难以进入的业务,业务经理与其他利益相关者冲突,以及业务单位享受着母公司专有技术等情况中,母公司创造价值的机会将更加充分。(2)在业务影响的母合特征上,心智图的契合与母公司的结构、系统和过程对于价值创造极为重要。(3)在避免价值的毁损上,母子公司间存在"10%对100%"悖论。也就是总部经理们只花小部分时间给予某项业务,业务经理则需要百分之百为之努力。可以说,不少多业务公司的业务影响误导了业务决策。净价值创造的逻辑是要求母公司应该将其具有充分感觉的业务纳入业务组合,以避免价值毁损的影响抵消其有益的影响。

2. 联接影响。母公司可以鼓励业务单位之间更加密切合作,当子公司之间的联接影响使得各业务单位通过互利关系而受益时,它们就创造了价值。一般说来,通过联接获得的利益可以来源于内部交易;可以源于避免无益竞争,避免无益破坏和有助于智胜竞争对手而从协调中得到利益;可以源于汇集外部团体的力量;可能来自于工厂、设备、后勤设施等资本的更合理利用和开发;也可能来自于理念、知识、技能与专长、联系与声誉等无形资产更合理利用和开发。但是,业务单位之间的联接是多种多样的,既有单一业务和开明自得的单位联接,也有跨地域的联接,地区和业务集团之间的联接,联接网络等。但母公司对于多种复杂协同的追求可能是过于生硬、不恰当可能造成毁坏价值。在利用联接影响价值创造上,存在"开明自利"悖论,即有什么理由相信母公司所安排的联接影响会优于开明的业务单位经理的自主联接呢?当存在着能力欠缺的经理人员,经理与其他利益相关者冲突,业务单位享受着母公司的专有技术,业务经理之间缺少沟通和相互竞争等情况时,母公司就获取了通过联接创造价值的机会。同样联接机会的利用也是建立于母合特征契合和有效避免毁坏价值的基础之上。

3. 职能和服务影响。母公司可以通过其参谋部门和服务部门为业务单位提供有效地指导和服务。总部设立参谋部门和服务部门的合理性是来自于充分利用专家经验技能的规模经济与范围经济性。但总部创造参谋和服务的价值也常常遭到普遍怀疑,许多公司参谋和服务部门的官僚化不仅带来了高额的管理费用,而且业务单位也常常感到他们难以沟通,无用又碍事。"击败专家"悖论同样也是对于母公司通过职能和服务影响创造净价值的怀疑。有什么理由可以认为总部提供的参谋和服务一定会优于市场各种"专家"呢?母合优势同样来源于特定的价值创造条件。从职能和服务部门创造价值机会来看,专家规范经济和范围经济的存在,以及缺乏有效的第三方服务市场,以及母公司拥有独特专业技能和防止信息的泄露等机会存在;从相适应的母合特征上来看,大量专业技术人员的存在,以及总部职能部门与业务单位良好的合作关系是至关重要;从避免毁坏价值来看,是否缺少有关人才,母公司的管理是否恰当。

4. 公司发展活动。许多公司都认为它们公司的发展活动,如发现低价购买某业务的机会,开展新的业务和新的业务组合等能够创造价值。然而,事实表明这些公司发展活动对于业务单位的价值创造成本是极其高昂的。有什么理由相信公司发展活动具有战胜几率的可能?母合优势与创造价值的条件在于新的业务依赖于母公司的专有技术和资源,新的行业机会的出现,通过业务母公司内部独有组合而获得了改善公司绩效的机会等。从相适应的母合特征上来看,母公司对其核心区业务标准拥有足够的明确认识,以及足够熟练的筛选技能和发现合适的并购对象就非常关键。

迈克尔·古尔德、安德鲁·坎贝尔和马库斯·亚历山大认为,母合优势并非永久持续的,即使公司提高了其创造价值的能力,由于其他母公司的模仿和不断提高其洞察力,其相对优势也会减弱。总之,公司战略应当构建于其母合优势追求基础上,应当依据母公司的特征、业务单位特征、竞争对手和未来趋势进行决策,持续追求获取母合优势。

（周小虎）

参考文献：

[1][英]迈克尔·古尔德,安德鲁·坎贝尔,马库斯·亚历山大. 公司层面战略——多业务公司的管理与价值创造[M]. 北京:人民邮电出版社,2004.

[2][美]迈克尔·波特,加里·哈默尔. 未来的战略[M]. 成都:四川人民出版社,2000.

[3]Green, P. E. and V. Srinivasan. Conjoint Analysis in Marker Research: New Developments and Directions[J]. Journal of Marketing, 54, October 1990, pp. 3 – 19.

创造合作价值的并不是协议本身，而是双方驾驭联盟的合作能力

伊夫·多兹是欧洲商学院·丁肯全球化技术与创新学教授。1987—1994 年担任法国欧洲工商管理学院技术与创新管理项目负责人。1990—1995 年，担任开发部副主任。多兹教授参与了跨国飞行器计划，并就全球战略、组织、战略联盟以及竞争力复兴等问题向许多跨国公司提供咨询。他的研究领域有战略、跨国公司组织，特别是高技术行业的跨国公司，著作颇丰，他在哈佛商学院出版社出版了《超国家化：知识经济时代全球竞争》等。

随着经济全球化和信息技术迅猛发展，企业间竞争正发生根本性变革，公司间不仅在形成战略联盟的比率急速增长，战略联盟的范围也涉及几乎所有的行业，更主要的是战略联盟在企业战略中的地位也从以往的外围业务、边缘市场转向公司的核心业务和中心领域。但是，不少企业管理者并没有认识到战略联盟管理与以往单纯经济活动管理的区别，多兹和哈默尔较早地注意到了联盟的政治性，他们提出"在联盟管理中，必须同时兼备目的性和灵活性、分析能力、企业家直觉、组织能力和政治手腕"。在《联盟优势》中，多兹和哈默尔提出，较高的联盟能力是源于能够探明联盟的价值、以价值创造为目的去孕育联盟、能够确保战略相容性、懂得如何设计合作、会有效地把握联盟的开始、善于学习和适时调整、有效掌握了实力与依赖性平衡以及对多元联盟的管理。我们着重介绍其中"以创造价值为目的孕育联盟"和"在实力和依赖性间把握平衡"思想。

1. 以创造价值为目的孕育联盟

多兹和哈默尔认为，联盟的构想和管理应符合其价值创造逻辑，不同联盟创造价值途径造成不同的联盟管理逻辑。概括创造价值规律，企业间联盟

主要存在三种目的:(1)化敌为友创造价值,即化竞争对手或互补型企业为合作伙伴,合并专有业务,实现规模经济;或者通过化敌为友占据企业网络的核心地位;(2)企业也可以通过联盟进入新的市场或创造新的产品和服务商机,它们都是通过综合利用创造价值;(3)联盟还可以起到加快学习和内化新技能的作用,公司常常会借助于联盟来赢得学习竞赛,多兹和哈默尔称为学习内化创造价值。

按照联盟创造价值的逻辑,多兹和哈默尔认为,企业联盟应首先做好六个方面工作:首先,评估每个合作伙伴对联盟所作贡献,各个合作伙伴分别为联盟作出哪些贡献,为什么? 化敌为友型联盟贡献主要在于提高联盟成员的竞争力;而综合利用型联盟则在于评估潜在合作伙伴贡献的独特性,这些贡献是否具有不可交易性、不可替代性和难以模仿性;学习内化型联盟贡献则在于能否提供隐性或内部化技能,技能能否达到领先水平,能否共同实现技能的不断改进。

其次,商定联盟范围。企业联盟往往会在战略范围、经济范围和经营范围多个范围内展开,而管理者可能只注意到其中的一个方面。在化敌为友型联盟中,战略利益必须相似,合作各方必须在联盟中有足够的收益以保持始终致力于联盟的发展,合作各方的经营范围并不重要;综合利用型联盟也要有兼容的战略和对绩效一致的期望,在经济范围中则要通过使联盟成为独立的合资企业来最大限度地压缩合作伙伴之间的交易,至于经营范围上则取决于对联合任务的需要。与上述两种联盟类型不同,学习内化型联盟在战略范围上需要考虑那些市场范围相异、技能基础相似的合作伙伴。在经济范围中,要谨慎将绩效与占有价值的成本分开。而在经营范围中,必须提供一个足够大的向合作伙伴学习的窗口。

再次,就决定联盟成功与否的关键任务达成一致意见。就化敌为友型联盟来说,最为关键的任务可能就是合作伙伴的最初谈判和随后战略协调;对于综合利用型联盟来说,最为重要的是精心设计合作伙伴间工作联系机制和经济整合的机能;而学习内化型联盟通常是共同实践新的技能最为关键。

第四,衡量成功。企业战略联盟并不可以在所有方面同时成功,因此,联盟设计应当明确如何衡量成功与否。就化敌为友型联盟来说,成功在于扩大联盟成员市场份额和增加其利润;就综合利用联盟来说,成功标志是相对于合作伙伴独立经营时收入和利润流的增长;就学习内化型来说,成功与否关键是有无掌握新的技能和能否充分利用这些技能带来的商机。

第五,时刻关注。在不同类型的联盟中其"关键时刻"是有所不同的,它们决定着联盟时间的长短。产业结构的生命周期对化敌为友型、综合利用型联盟都有关键性影响;而"学徒方"学习他方的学习周期,以及合作各方贡献联盟的技能的更新速度才是学习内化型联盟的关键。

第六,预见冲突。从创造价值的逻辑出发,可以预见可能发生的矛盾冲突。在化敌为友型联盟中,冲突可能会更多来自于联盟成员之间成本与收益的平衡性、联盟中核心或牵头公司租金与成员租金之比;就综合利用联盟来说,各个成员贡献的相对价值和如何分享创造价值是引发冲突之源;学习的对称与平衡、潜在内容与实际所获的对比、能力补充与能力转化的对比将是学习内化型联盟的矛盾所在。

1. 在实力与依赖性间把握平衡

多兹和哈默尔认为,随着合作的推进,利益分配成为合作伙伴间争论焦点。在利益竞争上,怎样提高企业对于联盟贡献的独特性,增加自己的影响力,从而猎取更多的联盟利益具有战略意义。企业与众不同的资源和能力是吸引化敌为友战略联盟的基础,那些没有多少战略资源的公司都不是中意的合作伙伴。在综合利用型联盟中,讨价还价的能力是根源于资源和能力的非对称性,非对称性是合作伙伴依赖不平衡的原因。公司应当让合作企业承担更多没有特色的具体工作,增加其退出联盟的壁垒,增加企业灵活性。内化新技术是学习型合作伙伴存在的理由,学习型联盟需要明白,联盟中需要内化什么,应独立开发什么技术为联盟作贡献,要在什么方面依靠合作伙伴。

多兹和哈默尔提出,利益的争夺是在团结协作基础上的,合作伙伴需要学会团结协作,学会借助联盟学习。因此,在一个战略性联盟中,要学会技术并将其内化。首先需要有一个明确的学习目的,并在这个目的下推动整个学习过程。联盟企业都可能认识到在关键技术上,特别是复杂性技术上落后,就难以重新崛起。合作各方都会在学习目的上展开较量。要保证学习目的转变成现实,企业要确保其他参与者也有同样拥有学习和内化新技术的战略目标,那些直接和间接参与合作的公司能够防止其关键技术泄漏给合作伙伴,另一方面还能够充分利用这些学习机会。学习过程一般要通过以下环节来实现:高层管理人员向下传达并反复强调学习目的;把学习分解成连续步骤,并按逻辑复杂程度排列;在设计沟通层面时始终牢记学习目的。

多兹和哈默尔认为,联盟合作的过程还会受到透明度和接受能力的左右。透明度是指每个合作伙伴有意无意提供给别人的学习机会;接受能力则是每个合作伙伴掌握别人技术的能力。很多企业都试图通过协议来解决透明度问题,但事实上,合作伙伴间的技术转移并不总是按照协议来进行的,管理人员应当清楚在协议之外还会转移哪些技术。降低透明度可以采用主动和被动两种方式。被动的或消极方式是依赖于技能内在的不可知性。例如,这些技术是根源于其社会系统;企业具有较高的忠诚的文化;内部组织复杂性以及技术的专有属性。主动方式就是给任务结构和合作沟通层面进行设计。例如,任务越是复杂,沟通越是频繁,透明度就必然会越高;反之亦然。就接受能力来说,企业可以在强化学习目标的基础上,提高接触的频率,提高语言能力,采用标杆学习和鼓励模仿都会有助于接受能力的提高。

总之,合作伙伴需要认识到联盟本身的竞争,观察联盟形成过程,对其效果进行评价,从创造价值的逻辑出发,要能够顺应时代变化,创造性驾驭联盟错综复杂的局面,不断调整工作重点,消除组织冲突,提高企业合作能力。

(周小虎)

参考文献:

[1] Hamel, G, Doz, Y. L, and Prahalad, C. K. Collaborate with Your Competitors and Win[J]. Harvard Business Review, January – February 1989: pp133 – 139.

[2] Hamel, G, Competition for Competence and Inter-Partner Leaning Within International Strategic Alliances[J]. Strategic Management Journal, December 1991: pp83 – 103.

[3] [美]伊夫·多兹,加里·哈默尔. 联盟优势[M]. 北京:机械工业出版社,2004.

[4] [美]亨利·明茨伯格. 战略历程[M]. 北京:机械工业出版社,2006.

知识创新是显性知识与隐性知识社会交互作用的过程

　　野中郁次郎是日本一桥大学研究生院国际企业战略研究科教授,他是日本组织学会会长,是一桥大学商学系附属产业经营研究设施负责人。他 1958 年毕业于早稻田大学政治经济系,1972 年获得加州大学伯克利分校商学院工商管理学博士。1978 年担任南山大学经营学系教授,1982 年任一桥大学商学系附属产业经营研究设施教授,还兼任北陆尖端科学技术大学院大学教授,他还是勒芬天主教大学和圣加仑大学名誉博士。野中郁次郎教授著作颇丰,主要著作有《组织与市场:组织的权变理论》(1974 年荣获日经经济文化图书奖)、《日美企业的经营比较》(1983 年荣获组织学会奖)、《创造知识的经营》(1990 年荣获经营科学文献奖)、《知识创造型公司》(1995 年荣获美国出版社协会商业管理类年度最佳书籍奖)等。

　　越来越多的人认识到,知识以及创造和运用知识的能力是一个企业持续竞争优势的重要源泉。野中郁次郎从日本企业分析入手,对企业知识创造的过程进行了深入的分析,被明茨伯格称为值得关注的工作。野中郁次郎的工作结合了实用主义与东方哲学的传统,强调"知识对于情感的依赖和认知与行动相统一这两点的重要性",对于野中来说,"一个组织并不是一群个体的知识总和,它可以通过个体在组织中互动来学习和创造知识"。

　　1. 知识转化的模式

　　自泰勒的科学管理理论提出以来,管理学的主流观点就是将组织看成为信息处理系统。然而,野中郁次郎认为,"一个组织并不单纯是信息处理机器,而是一个通过作用与相互作用来创造知识的实体","组织不仅仅是解决问题,而是创造问题,界定问题,发展和运用新的知识解决问题,从而在解决问题过程中进一步发展新的知识"。

按照波兰尼的划分,知识有显性知识和隐性知识两种。显性知识是可以用正式系统的语言来表述,可以用数据、科学公式、说明书和手册等形式来共享,它容易被"处理"、传递和储存。它是有着过去的"彼时彼地"的知识,是一种与环境无关的知识。而隐性知识却是高度个人化的,难以公式化,它牢牢地与行为、规程、日常活动、信念、价值和情感联系在一起,隐性知识是在一个特定环境"此时此地"中产生,它在个人间的传播是模拟的过程。隐性知识可以分成技巧、技艺和心智模式、信念两个维度。野中郁次郎由此提出,"人类知识通过隐性知识和显性知识的社会交互作用进行创新和扩张"。

因此,知识创造过程可以分成社会化、外部化、组合和内部化四种模式。(1)社会化——从隐性知识到隐性知识。社会化是一个分享经验、创造隐性知识的过程,它的学习过程无需语言,而是通过观察、模仿和练习。获得隐性知识的关键是体验,没有一定的体验,一个人很难将想法投影到另一个人的思维过程中去。(2)外部化——从隐性知识到显性知识。隐性知识通过以隐喻、类比、概念或模型的方式显性化,是一种经典的知识创造过程。但各种表达手段通常会与其本意存在一定距离,这种差别又经常会促进"反省"和个人之间的互动。一个领导的形象化语言和想象力是从他的项目成员中引出隐性知识的重要因素。(3)组合——从显性知识到显性知识。组合是将概念系统化为整体知识的过程,它的转化涉及组合不同的显性知识体。通过选择、添加、组合和分类来重构显性知识,可以产生新的知识。在商业环境中,组合方式常见于管理者将愿景、商业概念和产品概念分解并将其具体化的过程中。(4)内部化——从显性知识到隐性知识。在现实中,显性知识只有转化成隐性知识,才会有个人行动;同时,这种转化过程也更有利于知识的传播,这样新的知识就可以在虚拟情景中得到。内部化的过程和"干中学"紧密相连。

组织知识创造的过程是一个连续地自我升级的螺旋式运动过程,知识的创造需要触发事件引发的条件,野中郁次郎称为"巴"。社会化的"发起巴"是一个能够产生关爱、信任和信念的场所;外部化的"对话巴"则有助于有意义的对话或集体反省;组合过程的"系统巴"是一种网络化过程;而内部化的"演练巴"通过"干中学"来不断学习和自我完善。组织知识创新的螺旋过程,始于个人层面,经过不断扩张的相互作用而上升,这种相互作用的过程超越了小组、部门,甚至于组织的界限。

2. 组织知识创新的实现环境

在组织知识创新过程中,组织环境对于形成知识创新巴,促进螺旋上升有重要的作用。野中郁次郎讨论了经典的五种情境:

首先,组织意图。野中郁次郎认为公司战略的核心就是将愿景概念化,指出什么样知识应该发展,如何把它们具体化,使其能在管理系统中应用。没有组织意图,我们就无法判断创造出的信息和知识的价值。企业必须将意图传送给员工,以增强他们的组织承诺。通过集体的承诺,而非个人的行动,使人们对知识创造有重新的定位。

其次,自主性。组织成员的自主行动可以提高企业创造知识的机会,也有利于激发员工的热情。自治的个人产生新的思想在团队中扩散,然后成为了组织的想法。自主团队是一个为个人创造自主性环境的有力工具,它常常是多部门成员组成,它的运作非常灵活,内部环境更加民主,它的创造知识过程不是依赖于精英,而是组合常人的知识和智慧,这种团队在创新过程中非常有效。

再次,不稳定态和创造性骚动。利用环境的不稳定性可以在组织内部引发波动,组织成员的惯例和认知模式将面临崩溃,这样就有机会使我们重新认识组织观点。个人对组织旧内容不断忘却,孕育着组织知识的创造。而组织面临危机时,产生的混乱和骚动,可以强化组织内部紧张感,使组织成员的注意力集中于界定问题和解决危机上来。

第四,冗余。在组织中冗余信息是指超过组织成员直接操作所需的部分,它是企业在商业活动、管理责任和公司整体信息上有意的重叠。冗余信息会加强组织成员对隐性知识的共享,因为它引发侵入每个人观念的领域知识,而产生学习。同时,冗余信息可以使成员了解自己在组织中的位置,影响成员的思维和行动方向。

第五,多样化。野中郁次郎认为,通过灵活快速地组合不同知识,组织成员拥有多样性知识,可以处理很多无法预知的环境变化,组织内部的多样性应当和环境的多样性相匹配,扁平化组织和工作轮换都可以加快员工获取多方面知识。

3. 组织创新过程的五个阶段

阶段一:共享隐性知识。组织知识始于分享隐性知识,因为个人所掌握的丰富的未经使用的知识首先在组织中放大,这个过程对应的就是社会化。但隐性知识难以交流和传递,不同背景、观点和动机的人共享隐性知识就成为组织知识创新的关键步骤。因此,组织中个人必须共享情感和心智模式来共同创造信任。

阶段二:创造新概念。在这个阶段共享的知识、共同的心智模式用文字表述出来,最终明确到一个新的概念,从而转化成显性知识。在这个过程中,组织成员通过对话合作创造出概念。为了创造新的概念,需要组织成员彻底思考现存的假设,必要的多样性可以使大家在看待同一问题上拥有不同视角和观点。例如,本田公司就用"汽车进化论"、"人性最大化"、"机器最小化"等概念来灌输组织创造性思维方式。

阶段三:证明概念。在这个阶段新的概念必须接受检验,以决定这个概念是否值得付诸实践。证明的过程涉及新的概念是否真的对组织和社会具有价值,一般的标准包括成本、边际利润及产品对企业成长的重要性;证明的过程需要判断创造的最佳时机是否出现;证明过程还需要以组织意愿来判断价值取向,其前提是要通过明确方式来检验组织意愿是否完整。

阶段四:构建原型。被证实的概念要进一步转化成实在的成果,这种转化既可能是新的产品,也可能是新的公司价值观,新的管理系统或组织结构。因为这个过程比较复杂,不同部门间的动态合作是必不可少的。组织内部多样性、冗余信息的存在都有助于这个阶段的实现。

阶段五:知识层次交叉。最后一个阶段是将部门新的知识在部门内扩散、部门间扩散甚至扩散到外部要素之中,野中郁次郎所称的这些外部要素包括了顾客、供应商、分销商和其他利益相关者。进行创新的公司不是在一个封闭系统中,而是处于一个开放的体系中。

总之,组织创造知识是动态的过程,它不仅仅是成员之间的能动互动,也是成员与环境之间的互动过程。知识创造的过程是在隐性知识与显性知识、个体知识与集体知识之间的交互作用中螺旋式上升。

（周小虎）

参考文献:

[1] Nonaka, I, and Takeuchi, H, the Knowledge-Creating Company: How Japanese Companies Create the Dynamics of Innovation[M]. New York: Oxford University Press: 1995.

[2] [日]野中郁次郎,竹内弘高. 企业知识创新的动态理论,阿尔弗雷

德·钱德勒等. 透视动态企业:技术、战略、组织和区域作用[M]. 北京:机械工业出版社,2005.

[3][日]野中郁次郎,竹内弘高. 经营过程中的知识创新. 安德鲁·坎贝尔等. 核心能力战略[M]. 大连:东北财经大学出版社,1999.

[4][日]野中郁次郎等. 组织知识创新的理论:了解知识创新的过程. 迈诺尔夫·迪尔克斯等. 组织学习与知识创新[M]. 上海:上海人民出版社,2001.

[5][美]亨利·明茨伯格. 战略历程[M]. 北京:机械工业出版社,2006.

超越产业竞争,创造蓝海战略

W.钱·金是欧洲工商管理学院和国际管理首席教授。他曾任密歇根大学商学院的教授,也为欧洲、美洲和亚洲的一些公司提供咨询。他还是达沃特世界经济论坛的会员。勒妮·莫博涅也是欧洲工商管理学院杰出学者,战略和管理学教授。他们共同在《管理学会期刊》、《管理科学》、《战略管理期刊》、《行政管理季刊》和《哈佛商业评论》等杂志上发表了大量学术论文,他们还是价值创新网络组织的缔造者。

W.钱·金和勒妮·莫博涅区分两种不同类型的产业:一种是红海,它是一种产业的界限已被划定并为人们所接受,竞争规则也为人们所知,市场空间越来越拥挤,利润和增长的前途也越来越暗淡。另一种是蓝海,它是从已有产业拓展出来的,亟待开发市场空间,竞争规则尚未确定,有着高利润增长的机会。在W.钱·金和勒妮·莫博涅看来,企业的优势战略就是一种蓝海战略,它要求企业把竞争视线从关注对手转向为买方提供价值,通过跨越现有的竞争边界,将不同市场买方价值元素加以筛选与重新排序,开启巨大的潜在需求,创造新的市场空间。红海战略与蓝海战略的区别在于如下:

红海战略与蓝海战略之比较

红海战略	蓝海战略
竞争于已有市场空间	开创无人争抢的市场空间
打败竞争对手	甩脱竞争对手
开发现有需求	创造和获取新的需求
在价值和成本之间的权衡	打破价值和成本之间的权衡
按差异化或低成本的战略选择协调公司活动的全套系统	为同时追求低成本与差异化公司活动的全套系统

W. 钱·金和勒妮·莫博涅将以波特为代表的战略观称为结构主义的, 而将以熊彼特为代表的战略观称为重建主义的。他们认为结构主义的战略 观是将市场结构看作为既定的, 企业的竞争就是维持现有市场地位, 抑制对 手的进攻, 企业间博弈的零和博弈。所以, 结构主义的观点主要是分配市场 资源, 注意力集中于红海之中。相反, 重建主义的观点则是将竞争的重点从 竞争转向价值创造, 他们更加关注于构建新的市场空间, 创建新的需求水平。 W. 钱·金和勒妮·莫博涅与以往的重建主义的差异在于他们注意到了产业 演化的惯性。也就是说, 新的市场空间并不是凭空产生, 而是对红海的变革。 W. 钱·金和勒妮·莫博涅考察了美国产业发展史和一些企业的个案, 发现 86% 的新项目属于红海战略的业务改进, 业务收入只占总收入的 62% , 利润 只占总利润的 39% 。而蓝海战略所创下的收入占 38% , 利润则占到 61% 。

蓝海战略与其说是一种新的战略思维, 不如说是一种新的分析手段。 W. 钱·金和勒妮·莫博涅的蓝海战略理论可以概括为: 思维分析四步框架、 蓝海战略的制定原则和其战略执行核心环节。

1. 蓝海战略思维的四步框架

蓝海战略思维的基础是价值曲线, 所谓的价值曲线就是按图形方式绘出 一家企业在产业竞争各元素 (或关键成功因素) 上表现的相对强弱。"剔 除—减少—增加—创造" 坐标格就是蓝海战略思维的四步框架。即四个问题 对于挑战现有战略逻辑和商业模式是至关重要的:

哪些被产业认定为理所当然的元素需要剔除? 它迫使你去剔除那些企 业间长期攀比的竞争要素。这些元素经常被认为是理所当然的。然而, 产业 的变化, 特别是买方偏好的变化可能使得它们的重要性已不复存在, 但企业 尚未注意到这种变化。

哪些元素含量被减少到产业标准之下? 它促使你去重新审视整个产业 在现有产品和功能的设计上是否过头。企业只是为了竞争对手之间相互攀 比, 而忽视企业产品和服务已经超过了顾客所需。它们的增加除了给企业增 加成本外, 没有给顾客带来价值。

哪些元素的含量应当增加到产业标准之上? 它促使你去重新思考企业 的目标市场何在, 选择企业的顾客。通过创造企业的独特能力为目标顾客增 加专有性投资, 锁定顾客, 将企业与竞争对手区分开来。

哪些产业从未有过的元素需要创造? 它要求你发现买方的全新源泉, 以 创造新的需求, 改变产业竞争的规则。

W. 钱·金和勒妮·莫博涅认为, 一个良好战略具有三个特点。首先, 重 点突出。伟大战略都使得其价值曲线清晰地显示出来。西南航空公司只强调友好服务、速度和频率三个元素。相反那些失败的公司往往是投资过于分散,被竞争对手牵着鼻子走,结果导致高成本。其次,另辟蹊径。蓝海战略家的价值曲线通过"剔除—减少—增加—创造"四步框架脱颖而出,而红海战略家们则总是为了追赶竞争对手而制定战略,企业间战略千篇一律,失去了自己的独特性。再次,令人信服的主题。一个好的主题不仅要传达清晰的信息还要切合实际地宣传产品和服务,否则顾客就会失去信任和兴趣。西南航空公司的主题就是"飞机的速度,汽车的价格"。

2. 蓝海战略制定的原则

制定蓝海战略要重建市场边界,以摆脱竞争,开创蓝海。W. 钱·金和勒妮·莫博涅发现了重新构建市场的六条路径框架:

(1)跨越他择产业。不少人陷入红海之中,主要是因为他们人云亦云为产业定界,并一心想成为其中最好的。但是,企业不仅要与自身产业竞争,还要与其他产业中他择性产品或服务的提供商竞争。企业"剔除—减少—增加—创造"四步框架,就可以跨越"他择产业",提供两个他择产业的最大优势。就如同 Netjets 既拥有商业航空的价格,也拥有私人飞机的速度、便捷性和灵活性。

(2)跨越战略集团。不少企业在分析产业时,深受产业集团概念的影响,总是努力在各自战略集团独领风骚。所谓的战略集团就是战略行为上相似的企业集合,企业沉陷于战略集团之间的攀比,很容易陷入红海之中。跨越现有战略集团关键在于突破狭窄的思维,搞清什么因素决定了顾客在消费品之间的选择。

(3)跨越买方价值链。很多企业陷入红海之中的原因是他们只是考虑单一的买方群体,要么是购买者,要么是使用者,要么是施加影响者。挑战产业有关目标群体的常识成规就可能发现曾经忽视的购买群体,开创一片蓝海。

(4)跨越互补品。很多企业在相互竞争过程中,都不约而同地限定于产业自身的产品和服务项目。其实互补性产品和服务常常蕴藏着未经发现的需求,关键在于企业在选择产品和服务时都在寻找什么。企业通过跨越互补品,就可以获得被整个产业忽视的新的市场空间。以电影院为例,极少有电影院对想看电影的夫妇提供临时保姆等服务。

(5)跨越针对卖方的功能与情感导向。红海之中的产业总是陷入于两个极端的竞争导向:要么是功能导向,产业中主要是在价格和功能上竞争;要么是情感导向,产业中主要是感觉上竞争。当企业汇集两种导向,提供两种导向优势时它往往会发现新的市场。例如,墨西哥水泥公司在销售水泥过程中推出了"住房梦想今日祖产"计划就获得意想不到的成功。

（6）跨越时间。很多企业总是关注于现阶段的竞争和威胁，企业家们跟随潮流，人云亦云。如果企业能够主动塑造未来，立足于那些决定性的、不可逆转的、发展轨迹清晰的潮流中，从未来思考企业今天的行为方式，就可以开掘蓝海一片。企业跨越时间的关键在于发现新的获利模式，例如苹果公司就发现免费下载数码音乐技术的潮流，主动推出了 iTunes 网卡音乐商店。

W. 钱·金和勒妮·莫博涅还提出其他三条制定蓝海战略：注重全局而非数字，超越现有需要，遵循合理的战略顺序。只不过这些原则的思想性远比不上"重建市场边界，以摆脱竞争"来得深刻。

3. 蓝海战略执行核心环节

W. 钱·金和勒妮·莫博涅认为好的战略不仅在于思维和制定，还在于执行。要有效地执行蓝海战略要克服关键组织障碍，要将战略执行纳入到战略之中。

与红海战略相比，蓝海战略意味着对现状的重大转变，它的执行必然面临严峻的挑战。（1）要执行蓝海战略需要冲破认知障碍，企业家需要使得企业员工认识和体验到严酷的现实，认同于变革目标。（2）当组织接受转变时，企业家将面临资源短缺的挑战。企业家需要按照剔除—减少—增加—创造的原则来重新配置资源。资源配置要抓住牛鼻子，将资源分配在战略的关键点上。（3）执行蓝海战略还需要一整套行之有效的激励措施，来激励员工迅速行动。（4）推倒政治障碍。任何的变革都会触犯既得利益者，事实上，不少变革者在其公司之中，"还没有站起来就已经被人撂倒"。

蓝海战略试图提供超越现有产业竞争，开拓全新市场的分析框架。但它本身并不能提供持续性竞争优势，企业家并不是获得一时的全新市场就可以高枕无忧了，竞争对手还可以通过模仿或技术渗透重新进入蓝海，使得蓝海变成红海。企业家要根本超越的产业竞争的核心最终还是需要拥有不断创新变革的能力。

（周小虎）

参考文献：

[1][韩] W. 钱·金，[美]勒妮·莫博涅. 蓝海战略[M]. 北京：商务出版社，2005.

[2]Kim, W. Chan, and Renee Mauborgne. Charting Your Company's Future. [J] Harvard Business Review 77, January, pp83 –93.

第二篇 财务管理

财务目标：企业财务行为的依据和考核标准

美国会计学会（American Accounting Association）简称 AAA，是美国最大的会计学术组织。该机构主要由会计学教授所组成，但允许公共会计师和企业会计师参加。美国会计学会于 1916 年成立，原名为美国大学会计教师学会（AAUIA），1936 年改为现名，其主要宗旨是促进会计理论研究和改进会计教育工作。其主要出版物包括《会计评论》、《会计天地》、《会计教育论文选集》以及若干研究报告，例如《公司会计准则介绍》、《会计基础理论的研究报告》等文献，对发展现代会计和财务理论起着重要作用，其影响远远超出美国，遍及欧洲、澳大利亚、加拿大、日本和其他国家。

美国财务会计准则委员会（FASB）是美国会计准则的制定主体之一。1973 年以来，财务会计准则委员会一直是制定财务会计准则的民间组织。作为主要的准则制定者，财务会计准则委员会负责制定公认会计原则（GAAP）中的 A 级准则，内容主要规范财务报告的编制。目前，财务会计准则委员会是指定的美国准则制定机构，尽管它的所有重大项目都是与国际会计准则委员会共同完成的，它仍然在公认会计原则课题的研究与发展中发挥着领导作用。

美国会计学会（AAA）以及美国财务会计准则委员会（FASB）共同提出了"财务目标：企业财务行为的依据和考核标准"这一经典命题，它们认为，现代企业是多边契约关系的总和，股东、债权人、经理层、雇员等等都是企业产权主体，各方都有其自身的利益，共同参与构成公司的利益制衡机制，这是企业财务目标在确定过程中需要首先考虑的。如果试图通过损伤一方面利益而另一方获利,结果都将导致矛盾冲突,如职工罢工、债权人拒绝提供信贷、股东抛弃所持股份等,这些都不利于企业的发展,因而应公平地对待各方,尊重各方的利益。

作为具有独立产权的市场主体,现代企业应具有自身独立的经营目标和方向,可以说,一定时期,一定企业的经营目标与当时的产权关系和产权结构有着必然的联系。当一定的社会时期崇尚某一产权主体利益,一个企业有某些利益偏好时,这个目标就表现为不同产权主体利益的最大化。而财务目标,则是前述企业目标实现与否的关键所在。财务目标之所以重要,是因为它是财务决策的准绳、财务行为的依据、理财绩效的考核标准。有学者指出:"因为产权关系的复杂化,多元化必然决定企业财务目标绝不可能是单项的、唯一的,而应该具有多重性。"与此相呼应的是,在西方财务理论发展过程中,出现过众多的财务目标理论。这些观点主要有:"利润最大化"、"净收益最大化"、"资本成本最小化"、"每股收益最大化"、"股票市价最大化"、"股东财富最大化"以及"公司财富最大化"等,这些财务目标基本上反映了西方企业市场环境的要求,体现了不同时期产权主体利益的不同偏好。

从利润最大化、股东财富最大化到企业价值最大化,清晰地向我们昭示了推动目标理论发展的两条线索:一是"目标理论"本身的缺陷——这是推动理论发展的内在矛盾;二是产权制度及其发展——这是推动目标理论发展的外在矛盾。同时,理论的前瞻性与对实践的指导性要求,决定了企业财务目标理论的选择;企业目标的可操作性要求决定了衡量指标的设计。FASB 和AAA 认为,企业财务目标的选择应是战略的、宏观的、稳定的,而关于衡量指标的设计,则是不断发展的。这种衡量指标应是某种体系,既有定性指标,也有定量指标,它有赖于其他学科特别是会计的发展。

如果说由利润最大化演变到股东财富最大化,推动其发展的主要是"利润目标"的内在矛盾——利润最大化目标导致了种种"短期化"的管理行为,二者体现的产权因素则是一致的——都是以最主要的产权主体的目标为核心,那么,由股东财富最大化到企业价值最大化,则是内在矛盾和外在矛盾相互推动的结果。

从某种意义上来说,股东财富最大化更多体现在一种广告效应。对于现代企业尤其是上市公司而言,股东是他们的"上帝",公司的一举一动,一点成绩或是一点瑕疵都可能影响到"上帝"是用"手"还是用"脚"投票,一切为"上帝"着想可能已成为公司最神圣的使命。这也许正是理论界用其他理论来解释"企业价值最大化"的优势时所忽视的。

"企业价值"的诞生则在于产权交易的发展,企业管理者越来越将企业视为一种"商品",无论是产权交易还是日常财务管理,都要求站在"企业价值"

的高度。而"股东财富最大化"相对于"企业价值最大化"而言,越来越突出二者的矛盾。在产权交易阶段,股东侵犯其他利益主体的行为时有发生,"股东价值"与"企业价值"一致性的前提条件遭到破坏。同时,各产权主体的利益要求得到平等保护则不容置疑,企业价值最大化恰恰迎合了这种思想。

实际上,利润最大化、股东财富最大化、经理利益最大化、公司价值最大化等种种目标既非相互涵盖,也非完全背离,在一定制度框架内,这些目标还具有很强的逻辑一致性。但不同目标理论指导下的理财方法、价值衡量标准、激励——约束机制或合约的设计指导思想却又千差万别甚至相互矛盾。仅仅从目标本身出发,无论是逻辑推理还是实证检验,经常会有相反的结论。在将企业的契约理论和博弈论引入分析框架之后,所有看似矛盾的研究成果无不在企业价值最大化这一点上找到了逻辑支点,而从契约理论、委托—代理理论、交易成本理论等不同研究路径所得的多少显得支离破碎的研究成果无不是在自觉或不自觉地朝着"企业价值最大化"这一理想目标趋近,只不过分别处在不同阶段而已。

当今世界,随着知识经济的到来,知识型企业方兴未艾,股东财富与企业价值正走向融合。管理性、技术性的"人力资本"将日渐成为企业的所有者,经理人员股票期权和员工持股方案在众多企业中酝酿并相继推出,企业经营者所有者化的趋势正逐步形成。当企业经营管理人员、技术人员以及员工都成为企业股东以后,股东财富也就成了企业价值,股东财富最大化与企业价值最大化的讨论,可以达到一种殊途同归的均衡。

(吴梦云)

参考文献:

[1] Coase, R. H. The Nature of the Firm. Economica New Senes [J]. Vol 4 No. 16. (Nov. 1937) pp386 – 405.

[2] AAA. Astatement of Basic Accounting Theory [R]. American Accounting Association, 1966.

[3] 美国财务会计准则顾问委员会. 美国联邦政府财会概念与准则公告 [M]. 北京: 人民出版社, 2004.

[4] Yuji Ijiri, Theory of Accounting Measurement [M] Sarasota, FL: American Association, 1975.

[5] Ahmed Belkaoui, Accounting Theory [M], Harcourt Brace Jovanovich, Inc. 1981.

财务管理的核心在于实现最佳的资本结构

　　弗兰科·莫迪里安尼,意大利籍美国人,1985 年诺贝尔奖得主,1918 年生于意大利,1936 年获得罗马大学法学博士,1944 年获得新社会学院社会科学博士学位;1949 年成为伊利诺斯大学经济学副教授,1950—1952 年任伊利诺斯大学经济学教授,1952 年在卡内基理工学院任经济学与产业管理教授,1960 年任西北大学经济学教授,1962 年开始在麻省理工学院任教。他的主要贡献为:①对个人储蓄的分析,提出生命循环假说;②金融市场研究,发现一个公司股票的市场价值,主要依据投资者预期今后该公司获利情况而定。③有关家庭储蓄和金融市场的成长变迁及发展对节约与金融市场进行了史无前例的分析。他一生的重要著作包括:《国民所得与国际贸易》;《生产、存货与劳动力之规划》,与他人合作;《通货膨胀环境中稳定住宅新抵押设计》,与莱沙德合作;《莫迪利亚尼论文集》。

　　默顿—米勒,美国人,1990 年诺贝尔经济学奖得主,他的研究是依照 Markowitz 所提出的"投资组合理论"与 Sharpe 所提出的"资本资产定价模型"架构提出 Modigliani – Miller 理论,说明公司资本结构和效益政策与它的市场价值和资本成本关系,展现出制造公司利润动能比基金动能重要。他的著作主要包括:《审计、管理策略与会计教育》、《金融理论》。论文主要包括:《利息率变动的收入效应》、《红利政策、增长和股票估价》、《厂商的一个需求模型》、《与不确定条件下投资规划相关的资本价值的若干估算》、《与风险相关的收益率:最新发现的再考察》、《金融创新:最近 20 年进展与未来发展展望》、《30 年之后的莫迪利阿尼—米勒定理》等。他的主要贡献为:①金融理论领域之先驱者。②提出 Modigliani – Miller 理论。③认为法人金融机构的理论与经验分析发展者极为重要。他一生在财务理论方面卓有建树,出版了八部著作。

1958 年,米勒和莫迪里安尼在题为《资本费用,公司理财和投资理论》的文章中,陈述了基本模型,并提出:公司价值取决于投资组合,而与资本结构和股息政策无关。在 1963 和 1966 年,米勒和莫迪里安尼利用这个基本模型,又以两篇其他重要文章导出两项所谓不变定理,现在称为 MM 定理,该理论开创了研究现代企业融资行为和资本结构管理的先河。

MM 理论的发展阶段可以总结如下:

1. 最初的 MM 理论(无税条件下的资本结构理论)。最初的 MM 理论,即由美国的 Modigliani 和 Miller(简称 MM)教授于 1958 年 6 月份发表于《美国经济评论》的"资本结构、公司财务与资本"一文中所阐述的基本思想。理论认为,在不考虑公司所得税,且企业经营风险相同而只有资本结构不同时,公司的资本结构与公司的市场价值无关。或者说,当公司的债务比率由零增加到 100% 时,企业的资本总成本及总价值不会发生任何变动,即企业价值与企业是否负债无关,不存在最佳资本结构。

2. 修正的 MM 理论(含税条件下的资本结构理论)。修正的 MM 理论,是 MM 于 1963 年共同发表的另一篇与资本结构有关的论文中的基本思想。他们发现,在考虑公司所得税的情况下,由于负债的利息是免税支出,可以降低综合资本成本,增加企业的价值,因此,公司只要通过财务杠杆利益的不断增加,而不断降低其资本成本,负债越多,杠杆作用越明显,公司价值越大。当债务资本在资本结构中趋近 100% 时,才是最佳的资本结构,此时企业价值达到最大。最初的 MM 理论和修正的 MM 理论是资本结构理论中关于债务配置的两个极端看法。

3. 米勒模型理论。米勒模型是米勒于 1976 年在美国金融学会所做报告中阐述的基本思想。该模型用个人所得税对修正的 MM 理论进行了校正,认为修正的 MM 理论高估了负债的好处,实际上个人所得税在某种程度上抵消了个人从投资中所得的利息收入,他们所交个人所得税的损失与公司追求负债、减少公司所得税的优惠大体相等。于是,米勒模型又回到最初的 MM 理论中去了。

4. 权衡模型理论。该理论认为,MM 理论忽略了现代社会中的两个因素:财务拮据成本和代理成本,而只要运用负债经营,就可能会发生财务拮据成本和代理成本。在考虑以上两项影响因素后,运用负债企业的价值应按以下公式确定:运用负债企业价值 = 无负债企业价值 + 运用负债减税收益 − 财务拮据预期成本现值－代理成本预期现值。上式表明,负债可以给企业带来减税效应,使企业价值增大;但是,随着负债减税收益的增加,两种成本的现值也会增加。只有在负债减税利益和负债产生的财务拮据成本及代理成本之间保持平衡时,才能够确定公司的最佳资本结构。即最佳的资本结构应为减税收益等于两种成本现值之和时的负债比例。

从资本结构理论的整个发展过程来看,MM 理论的重要贡献不仅在于提出了"是否存在最佳资本结构"这一财务命题,而在于认为客观上存在资本结构的最优组合,并由此奠定了现代公司资本结构研究的理论基石,拓展和加深了对资本结构的更深层次认识:(1)认为负债筹资是成本最低的筹资方式。当存在公司所得税的情况下,负债筹资,可降低综合资本成本,增加公司收益。(2)认为成本最低的筹资方式,未必是最佳筹资方式。随着负债比重的增加,企业利息费用在增加,企业丧失偿债能力的可能性在加大,从而使企业综合资本成本大大提高。(3)认为最优资本结构是一种客观存在。企业在筹资决策中,要通过不断优化资本结构使其趋于合理,直至达到企业综合资本成本最低的资本结构,方能实现企业最大化这一目标。

MM 定理的最大缺陷在于,把市场看成是完全有效的,这一假设明显与现实不符,从而"无关性定理"不再成立,也因此受到了众多学者的批评。其后,有众多学者对该理论进行了拓延和发展,即放松其假定,使理论更加接近于现实。目前现代公司资本结构理论已经在代理成本、非对称信息分布、财产控制权等不同领域和层面的研究中获得了明显的进展,形成了控制权理论以及激励理论和信息传递理论。

(吴梦云)

参考文献:

[1] Modigliani, Franco, and Merton Miller. The Cost of Capital, Corporation Finance and the Theory of Investment[J]. The American Economic Review, 48(3), pp. 261 −297, June, 1958.

[2] Modigliani F, Miller M H. Corporate Income Taxes and the Cost of Capital: A Correction [J]. American Economic Review, June, 1963,53:344 −433.

[3] Modglian F, Miller M. The cost of capital, corporate finance and the theory of investment [J]. 1964.

[4]. Modigliani, Franco, Andrew B. Abel, and Simon Johnson. The collected papers of Franco Modigliani[M]. Cambridge, Mass: MIT press. 1980.

财务管理:少就是多

　　沃伦·巴菲特,当代最成功、最著名的金融投资大师,其骄人的投资记录令无数人为之倾倒,介绍他的投资策略的报道与书籍比比皆是。巴菲特出生于美国内布拉斯加州的奥马哈市,从小就极具投资意识。1941 年,11 岁的巴菲特跃身股海,购买了平生第一张股票。1947 年,巴菲特进入宾夕法尼亚大学攻读财务和商业管理。两年后他辗转考入哥伦比亚大学金融系,拜师于著名投资学理论家本杰明·格雷厄姆,格雷厄姆反投机,主张通过分析企业的赢利情况、资产情况及未来前景等因素来评价股票,他教授给巴菲特丰富的知识和诀窍。1968 年,巴菲特公司的股票取得了它历史上最好的成绩:增长了 59%,而道·琼斯指数才增长了 9%。巴菲特掌管的资金上升至 1 亿零400 万美元。1994 年底巴菲特公司已发展成拥有 230 亿美元的伯克希尔工业王国。1965—1994 年,巴菲特的股票平均每年增值 26.77%,高出道·琼斯指数近 17 个百分点。2005 年 3 月 10 日,美国《福布斯》杂志在纽约公布了2005 全球富豪排名,巴菲特名列第二。巴菲特的主要著作包括:《最佳典范不等于最佳战略》、《巴菲特:从 100 元到 160 亿》、《巴菲特致股东的信》、《证券投资理论》。

　　最早,德国出生的建筑师路德维希·密斯·凡德罗创造"少就是多"这名言时,指的是建筑中简洁高雅的风格。而将"少就是多"这一经典理念引入财务管理的,则是美国著名的投资理财艺术大师——沃伦·巴菲特。

　　在财务管理中,巴菲特提出的最重要理财原则之一即"少就是多"。对一个普通人来说,巴菲特认为只要有 3 家公司的股票就够了,因为,买的股票越多,你越可能购入一些你对其一无所知的企业。而通常你对企业的了解越深,你的风险越低,收益就越好。与此同时,如果用较少资源做更多事,你实际也得到更多。举例来说,如果两家各方面相似的企业每年都有 1000 万美元的销售额,A 公司的利润是 50 万美元,B 公司是 100 万美元,那么 B 公司看起来更好,事实果真如此吗?但如果你发现 A 公司用 200 万美元的资产获取了 50 万美元的利润,而 B 公司用了 800 万美元资产才获得 100 万美元的利润时,也许你的想法就会改变。这是因为有这么一个重要、但很少有人了解的原理:经营资产收益率(简称为 ROAM)。A 公司用了 200 万美元资产,创造了 50 万美元的利润,ROAM 为 25%。B 公司利用 800 万美元的资产创造出 100 万美元的利润,它的 ROAM 只有 12.5%。因此,问题的关键是,你想把钱投在哪里?当你考虑如何回答这些问题时,能否也对自己的企业提出同样的问题?

在具体诠释"少就是多"这一财务管理理念时,巴菲特等人认为,其精髓在于:

1. "少就是多":为股东谋求最大利益

显然,股东有很多投资机会,并且力图在投入最少的前提下为自己的资金寻求最大回报。因此,ROE 是衡量企业在财务上成功与否的关键基准。股东权益回报率是税后利润除以平均股东权益得出的。管理层要想提高 ROE 的话,可以通过增加销售额或降低成本以提高运作利润来达到这一点,也可以通过减少运作中使用的资产来实现,而有效降低成本,或是减少运作中使用的资产,目的是为了从他们经营的资产中获得最大利益。取得的收益越多,给股东的回报自然也越高。尽管通过加强经营或减少资产来提高经营资产收益率是增加股东权益回报率最好、最赚钱的途径。假如经营资产收益率超过了有息和无息资金的成本,减少了对股东权益的依赖,这样计算股东权益回报率的分母就缩小了,股东权益回报率也完全可以得到提高。

2. "少就是多":削减流动资本

有些企业较之其他企业更趋资本密集化,但差不多每家企业都可以通过关注流动资本这一常被忽略的项目来提高其经营资本收益率。财务学界通常把流动资本定义为库存加上公司的应收账款再减去应付账款。削减流动资本的重要性体现在以下几个方面:首先,从库存中节省出来的每一分钱都能为现金流作一次贡献,而现金流能为提高公司生产率提供必要的资金;其次,流动资本如同所有资本一样都要花钱,因此削减流动资本总是能够增加收入。减营运库存迫使公司按照更加灵活的生产进度加快生产,以更少的资源,提供更多的产出。过去充满存货的仓库如今可以改作另外的生产车间,以随时满足更多的顾客需求。这样你不仅可以成为低成本生产商,还可以用原来无以企及的方式为顾客服务。

巴菲特认为,削减流动资本只适于某些行业的怀疑论者,只需看看通用电气(GE)就可以了,如今,通用电气将生产和订单挂钩,每天用一套制造设施小批量生产各种型号的产品。这样他们只需花过去 1/6 的时间来计划、生产和交付产品。结果库存削减了一半,节省了大约 4 亿美元。通用电气家电部的最终目标是,10 天内完成生产和交货,并将库存再砍一半,降至 2 亿美元。这样能更好地为顾客和公司服务,同时提高了经营资产收益率。现在,它只是在收到订单后才马上开始生产,却依然能够在顾客需要时交货;与此同时,企业还应该对账簿上显示效益不佳的机器、设备、不动产及其他固定资产的效力和效率实施一次全面检查。现在流行的做法大多是死守着这些玩意儿,想"没准哪天会用得着",或者"我们能从中发掘点什么呢?"旧机器和旧设备不同于葡萄佳酿,极少能随着储存时间的增长而增加价值。不管你现在把不用的东西换成什么,通常远胜过一两年后换到的东西。另外,你在这一两年中还可以利用这部分资金。而且对这些废弃不用和不再最大限度地发挥作用的设备,你也不用纳税。同员工一起找出哪些物品你不再需要或可有可无是值得的,会省下一大笔钱;最后,作为削减流动资本工作的一部分,就是减少应收账款。钢铁制造商 Nucor 有一项严格的 30 天付款政策,并只允许日销售款拖欠 30 天左右。公司总裁 John Correnti 这样解释道:"我们不向供应商借钱,也不想顾客用我们的钱。我们不做银行业务。纽克尔公司的政策不允许向任何购货 60 多天后不付款的顾客发货。"

3. "少就是多":应收账款的管理

有的公司积极催收应收账款,三十天刚过就马上开始;有的则一直等到逾期 90 天、120 天、甚至 180 天才行动。这就太迟了,会妨碍控制管理。相反,应早早开始催款。如果标准时间是 30 天,在第 31 天就要安排电话跟进,询问顾客对产品或服务是否满意。接着委婉地提醒一下,如果对方对服务或产品真的满意,就该依照商定的条件付款了。利用跟进,确保产品和服务达到原来要求,这种做法会使顾客感到高兴。而且他们会把你的付款提示视为提醒他们别忘了自己在合作关系中应尽的责任。

4. "少就是多":经营管理资产

积极经营管理资产是一个被大多数企业所忽视的领域。人们千方百计增加销售额、降低成本,也必须以同样的热情经营资产。这样做的最终成果便是经营资产收益率的提高。经营资产收益率提高了,现金流动会更加顺畅,股东的收益大大增加,而这才是判定企业经营业绩的最终标准。

（吴梦云）

参考文献:

[1] Larry Goddard & David Brown. The Turbocharged Company: Igniting Your Business to Soar Ahead of the Competition[M]. The Parkland Group, Inc. 1995.

[2] Robert. Hagstrom. The Warren Buffett Portfolio: Mastering the Power of the Focus Investment Strategy[M]. New York: John. Wiley. & Sons; Inc. 1999.

[3] [美]沃伦·巴菲特(Warren Buffett)著,[美]劳伦斯·A. 坎宁安(Lawrence A. Cunningham)编,陈鑫译. 巴菲特:从 100 元到 160 亿公司投资要义[M]. 北京:中国财政经济出版社,2000.

[4] [美] 沃伦.巴菲特(Warren E. Buffett)等. 巴菲特致股东的信[M]. 机械工业出版社,2004.

杜邦财务分析体系：企业绩效评价的利器

    杜邦公司是一家以科研为基础的全球性企业，提供能提高人类在食物与营养、保健、服装、家居及建筑、电子和交通等生活领域的品质的科学解决之道。杜邦公司成立于 1802 年，在全球 70 个国家经营业务，在财富 500 家美国最大的工业/服务公司排行榜上名列第 70 位。

    在财务管理界，杜邦公司则以杜邦财务分析体系而享有盛名。杜邦财务分析体系是一种比较实用的财务比率分析体系，这种分析方法首先由美国杜邦公司的经理创造出来，利用各财务指标间的内在关系，对企业综合经营理财及经济效益进行系统分析评价，故称之为杜邦财务分析体系。

    杜邦分析体系是企业绩效评价的利器，首先，它是一种因素分析，其上下层指标之间构成了严密的因果关系链，客观性是不容置疑的；其次，它本身已经包括了外部市场方面，只要展开对销售收入的分析，就可以将分析拓展到客户与市场方面去；第三，这种财务分析方法从评价企业绩效最具综合性和代表性的指标——权益净利率出发，层层分解至企业最基本生产要素的使用，成本与费用的构成和企业风险，从而满足经营者通过财务分析进行绩效评价需要，在经营目标发生异动时能及时查明原因并加以修正。

    杜邦财务分析体系构成见下图所示：

    其中：

    净资产收益率 ＝ 净利润/净资产；

    权益净利率 ＝ 权益乘数×资产净利率；

    权益乘数 ＝ 1/(1 － 资产负债率)；

    资产负债率 ＝ 负债总额/资产总额；

资产净利率 = 销售净利率 × 资产周转率；

销售净利率 = 净利润/销售收入；

资产周转率 = 销售收入/平均资产总额。

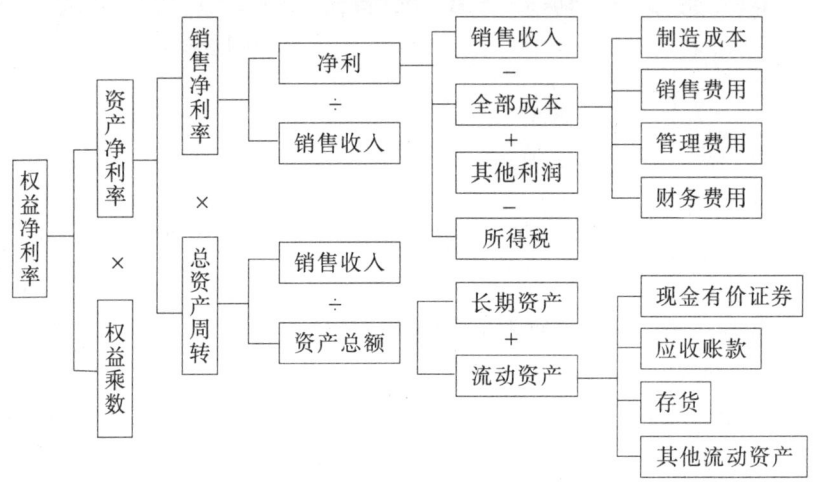

杜邦分析的要点在于：

首先,净资产收益率是一个综合性极强的投资报酬指标,决定因素主要是资产净利率和权益乘数。

其次,资产净利率是影响净资产收益率的关键指标,把企业一定期间的净利润与企业的资产相比较,表明企业资产利用的综合效果。其本身也是一个综合性的指标,从图示可以看出,资产净利率同时受到销售净利率和资产周转率的影响。销售净利率和资产周转率越大,资产净利率越大;而资产净利率越大,则净资产收益率越大,反之亦然。销售净利率高低的分析,需要从销售收入和销售成本两个方面进行。这个指标可以分解为销售成本率、销售其他利润率和销售税金率。销售成本率还可进一步分解为毛利率和销售期间费用率。深层次的指标分解可以将销售利润率变动的原因定量地揭示出来,如售价、成本或费用的高低等,进而分析投入付出和产出回报的关系,为企业决策服务。当然还可以根据企业的一系列内部报表和资料进行更详尽的分析。要想提高销售净利率,一方面要扩大销售收入,另一方面要降低成本费用。

再次,权益乘数表示企业负债程度,受资产负债率影响。企业负债程度越高,负债比率越大,权益乘数越高,说明企业有较高的负债程度,给企业带来较多的杠杆利益,同时也给企业带来了较多的风险。权益乘数对净资产收益率具有倍率影响,反映了财务杠杆对利润水平的影响。财务杠杆具有正反两方面的作用。在收益较好的经营周期,它可以使股东获得的潜在报酬增加,但股东要承担因负债增加而引起的风险;在收益不好的经营周期,则可能使股东潜在的报酬下降。当然,从投资者角度而言,只要资产报酬率高于借贷资本利息率,负债比率越高越好。企业的经营者则应审时度势,全面考虑,在制定借入资本决策时,必须充分估计预期的利润和增加的风险,在二者之间权衡,从而做出正确决策。在资产总额不变的条件下,适度开展负债经营,可以减少所有者权益所占的份额,达到提高净资产收益率的目的。最终不断把"蛋糕做大",促进企业成长,拓宽企业发展空间。

值得注意的是,传统的杜邦财务系统面向外部,以提供综合信息为主,是一种有效的财务综合分析方法。但是,它分别单独观察各指标的变动情况,不能将各指标联系起来分析它们对总指标的影响程度,并不能满足企业加强内部管理的需要,主要局限如下:其一,传统杜邦财务系统基本局限于事后财务分析,事前预测、事中控制的作用较弱,不利于计划、控制和决策;其二,资料主要来源于财务报表,没有充分利用管理会计的数据资料展开分析,如管理会计的成本分析资料和风险分析资料等,不利于加强内部控制;其三,没有按照成本型态反映并分析成本信息,不利于成本控制;最后,分析方法仍非常单一,在动态分析时,仅仅是各指标数值的简单比较,虽然能够反映各指标本身的变化情况,却很难准确说明各指标对总指标的影响程度,不利于洞察关键因素。

由此,1992 年,哈佛大学教授罗伯特·S. 卡普兰和美国复兴方案公司总裁戴维·P. 诺顿提出了一种全新的企业战略经营业绩衡量与评价体系——平衡计分卡,被称作 20 世纪 90 年代最重要的管理会计创新,从某种意义上说,平衡计分卡是针对杜邦体系的缺陷而出现的一种替代指标体系,它正是从弥补杜邦体系上述缺陷的角度提出来的。它在每一方面都设置了可具体操作的非财务指标,使目标变成了一个个可具体操作和考核的指标。同时,它增加了对客户方面的分析和考核,体现了重视外部市场的思想。它还将分析深入到企业成长方面,强调通过培育企业的核心竞争能力来实现企业的持续健康发展,体现了一种重视长远发展的观点,鲜明地表现出其所处时代的特征。

但是,与杜邦体系相比,平衡计分卡也并不是完美无缺的,杜邦体系也表现出其一定的优势:首先,杜邦体系是一种因素分析,其上下层指标之间构成了严密的因果关系链,客观性是不容置疑的;其次,杜邦体系本身已经包括了外部市场方面,只要展开对销售收入的分析,就可以将分析拓展到客户与市场方面去;第三,杜邦体系局限于财务领域进行分析,完全是人为的结果,实际上该体系是可以就每一指标扩展开去,深入分析到非财务领域的。而平衡计分卡上下层指标之间因果关系的设置,主观性要强得多,它强调了财务的中心地位,在整个体系中,财务目标是终极的和最高的目标,非财务目标最终要为财务目标服务。但是,在现行的平衡计分卡体系中,财务方面的目标作为整体的最高目标,其内部并未与非财务指标有机结合,在客户、内部经营过程、学习与成长方面,亦未设置财务指标作为各方面的终极目标。这一方面导致了其因果关系的设置不严密,另一方面使财务的中心地位在体系中不能得到最充分的体现。因此,平衡计分卡也有进一步完善的必要。

(吴梦云)

参考文献:

[1] Aswath Damodaran. Investment Valuation (2E) [M]. New York: John Wdep & Sons. Inc. 2002.

[2] Cochran, Philip P. And steven L. Wartick. Corporate Governance: a literature review[J]. USA Financial Executives Research Foundation, 1988:4 – 5

[3] 罗伯特·C. 希金斯(Robert C. Higgins). 财务管理分析[M]. 北京:中信出版社,2002.

公司永远需要股利政策,但是没有永远的股利政策

麦伦·戈登,出生于美国纽约,1941 年毕业于美国威斯康星大学,获经济学学士学位;1947 年和 1952 年分别获得哈佛大学经济学硕士学位和博士学位,1970 年开始一直在多伦多大学担任理财学教授。麦伦·戈登教授的学术研究主要是在以下几个方面:控制权分散的大型企业的会计和理财工作、企业资本成本及价值评估、市场体制与管制的比较,是"在手之鸟"理论的代表人物。其代表性著作包括 1959 年在《经济与统计评论》上发表的《股利、盈利和股票价格》、1962 年出版的《投资、融资和公司价值》以及 1963 年在《财务学刊》上发表的《最优投资和财务政策》等。

股利政策是现代公司理财活动的三大核心内容之一,决定着利润的分配、纯收益分配给股东作为投资回报以及留存作为再投资的资金来源。一方面,它是公司筹资、投资活动的逻辑延续,是其理财行为的必然结果;另一方面,恰当的股利分配政策,不仅可以树立起良好的公司形象,而且能激发广大投资者对公司持续投资的热情,从而能使公司获得长期、稳定的发展条件和机会。在西方,公司理财在依次经历了以融资理财为主的传统理财阶段和以资金合理配置与有效利用为主的综合理财阶段后,进入了以估价和股利分配为特征的现代理财阶段。从此,股利政策的研究成为理论研究工作者和实际工作者关注的焦点,各种观点异彩纷呈,特别是 20 世纪 60 年代后期,北美的主要财务期刊如《财务学刊》、《商业杂志》、《财务经济学刊》和《财务与数量分析学刊》等,几乎每一期都有关于股利政策方面的文章。

如果说股利的分配是维护公司形象,增强股东信心,提高股票市价的重要措施,那么,留存收益就是公司扩大再生产的主要资金来源。两者之间的

关系是矛盾的,前者多了,后者必然减少,两者不可得兼。总体来说,公司的股利政策必须根据企业的总体目标,选择最能够提高公司价值的股利政策。即企业根据市场投资机会、企业的融资渠道、发展规划、股东心态、股市影响等因素综合考虑,也就是说,公司永远需要股利政策,但是没有永远的股利政策。

股利政策理论的发展主要经过传统与现代两个阶段。传统理论为"在手之鸟"理论,认为股利政策直接影响企业价值,有股利重要论、威廉斯等人发展及戈登集大成等几个过程。股利政策的新发展主要包括 MM 股利无关论和信号假说。

股利相关论初期表现为股利重要论,后经威廉姆斯、林特纳、华特和戈登等发展为"在手之鸟"理论,麦伦·戈登是该理论的最主要的代表人物。1959年,戈登在《经济统计评论》上发表的论文《股息、收益与股票价格》,认为在不确定的条件下,公司盈利在留存和股息之间的分配确实影响股票价格。戈登认为,现期的股息收入是确定的,而留存给股东形成的未来资本利得具有不确定性。每位股东都是风险反感者,偏好于取得现期股息收入,所以股息支付比率高的股票的价格高于股息支付比率低的股票的价格。换言之,股息政策与股票市价有关。与戈登持基本相同看法的还有林特纳等。这一理论,形象地说,就像还停留在丛林中尚未被抓到的两只小鸟比不上一只已抓在手中的鸟一样,发生在未来的资本利得其风险高于目前已握在手中的股息。因而米勒与莫迪利亚尼戏称这种理论为"在手之鸟"理论,认为它混淆了公司的股息政策和投资政策对股票市价的影响。

1961 年,米勒和莫迪利亚尼发表了一篇有关股利政策的论文《股利政策、增长以及股票价值评估》,提出了著名"股利无相关假说",MM 提出的股利无关理论是根据以下几个重要假定发展起来的:(1)存在一个完全资本市场;(2)没有个人或公司所得税存在。也即,资本利得与股利之间没有所得税差异;(3)公司有一既定的不会变化的投资政策;(4)每一位投资者对未来投资机会和企业利润有完全把握性。其贡献在于:首次成功地说明了在不确定的情况下,企业价值与股利政策的关系,论证了企业股利政策对企业价值的影响,对企业价值评估的资本化率进行了正确的定义和科学的论述,成为股利政策理论的基石。此后的近 40 年里,股利政策理论得到了进一步的丰富和发展,并逐渐成为企业金融学的重要内容之一。

在上述理论的指导下,衍生出了不同的股利政策,包括如下:1. 剩余股利政策。指企业优先考虑可供选择的投资机会,在留存的收益满足了这些投资机会之后,如有剩余,则作为股利发放给股东。剩余股利政策的理论依据是 MM 理论股利无关论,在这里,股利政策仅仅是一种筹资决策,即只要这些投资项目的报酬超过了资金的成本,企业就使用留存收益进行项目投资。如果所有可以接受的投资机会所需要的资金都满足之后,留存收益仍有剩余,才可分配给股东作为股利。2. 稳定的股利政策。指不论企业的利润如何波动,企业都尽可能地维持较为稳定的每股股利。其实质上是把富裕年份所创造的利润截留一部分,作为股利基金,而不理会额外的投资要求。这样,企业即使是在不景气的年份,分配股利也有了保障。3. 固定的股利发放率政策。指企业预先制订一个股利发放率,并在一个较长的时期里固定不变的按此比例发放股利。该政策的理论依据是"一鸟在手"理论,适用于经营业绩相当稳定的企业,有助于树立投资者信心。但是,如果企业经营成果变化不定,则会导致股利的发放丰薄无常,给投资者以巨大的风险感。所以使用该政策应该慎重。4. 常规加额外股利政策。指企业在常规的股利发放的基础上,根据特定时期企业的经营业绩,灵活地宣布发放额外股利的政策。适用于净收益经常波动的企业。该政策可以使企业保持一种稳定的常规股利,既能在企业繁荣时期给投资者以额外的回报,又能够使企业在不太景气时仍然有较好的声誉。5. 股票红利。股票红利只是向股东赠送红股,企业的股本数额作了调整,但是股东的持股比例没有变化。该政策最适合业绩不断增长的企业。首先,送股后企业如能维持原有的股利发放率,则能给股东带来更多回报;其次,红股政策能给股东以心理作用,即手中的股票多了,它可以有更灵活的处理办法,或者抛售一部分股票,保持原有的股数以得到实惠,避免风险;最后,红股政策对企业来说最大好处就是保持现金。但经营不善的企业应该避免这种政策。

综上所述,股利政策研究虽然早在 20 世纪 50 年代就已开始,数十年来,西方财务学者们也一直致力于探索股利之谜,但遗憾的是,迄今为止,既没有找到一个合理的理论解释,也没有找到一个放之四海而皆适用的股利政策模式。以至于股利政策研究常常让一些财务大师们无所适从。例如,按照 MM 理论,理论上股利政策与股价无关,但大量的实证结果表明,股利政策对股价确有影响。其原因就在于 MM 理论是建立在一系列假设之上的,如不存在个人或公司所得税、不存在股票发行和交易费用等,事实上,上述假设条件在现实的市场环境中是不存在的,股利无关论在实践中并不适用,股利政策仍会对企业股价产生重大影响,相反,股价也是影响公司股利政策的重要原因;"一鸟在手"理论通俗易懂且与实际生活相符,但却经不起理论推敲;有的实证结果认为存在税收效应,但有的实证研究却不支持等。以致著名财务学者布莱克感慨地说道:"我们越是深入地考究股利政策,越觉得它像一个谜。"

(吴梦云)

参考文献:

[1] Modigliani, Franco, and Merton H. Miller. The cost of capital, corporation finance and the theory of investment[J]. American Economic Review, 1958, Vol. 48, 261 – 297.

[2] Miller, Merton H., and Franco Modigliani. Dividend policy, growth, and the valuation of shares[J]. Journal of Business, 1961, Vol. 34(4), 411 – 433.

[3] Black Fischer, Myron S. Scholes. The effects of dividend yield and dividend policy on common stock prices and returns [J]. Journal of Financial Economics, 1974.

[4] Stiglitz, Joseph E., On the irrelevance of corporate financial policy [J]. American Economic Review, 1974, Vol. 64, 851 – 866.

[5] Fischer Black. The Dividend Puzzle[J]. Journal of Portfolio Management. Winter 1976, pp. 5 – 8.

[6] Myron Jules Gordon, D. A. Gordon, and L. I. Gould. The Interest Rate Component of Systematic Risk[J]. Auditing and Finance, 1990, Vol 5 (4), 573 – 59.

效率市场假说是关于证券市场价格对相关信息反映程度的假定

尤金·法玛出生于美国波士顿。现为芝加哥大学工商研究生院罗伯特·迈考密克讲座金融学教授。法玛早年求学于塔夫斯大学,1960年获文学学士学位,1964年获得芝加哥大学博士学位。尤金·法玛现为芝加哥大学金融学教授、美国艺术与科学学院院士、计量经济学会会员、美国金融学会会员,1995年,比利时鲁文大学授予法玛荣誉博士学位。法玛的研究兴趣十分广泛,包括投资学理论与经验分析、资本市场中的价格形成、公司金融、组织形式生存的经济学。法玛教授最重要的贡献是于1965年提出了著名的"有效市场假说"(EMH),并同时提出了"效率市场假说是关于证券市场价格对相关信息反映程度的假定"这一经典命题,自EMH被提出后,30年来一直统治金融理论。法玛的主要著作包括《The Theory of Finance》,《Foundations of Finance》,这两本书虽然是20世纪70年代出版的,可是芝加哥大学商学院大教授Fama到2003年都还在以这两本教材为主,给博士生开金融学的课。另外,根据Kee H. Chung, Raymond A. K. Cox, and John B. Mitchell 的研究,在全世界引用率最高的金融学论文/书籍中,《Foundations of Finance》排第17位,《The Theory of Finance》排36位。

效率市场假说这一理论认为:股票市价反映了现时与股票相关的各方面信息,股价总是处于均衡状态,任何证券的出售者或购买者均无法持续获得超常利润。根据法玛的界定,效率市场是关于证券市场价格对相关信息反映程度的假定,是满足如下条件的证券市场:(1)投资者都利用可获得的信息力图获得更高报酬;(2)证券价格对新的市场信息的反应迅速而准确,证券价格能完全反应全部信息;(3)市场竞争使证券价格从旧的均衡过渡到新的均衡,而与新信息相应的价格变动是相互独立的或随机的。因此,有效市场假说又称随机漫步理论。法玛还认为,效率市场一般分为三种类型:(1)弱式效率性,股票的现行市价包含了过去股价变动的全部信息;(2)次强式效率性,股票市价不仅包含了过去价格的信息,而且也包含了所有已公开的其他信息;(3)强式效率性,股票的现行市价已反映了所有已公开的或未公开的信息。

效率市场假说,是基于理性人假设这一基本前提。在传统金融理论中,理性人假设通常包括两个部分:一是以效用最大化为目标,二是能够对一切信息进行加工和处理。有效率市场假说的启示在于:(1)历史没有记忆。在弱有效率市场上,证券价格的未来走向与其历史变化没有任何必然联系,证券价格过去是跌是降并不影响它以后的升降;(2)市场价格可能是最可相信的价格。证券的市场价格是市场上绝大多数投资者对各种信息进行综合分析判断的均衡值,反映了绝大多数投资者的总体预期,从统计平均上讲,它很可能是关于证券价格的最好判断。(3)市场没有幻觉。在有效率市场上,证券价格取决于其实际价值的高低,靠制造假象是无法真正影响证券价格的。

综合而言,"效率市场假说是关于证券市场价格对相关信息反映程度的假定"这一命题反映了经济学家和金融学家所梦寐以求的理想状态,现实中不少例外现象虽然对这一命题提出了挑战,理由大多是现实状态对理想状态的偏离。这些挑战并没有从根本上否定效率市场假说,但是,在正确运用市场有效性问题及进行深度研究,并作为决策参考或投资策略选择的依据时,不得不抛弃假说的一些前提假设,更加客观地面对现实市场。

但与此同时,这一"效率市场假说"理论在经济实践中,也遭到一些质疑。"技术分析"交易家或是"图表主义者"认为他们可以通过观察价格变动的方式来预测资产价格的观点受到了挑战:EMH认为他们不能够"击败市场",因为任何可得的信息都已经融合到价格中了。EMH理论也未得到基本派实业家的赞同,他们认为,有效市场的观点过多依赖于"信息"和"看法",因而至少在原则上排除了因谣言而形成的投机泡沫、错误信息及"人群疯狂症"等的可能性。

此外,以诺贝尔奖获得者卡尼曼为代表的行为金融学,也给了以有效市场假说(EMH)为代表的传统金融理论一定打击。近年来,随着马克威茨获得诺贝尔奖后,资本组合理论在实践中破产,有效市场假说(EMH)开始降温。综合来看,EMH虽然是比较适应现实情况的实证性假说之一,但其似乎对以下的反对意见无从反驳:如果所有的信息已经包含在价格之中,投资者是完全理性的话,那么不仅没有人可以通过信息获利,而且很可能根本不会有交易发生。Sanford J. Grossman 和 Joseph E. Stiglitz 、Robert Shiller 及 Paul Milgrom 和 Nancy Stokey 提出了这一理性预期的悖论。这一悖论可以由以下的例子来解释:有效市场假说实际上意味着"没有免费午餐",即不会有 100 块钱躺在路边等人来捡。因为如果有的话,别人早就已经把它们捡走了。因此,看路边有没有钱是根本没有意义的。但是如果每个人都这么想,没有人会去低头看路边的话,那么在路边就可能会有还没被人捡起来的 100 块钱。但是现在确实有 100 块钱躺在路边,如果每个人都意识到了这一点,那么他们就会低头看并捡起那 100 块钱,那么我们就回到了最初的第一阶段,并且认为地上不会有 100 块钱 。可以看出,正是有效市场假说的理论基础并不是那么有力才导致了这一推断的死循环。

（吴梦云）

参考文献:

[1] Fama, E. , 1965. The Behavior of Stock Market Prices [J] , Journal of Business , January.

[2] Diamond, D. W. 1984. Financial Intermediation and Delegated Monitoring [J]. Review of Economic Studies. LI:393 – 414

[3] Dow , J. and Gray Gorton , 1997. Stock Market Efficiency and Economic Efficiency: Is There a Connection? [J]. Journal of Finance , 52 (3). 1087 – 1129.

[4] Leland , H. E. and Pyle , D. H. , 1977. Informational Asymmetries , Financial Structure and Financiall. Intermediation [J]. The Journal of Finance. Vol 32 , May:372 – 387.

[5] Ramakrishnan , R. and Thakor , A. V. , 1984. Information Reliability and a Theory of Financial Intermediation [J]. Review of Eeonomic Studies. LI:415 – 432.

企业融资是有偏好的

梅耶斯,美国著名财务学家,麻省理工学院(MIT)知名金融学教授,曾任美国财务学会第 45 任学会主席和美国金融学会会长,最早分析了债务融资引起企业出现投资不足现象的可能性,提出融资顺序理论,他还与艾伦·J.马科斯(Alan J. Marcus)及理查德·布瑞莱合著了《公司财务学》。

根据梅耶斯所提出的投资项目信息不对称的简单模型,他的基本观点就是:企业融资是有偏好的。简而言之,企业筹资先依靠于内部融资,再求助于外部融资。

对于现代企业而言,资本的联合是其重要特征之一,融资决策是其企业决策中的一个重要组成部分。企业融资有直接融资与间接融资、内源融资与外源融资等多种方式,但对于现代企业而言,更为重要的是企业债券与股票两种直接融资方式。现代"理性"企业,是以资本经营为核心而不是以产品生产为核心,企业所追求的往往不是产值的最大化而是资本市场价值的最大化,企业的市场价值是企业自有资本价值与债务价值的总和,企业为了达到市场价值最大化往往寻求最佳的融资结构。一个合理的融资结构不仅有效地决定企业市场价值,同时对企业的融资成本、企业产权分配、治理结构以及通过资本市场对整个总体经济的增长等多方面都有一定影响。这就是经济学上称之的企业融资理论,或者称为融资结构理论。对于企业融资理论的研究,从研究方式来划分,大体可以分为三个体系:一是以杜兰特为主的早期企业融资理论学派;二是以 MM 理论为中心的现代企业融资理论学派,此学派前面承接了杜兰特等人的观点,往后主要形成两个分支:一支是以法拉、塞尔文等为代表的税差学派,主要研究企业所得税、个人所得税和资本利得税之间的税差与企业融资结构的关系,另一支是以巴克特、阿特曼等人为主的破产成本学派,主要研究企业破产成本对企业融资结构的影响问题,这两个分支最后再归结形成以梅耶斯、斯科特等人为代表的平衡理论,主要研究企业最优融资结构取决于各种税收收益与破产成本之间的平衡。第三个分支就是进入 20 世纪 70 年代以来,随着非对称信息理论研究的发展,诸多学者开始从不对称信息的角度对企业融资问题进行研究,其中包括新优序理论、代理成本理论、控制权理论等等,其中,又以新优序理论最为引人注目。

20 世纪 80 年代,梅耶斯和迈基里夫第一次正面回答了企业的融资偏好问题,并提出了著名的"啄食顺序理论",又称新优序融资理论。梅耶斯—迈基里夫的新优序融资理论是最早系统地将不对称信息引入企业融资理论研究的,在这里,梅耶斯和迈基里夫采用了另一位经济学者唐纳森早期提出的"优序融资"的概念,其中心思想是:偏好内部融资,如果需要外部融资,则偏好债券融资。随后,在与迈基里夫共同合作的"企业知道投资者所不知道信息的融资和投资决策"一文中建立的梅耶斯—迈基里夫模型,系统地论证了这一观点。这一"先后顺序"论在美国 1965—1982 年企业融资结构中得到证实。这段时期美国企业内部积累资金占资金来源总额的 61%,发行债券占23%,发行股票仅占 27%。

梅耶斯的啄食理论具体可以阐述为:

首先,企业的融资是有次序的,首先考虑的是内部融资,主要是指未分配利润,只有在内部融资不能满足融资需求时,才会考虑外部融资。在外部融资工具的选择上,首选的是债权融资,因为通过债权融资,企业仅需按市场利率支付债权人利息,不会稀释股东利益,其次才会考虑股权融资,其原因在于股权融资会稀释当前股东的利益,更重要的是同时会丧失部分控制权。由于西方国家股权不存在分置的问题,因而外部股权的存在和流通往往会伴随着控制权的争夺和兼并收购的产生。西方国家的兼并收购案层出不穷就是明证。这些都会对公司的原有股东和管理层构成巨大的压力。

其次,外部筹资的成本不仅像许多文献中所指出的那样,表现为管理和承销成本,甚至在某些情况下表现为新发行证券被低估的成本;而且,更为重要的是,不对称信息产生了"投资不足效应"引起的成本。在信息不对称条件下,企业可能会选择不发行证券;即使NPV为正的投资机会,也有可能放弃。为去除这一成本,企业可以选择用内部积累的资金去保障净现值为正的投资机会。所以,通过比较外部筹资和内部筹资的成本,当企业面临投资决策时,理论上首先考虑运用内部资金。

最后,梅耶斯认为债务融资优于股权融资。他认为总的原则是"先发行安全的证券,然后才是风险性证券",这样就能很好地从理论上解释清优序融资理论的两个中心思想:(1)偏好内部融资;(2)如果需要外部融资,则偏好债务融资。

另一位优序融资学派学者纳拉亚南用一种略为不同的方法得出了与梅耶斯—迈基里夫模型相类似的结论,所不同的是,梅耶斯等人认为信息不对称不仅存在于需要融资的项目,而且存在于企业现有的资产中,所以梅耶斯等更为关心企业在资本市场为新项目融资时对企业现有资产的影响,而纳拉亚南则只考虑新投资机会的信息不对称现象,他认为其模型无论对没有现有资产、新成立企业或者从企业分拆出来的某一部分都能适用。梅耶斯等人的优序融资理论另外一个非常重要的贡献就是将企业融资问题通过信号的传递与证券市场的反应充分地直接联系起来,而回避了以前理论中必须通过资本资产定价模型才能间接联系的效果,从而使得企业融资问题通过证券市场得到大量的实证分析。

但值得关注的是,从世界各国的实践来看,在有些国家,特别是中国,股权融资结构和融资顺序与西方发达国家恰恰相反,融资顺序表现为股权融资、短期债务融资、长期债务融资和内源融资,即我国上市公司的融资顺序与现代资本结构理论关于融资优序原则存在明显的冲突。事实上,大多数上市公司一方面大多保持比国有企业要低得多的平均资产负债率,甚至有些上市公司负债为零,但从实际上看,目前1000多家上市公司几乎没有任何一家会主动放弃其利用再次发行股票进行股权融资的机会。我们将中国上市公司融资结构的上述特征称为股权融资偏好,其具体行为主要体现在拟上市公司上市之前有着极其强烈的冲动去谋求公司首次公开发行股票并成功上市;公司上市之后在再融资方式的选择上,往往不顾一切地选择配股或增发等股权融资方式,以致形成所谓的上市公司集中性的"配股热"或"增发热"。但上市公司这种轻视债务融资而偏好股权融资的选择,并没有换来公司经营业绩的持续增长和资源配置效率的有效改善,上市公司无论是通过在一级市场首次公开发行 A 股还是通过配股或增发再融资的效率都是不能令人乐观的。

（吴梦云）

参考文献：

［1］Myers. S. G. and N. S. Majluf. Corporate financing and investment decisions when firms have information that investors do not have［J］. Journal of Financial Economics，1984，13；846 − 862.

［2］Mayer，1989，"Myths of West"，Wps301［R］. World Bank，Policy Research Deparment.

［3］Mark Grinblatt and Sheridan Titman. Financial Markets and Corporate Strategy［M］. Irwin McGraw − Hill，Boston，1998.

［4］Singh，A. and Hamid，J. 1992，Corporate financial structures in developing countries［J］. International Finance Corporation Technical Paper No. 1，IFC，Washington，DC.

［5］Myers，S. Determinants of Corporate Borrowing［J］. Journal of Financial Economics，vol. 5，1977(11)，pp147 − 175.

［6］斯特沃特·梅耶斯(Stewart Myers)，理查德·布瑞莱(Richard Brealey).公司财务学［M］.麦克—希尔公司(McGraw − Hill)，2003.

现值计量观:提高企业财务报告决策的有用性

威廉姆·R. 司可脱,加拿大人,加拿大滑铁卢大学著名的会计学教授,并兼任奎恩大学商学院等多所学校的兼职教授。司可脱早年毕业于芝加哥大学并获学士学位,后又在芝加哥大学获工商管理硕士和博士学位,司可脱教授曾任由加拿大会计学会(CAAA)主办的著名会计刊物《当代会计研究》的编辑,在现代会计理论方面有着极高的学术造诣和重大影响。

詹姆斯·奥尔森,世界四位顶级会计学教授之一,美国亚利桑那州立大学会计学首席教授,并曾任教于柏克莱加州大学、哥伦比亚大学及纽约大学。他在会计学理论及实证研究方面作出了杰出的贡献,其研究著作颇丰,均发表于会计与财务顶尖期刊,包括 Journal of Accounting Research(《会计研究杂志》),Journal of Financial and Quantitative Analysis(《财务分析与定量分析杂志》), Management Science(《管理科学》)等,是被誉为最近十年会计学界里程碑成果"费森—奥尔森"模型的主要创建者,也是现值计量观的奠基人。

早在 19 世纪 40 年代,一些西方会计学者就将一系列未来现金流的现值重新表述成目前账面值与未来剩余收益的现值之和。1980 年代以后,由于证券市场噪音等现象的发现,人们认为证券市场并非开始认为的那样有效,从 1968 年至 1989 年间,占绝对优势的、以证券市场有效为前提的、认为会计只是许多信息来源之一,因而必须与其他更多及时的信息来源竞争的信息观,首次对会计的地位与作用敲响了警钟。从 Balland Brawn 的 10% ~15% 到 Lev 的 2% ~5% 的研究结果看,公布的会计盈余数字对公布日前后的窄窗内的股票超额报酬的解释力日益减弱,一些会计学家由此转向了计量观。

1997 年,威廉姆·R. 司可脱在其著作《财务会计理论》中提出了"现值计量观:提高企业财务报告决策的有用性"这一经典命题,认为,会计人员应该有责任将现值,或者说公允价值,恰当地纳入财务报告中,并认为人们可以通过增加对计量的注意(不仅是增加披露),或把更多的计量导向的方法引入财务报告来提高财务报告的决策有用性。奥尔森、费尔森和奥尔森所进行的一系列理论分析工作使得该命题的可信度日益增长,目前,它已成为在以资本市场为基础的财务会计研究领域的一个重要框架。从某种意义上说,奥尔森(Ohson,1990,1995)和费尔萨姆与奥尔森(Fehham and Ohlson,1995)对于净盈余理论的研究直接导致了现值计量观的发展,从而大大提高了以历史成本为基础的企业财务报告决策的有用性。在他们设计的盈余模型中,企业权益的公允价值等于权益当期账面价值与未来非正常盈余的期望现值之和,该模型从一对简单的会计关系——净剩余关系(简称 CSR)出发,来推导财务报表的重要属性。净剩余关系界定了权益的期末账面价值一定等于期初的账面价值加上会计盈余减股利。从这种关系出发,费尔萨姆与奥尔森推导了把权益的市场价值与会计盈余的账面价值联系起来的表达式。从理论上说,按照奥尔森的净盈余理论,企业的市场价值可以通过损益表和资产负债表的变量计算得出。尽管净盈余理论可用于任何计量基础的会计核算,但该理论有关公司价值取决于基本会计变量的论证是与现值计量观相一致的。

与现值计量观相对应的,是证券市场中的实证会计研究的另一大流派:信息观。在财务理论中,信息观对应的是"证券价格变化的程度 = 信息含量 = 决策有用性"的观点,同样的,传统财务报告是根据历史成本基础和名义财务资本保全概念编制的,采用的正是信息观。以 Ball 和 Brown 为代表的信息观以有效市场假设和决策理论为前提,对会计信息(主要是盈利信息)、股票价格的作用进行了实证研究。研究表明,至少某些会计信息有助于投资者估计证券报酬的期望值和风险。随着市场条件的改变,会计模式面临调整,与现值计量观相比,信息观的问题在于,只是从外部研究会计信息与股票价格之间在统计意义上的相关性,不研究市场是怎样把信息转换到股价中去的,因此,在这种方法下,股票价格的形成是一个黑箱。许多研究同时也表明了上述以历史成本属性为主要计量基础的财务报告在对投资者决策的有用性上仍存在欠缺,如列夫、科林斯、科萨等的研究表明在盈利信息公告的前后几天净收益似乎只能解释证券价格波动的一小部分原因,并将这种低份额归结于因历史成本为基础的盈利信息缺乏及时性而引起的低劣的报告质量所致。此外,它存在的另一个缺陷就是,只重视研究会计的信息含量是如何影响市场和非市场相互行为的,而不重视每天会计人员的处理过程,从而忽略了这些过程可能也会有信息含量。

综上,财务报告处在一个信息不对称的复杂环境里,投资者同时面临逆向选择和道德风险,为满足决策需要和增强契约有效性,投资者产生了两种基本的信息需求,即有关公司未来业绩和风险的信息和与经理努力程度高度相关的业绩衡量的信息。对于前者会计信息更强调相关性,充分披露和现行价值计量显得更为重要;对于后者会计信息更强调可靠性,历史成本会计更具优势。现实环境无法要求同时在一份报告中完美地提供上述信息,对两种基本信息需求的权衡和报告成为经理利益驱动的会计选择结果。而虽然现值计量观的应用,毋庸置疑地提高了财务报告决策的有用性,但值得注意的是,无论信息观还是现值计量观,都是以资本市场为背景的,并未充分考虑现代信息技术对包括资本市场会计在内的所有会计领域的影响。也有学者提出,合理的方法就是要在明确的决策环境下将计量观和信息观结合起来研究会计确认,只有这样才能更好地提高财务报告决策的有用性。

(吴梦云)

参考文献:

[1] William R. Scott. 1997. Financial Accounting Theory[M]. Prentice-Hall International, Inc.

[2] Ijiri, Yuji, Theory of Accounting Measurement[M]. Sarasota, FL: American Accounting Association, 1975.

[3] Chatfield, A History of Accounting Thought[M]. New York: Robert E. Krieger, 1977.

[4] Ohlson, J. A., A Synthesis of Security Valuation Theory and the Role of Dividends, Cash Flows, and Earnings[J]. Contemporary Accounting Research (Spring 1990), p. 648 - 676.

资本—资产定价模型：投资风险的定价和度量

　　威廉·夏普是美国人，出生于马萨诸塞州的波士顿，曾在加利福尼亚大学柏克利分校攻读医学专业，转而进入加州大学洛杉矶分校研修商业管理。1950—1951年在陆军军需部门工作，授上尉军衔。后曾为兰德公司服务。1957年他在Band公司任职时遇到Markowitz，并受其理论影响，提出金融模型，说明安全价值如何反映风险。1961年获华盛顿大学商业学院哲学博士学位，并于1961—1968年在该校任教。1970年以后，在加州大学斯坦福商学院任经济学教授。1976—1977年，曾为国家经济研究局工作。1980年当选为美国金融学会会长。1986年他建立了夏普—拉塞尔研究会。1989年成为斯坦福商业学院荣誉教授。曾于1989年获得美国西部金融学会杰出贡献奖。1990年因他在建立资本资产定价模型方面的贡献而获诺贝尔经济学奖。主要著作包括：《资产组合分析的简化模型》、《资本资产定价：风险条件下的市场均衡理论》、《投资》。主要贡献有：（1）提出Sharpe理论；（2）提出资本资产定价模型。

　　夏普阐述了现在称之为"单因素模型"的一种方法。它假定每一种证券的收益都与某种单一指数线性相关，如果这种证券的线性系数 $\beta=1$，那么，这种证券的风险程度就与市场指数（即整个市场的风险程度）相同；如果一种证券的线性系数 $\beta<1$，那么这种证券的风险程度就会比市场指数更稳定；如果一种证券的线性系数 $\beta>1$，那么这种证券的风险程度就会比市场指数更不稳定。夏普的方法大大地减少了资产组合问题的维数，使得计算有效资产组合大为简化。与此同时，夏普把注意力转向了资本资产定价模型的研究。夏普要进一步探究的是，如果每个人都像马科维茨所说的资产组合最优化者那样行事，那会出现什么情况？托宾已经证明,在这种情况下每个人就会持有相同的风险资产组合。如果 A 先生把其财富的 5% 投资于 IBM 股票,那么 B 先生也应该在其资产组合中持有 5% 的 IBM 股票。当然,他们投资于这种股票市场中的货币总额可能不同,但每个人都会选择相同的风险资产组合。

1960 年代,资本资产定价问题由美国三位经济学家威廉·夏普、约翰 · 林特耐和简·摩辛在各自对资本市场研究的基础上共同提出,并发展成为资本资产定价模型(Capital Assets Pricing Moder,简称 CAPM),夏普更被认为是资本资产定价模型最重要的创立者,该模型用于预测债券的风险与期望收益率的关系,是测量风险、估价证券的基准和衡量投资绩效的标准。夏普在其著作《资本资产定价:风险条件下的市场均衡理论》中,提出了资本—资产定价(CAPM)模型,并提出了"资本—资产定价模型是投资风险的定价和度量"这一经典命题。该命题设定了如下假设 :投资者都是风险规避者;投资者遵循均值—方差原则;投资者仅进行单期决策;投资者可以按无风险利率借贷;所有的投资者有相同的预期;买卖资产时不存在税收或交易成本。

综合而言,夏普的资本—资产定价模型是证券投资理论发展中里程碑式的成果,对金融经济学的贡献有口皆碑:首先,它用来说明在金融市场上如何确立反映风险和潜在收益证券价格。CAPM 模型有助于计算与投资和兼并有关的资本消耗,并能够对有关没收公司财产的法律案件产生影响,它还被广泛用于经济分析,从而系统地、有效地编排统计数据;其次,目前,投资公司广泛应用该模型来预测某一种股票在股票市场上的运作情况,模型将马克维茨的选择理论中的资产风险进一步分为资产的"系统"风险和"非系统"风险两部分。前者是由总体股价变动引起的某种资产的价格变化,后者则是由影响股价的某些特殊要素引起的资产价格变动;最后,模型提出一个重要理论是,投资的多样化只能消除非系统风险,而不能消除系统风险。亦即投资于任何一种证券,都必须承担系统风险。

但是,夏普的模型假设也并非完美无缺,导出这个模型需要基于几个假设,其中一些假设显得过于理想化,因而该模型的实用性和有效性受到置疑,它的缺陷在于,忽略了投资者的最优风险资产组合是怎么得到的。在形成这个最优风险资产组合时,投资者要买入一些资产,并卖出另外一些资产。但根据上述的假设,由于投资者决策目标一致,持有的资产结构完全一致,而市场中交易双方都是这些投资者,这意味着交易双方都想同时买入或同时卖出某项资产,这样的交易显然不可能发生。对于另一种可能性,即集中需求或集中供给会导致资本资产价格调整,由此形成新的均衡,这也不可能。因为信息完全透明,投资者人人皆知,而且对资产价值的判断完全一致,因此也不会有实质性的资产交易活动发生。同时,我们还要考虑这样一个问题,受中央银行货币政策影响,在投资组合持有期间内,无风险利率是不断变化的,这意味着最优投资组合的内部资产价值构成比例发生调整,而这种调整又会遇到前面提到的无法交易这个问题。或者说,在无风险利率发生调整时,原有均衡仍将得以维持,投资者之间不会发生实质性的资产交易活动,均衡点仍然在原处,但该点已经不是最优点。

造成上述悖论的关键原因是模型假设中认为投资者对资产特性的完全一致认同,加上模型认为投资者会追求任何最优组合,而这一最优组合又是所有投资者一致认同的,因此,所有投资者都会选择同一最优组合,即一致决策,一致做出买入某项资产或卖出某项资产的决定,由此无法满足资产交易所需的条件。而且,我们也可以从博迪·莫顿的《金融学》一书中看出 CAPM 模型悖论造成的理论分析后果,即使投资者陷入了是否该相信自己能战胜市场的两难境地。因此,我们有理由认为原有的达到均衡市场的分析存在问题,其后果是我们会质疑模型是否成立。

(吴梦云)

参考文献:

[1] Sharpe, William. Capital Asset Prices: A Theory of Market Equilibrium Under Conditions of Risk[J]. Journal of Finance 19(Sept. 1964), 425 – 42.

[2] Sharp W F. Mutual fund performance [J]. Journal of Business, 1966, 39: 119 – 138.

[3] Fama, Eugene F., and J. MacBeth, Risk, Return, and Equilibrium: Empirical Tests, [J] journal of political Economy, 1973, 71, 607 – 636.

[4] Jensen M C. Optimal utilization of market forecasts and the evaluation of investment portfolios [M]. in G. P. Szego and K. Shell, eds.: Mathematical Methods in Investment and Finance (North Holland, Amsterdam), 1972.

期权估价理论是对企业战略性
投资价值进行的有效评估

布莱克和斯科尔斯,后者是 1997 年诺贝尔经济学奖得主。正是他们,使用了美妙的数学语言,充满技巧地对看似风险莫测的经济和金融变量进行了令人信服的描述和论证,大大推动了投资和金融理论的革新,也催生了众多的金融工具和金融产品。

弗希尔·布莱克,美国人,曾为美国芝加哥大学教授,因早故而未能获得诺贝尔经济学奖。迈伦·斯科尔斯(Myron Scholes,1941—),加拿大人,现代期权理论之父。斯科尔特大学获工程学士学位,1964 年获芝加哥 MBA 学位,1969 年获芝加哥大学商学院金融学博士学位。主要著作包括:《期权合约定价和市场有效性检验》(与布莱克合著,1972);《资本资产定价模型:詹森做的一些实证检验》(与布莱克、詹森合著,1972);《期权与公司债务定价》(与布莱克合著,1973);《股利发放和股利政策对普通股价格和收益的影响》(与布莱克合著,1973);《税收和期权定价》(1976);《以非同步数据估计 β》(与 J. Wiliams 合著,1977);《股利和税收》(与米勒合著,1978);《股利和税收:一些实证证据》(与米勒合著,1978);《全球金融市场,衍生证券和系统、风险》。

1973 年,布莱克和休尔斯提出了布莱克—休尔斯期权定价公式,对标的资产的价格服从正态分布的期权进行定价,并阐述了这样一个理念:期权估价理论是对企业战略性投资价值进行的有效评估。随后,罗斯开始研究标的资产的价格服从非正态分布的期权定价理论。1976 年,罗斯和约翰·考科斯在《金融经济学杂志》上发表论文"基于另类随机过程的期权定价",提出了风险中性定价理论。同年,芝加哥期权交易所也同时开张,而且采用了所谓的"布莱克—斯科尔斯模式"。尽管这种定价模式计算比较复杂,但由于电脑和电子计算器的使用,交易商操作起来还是很简便。这种模式不仅定价快而准确,而且扩大了期权的交易量,还降低了定价成本。这个定价公式在芝加哥交易所的成功应用,很快在其他各大股票市场上产生了连锁反应。

布莱克—斯科尔斯欧式看涨期权定价公式是目前世界上最普遍使用的期权定价公式。该公式最初主要用于股票期权上,现在也用于其他的期权。其具体表述如下:

$$C = S \cdot N(d_1) - X \cdot e^{-rT} N(d_2)$$

式中,S 为即期价格,E 为协定价格,C 为期权在规定价格的情况下的期权价格 t 为到期日以前的剩余时间,以年为单位表示;r 为无风险的市场年利率,用小数表示;s 为即期价格的波动幅度;N 为对于给定自变量 d,服从平均值为 0 标准差为 1 的标准正态分布 N(0,1) 的概率,其数值可从正态分布表中查得。

期权估价理论及股票期权定价公式的应用,极大地推动了西方股票市场的期权交易。后来,1997 年诺贝尔经济学奖的另一得主罗伯特·默顿又将"布莱克—斯科尔斯模式"加以发展,并广泛应用于其他金融商品的期权交易,进而延伸到保险、抵押、实质投资和贸易等领域的风险管理上。如今,不管是通用汽车公司、卡特彼勒公司还是奔驰汽车公司,凡是用外币进行买卖的公司都能够依靠布莱克—斯科尔斯理论预防汇率变动的风险。这一理论是经济学研究从定性走向定量的重要标志,它的运用将会有令人难以置信的大发展,现在我们刚刚处于这一大发展的开端。由此可见,布莱克、斯科尔斯和默顿的功绩在于把经济学原理应用于经营操作,也就是"理论联系实际"。他们设计的定价公式为衍生金融商品交易市场的迅猛发展铺平了道路,也在一定程度上使衍生金融工具成为投资者良好的融资和风险防范手段,这对整个经济发展显然是有益的。对此,美国联邦储备委员会主席格林斯潘曾评论说,衍生金融工具的扩展使得国际金融市场更具效率,但同时也加大了全球市场的波动性。显然,新技术、金融工具及其方法加强了国内和跨国界的市场与市场参与者的相互依赖。因此,若某个市场的某个部分或一个国家的市场发生混乱,就会比过去更快地对世界经济造成影响。格林斯潘的这番话实际上是在给衍生金融商品交易乃至全球金融市场敲警钟。

布莱克—斯科尔斯期权定价公式的发明人获得了 1997 年诺贝尔经济学奖后,有评论指出:"原因不外两点。第一是与一般学说只能'启迪思维'不同,该学说深具实用价值,正确掌握便可减少投机风险、增加赚钱的机会;第二是目前股市大旺,期权市场的成交额急速增长,意味着参与期权买卖者众,期权定价理论有殷切的市场需求。期权定价理论不但令期权市场迅速壮大,亦使其发明人大发其财。对于学术界来说,斯科尔斯诚属异数。"1997 年 10 月 8 日,英国《经济学家》周刊也载文介绍了布莱克—斯科尔斯期权定价公式的重要意义。文章指出:"默顿和斯科尔斯在 1973 年所做的工作是给风险定价。他们两人同已故的布莱克所做的给金融期权定价的工作把处理风险从猜测变成了科学。复杂的布莱克—斯科尔斯期权定价公式及其后来的演变已导致购股选择权和其他金融衍生产品猛增。这个公式也开辟了华尔街火箭科学家的新时代。"

然而,令人遗憾的是,在具体的应用和计算中,布莱克—斯科尔斯期权公式远远没能达到它所设想的清晰度。在这里我们又一次见证了数学模型与现实复杂性之间的鸿沟:首先,布莱克—斯科尔斯期权公式的设计只是针对可以在开放市场中交易的期权作价,而在股票期权计划中,公司雇员获得的股票期权却不是来自市场,并且公司对其交易有各种限制。更为严重的是,公式所使用的 6 个主要变量在高度发达的市场中很难直接进行客观量化,比如预期分红、股价预期波动和行权前的无风险回报率等,而这意味着,公司经理可以轻易地在公式变量的代入值上做手脚,从而仍然能够达到隐瞒成本的目的;与此同时,由 FASB 给出的一项提议更加剧了问题的复杂性和混乱程度。根据这项提议,一家愿意将期权计入成本的公司可以在 FASB 提供的三种期权计算方法中选择任意一种,这三种方法全都使用布莱克—斯科尔斯期权公式,只是根据在目前的收益报告中是否计入过去发放的期权成本,以及是否重报以前的业绩而有所区分。这显然是为了照顾到不同公司对自身利益的考虑。瑞银华宝在美国的评估及会计研究组主管戴维·比安科对此有一针见血的批评:"为了取悦所有公司,FASB 提供了不同的方式,而这些方式可能给投资者带来更多的焦虑和疑惑。"此外,众多投资者和会计行业的专业人士也对此倍感不快,他们表示,这一提议违背了将股票期权成本化的最初目标,那就是提供一幅清晰的画面,以判断股票期权给公司收益造成的影响。在计算方法上的各行其是将会大大削弱期权估价理论应用这项行动本身的价值。

(吴梦云)

参考文献:

[1] Black F,Scholes M. The Pricing of options and corporate libilities[J]. Journal of Potilical Economy,1973,81:637 − 654.

[2] ixit, A and Pindyck. investmentUnder Uncertainty[M]. Princeton University Press. Princeton NJ (USA), 1994.

[3] Keith J Leslin,Max P Michaels. The Real power of Real options[J]. The McKinsey Quarterly,1997,(3):5 − 22.

[4] [美]小詹姆斯·L. 法雷尔,沃尔特·J. 雷哈特. 齐寅峰等译. 投资组合管理理论及应用[M]. 北京:机械工业出版社,2000.3.

不要把所有的鸡蛋放在
同一个篮子里

　　詹姆士·托宾（1918—2002），1981年度诺贝尔经济学奖得主，美国经济学家。现为耶鲁大学史特林经济学荣誉教授。他1980年到耶鲁大学任教，直到1988年正式退休。托宾出生于伊利诺斯州的香潘，1939年以最优异的成绩毕业于哈佛大学。第二次世界大战中断了他研究生阶段的经济学研究，1942—1946年间曾在美国海军充任战舰军官。1947年获得哈佛大学经济学博士学位，此后三年在哈佛大学和英国剑桥大学做博士后研究。1961—1962年间，他担任肯尼迪总统的经济顾问委员会成员。1955年，作为40岁以下的经济学家，他被美国经济协会授予约翰·贝茨·克拉克奖，1972年入选国家科学院。托宾最杰出的贡献被认为是其开创的金融市场理论及金融市场之于消费和投资决策、生产、就业、价格等相关关系的研究。托宾关于家庭和企业如何决定资产构成的研究开了今日异常热门的资产组合选择理论之先河。资产组合选择理论的精髓是分散投资风险："就像是不要把你所有的鸡蛋放在同一个篮子里。"托宾的贡献其实远不止于"不要把所有的鸡蛋放在一个篮子里"。众所周知，无论在学术研究还是在其他领域，能以一个人的名字命名是了不起的事情，而托宾，以其名字命名的经济学名词居然有"托宾Q值"、"托宾税"和"蒙代尔—托宾效应"、"托宾分析"等四个之多。这不仅在经济学界是奇迹，在其他领域怕也不多见。托宾一生撰写和编辑了16部著作，发表了400多篇论文，在金融市场及相关的支出决定、就业、产品和价格等方面的分析作出了重要贡献。其重要著作包括：《美国企业准则》与哈里斯（S. E. Harris）等合著、《国家经济政策》、《经济学论文集：总体经济学》、《十年后的新经济学》、《计量经济学论文集：消费与计量经济学》。

1981 年，詹姆斯·托宾获得诺贝尔经济学奖，在耶鲁大学于获奖宣布当天仓促举行的记者招待会上，由于资产组合选择理论比较复杂，很难用一两句话概括清楚，因此，众多记者要求他用一句话概括自己的资产组合选择理论，他说了一句至今仍广为流行的话："不要把所有的鸡蛋放在同一个篮子里"，托宾的真正意思是：不要把所有投资投在一个项目上，这样，风险来临时，可将损失减小到最低，这也正是他所提出的资产组合选择理论的精髓所在。托宾的最主要贡献建立在以描写各个家庭和企业怎样确定他们的资产构成的理论基础之上，这种理论被称为资产组合选择理论，他是极其重要的创始人之一，资产组合理论指出，各种资产之间无法完全替代，因为它们各有不同的预期收益，以反映边际风险的不同。托宾的研究方向也进一步指出，在货币与非货币资产之间，并没有一道很清楚的划分界线。这种在货币与财务理论上的"耶鲁路线"，已被广泛地应用在资金流动的实证研究以及国际资本流动的模型建构上。

托宾的资产组合选择理论认为，投资组合只能够分散非系统风险而对系统风险无可奈何。其实质是财务决策中的风险分散原理。投资一定会伴随着风险，每项投资工具都涉及不同程度的风险，其中可分为市场风险及非市场风险。市场风险是投资者不能回避的，非市场风险属个别投资项目特有的风险，投资者可通过分散投资，达到减低非市场风险的目标；与此同时，托宾的资产组合选择理论将人们分为三种类型：风险回避者、风险爱好者、风险中立者，并认为，现实生活中前两种人只占少数，绝大多数人都属于风险中立者。而收益的正效用随着收益的增加而递减，风险的负效用随风险的增加而增加，若某人的资产构成中只有货币而没有债券时，为了获得收益，他会把一部分货币换成债券，因为减少了货币在资产中的比例就带来收益的效用。但随着债券比例的增加，收益的边际效用递减而风险的负效用递增，当新增加债券带来的收益正效用与风险负效用之和等于零时，他就会停止将货币换成债券的行为。同理，若某人的全部资产都是债券，为了安全他就会抛出债券而增加货币持有额，一直到抛出的最后一张债券带来的风险负效用与收益正效用之和等于零时为止。这一理论说明了在不确定状态下人们同时持有货币和债券的原因,以及对二者在量上进行选择的依据。利率越高,预期收益越高,而货币持有量比例越小,证实了货币投机需求与利率之间存在着反方向变动的关系;此外,托宾模型还论证了货币投机需求的变动是通过人们调整资产组合实现的。这是由于利率的变动引起预期收益率的变动,破坏了原有资产组合中风险负效用与收益效用的均衡,人们重新调整自己资产组合的行为,导致了货币投机需求的变动。所以,利率和未来的不确定性对于货币投机需求具有同等重要性。托宾进而将这些思想发展为一种金融和实物资产的一般均衡理论,开创的金融市场理论及金融市场之于消费和投资决策、生产、就业、价格等相关关系的研究。这种分析的一个重要组成部分是研究把金融市场上的变化传递到家庭和企业的支出决策的传递机制,而这类研究的经典问题以前从来就未被满意地和总结性地研究过。

在托宾的分析中,他把安全性资产只和一种风险性资产来配对,以此来代表其他的状况。这种加总的方法是沿袭凯恩斯的,他以一个利率来泛指所有非货币性资产与负债的一般性盈利率。但他曾证明,他的结论能够推广并适用到多种风险性资产,而且其收益与风险各有不同。风险性资产组合的选择,即各种风险性的相对权数如何,基本上和决定风险性资产与安全性——即货币——的相对比例应该是多少,是毫不相干的。这套"区隔理论",正是林特纳和夏普所发展的资本资产定价模式的核心,这套理论广受财务管理的师生所喜爱,许多投资经理人与理财顾问也用此来计算各种不同证券的"贝他系数"。

托宾对分析金融市场和金融与实物现象之间的传送机理的创造性的和广博的工作无疑启发了20世纪70年代中对货币政策效果、政府预算赤字和一般稳定政策影响的大量研究。这些领域中正在进行的生动而高质量的研究在很大程度上是以托宾的基础贡献为基础的。他的努力还发动了有关领域中的研究,例如支付平衡分析和经济增长研究。托宾的贡献大概在今后长时间内将继续鼓舞经济研究。今天很少经济学家能说是赢得了这么多的追随者或对当代研究工作有如此影响。

资产组合选择理论虽然较凯恩斯货币投机需要理论更切合现实,但许多西方学者也指出该理论及衍生模型存在着许多不足之处。例如模型忽略了物价波动的因素;托宾模型只包括两种资产,即货币和债券,而不包括其他金融资产,这显然与当代金融实际情况不符。

（吴梦云）

参考文献：

[1] ［美］J. 托宾. 资产持有和支出决策[J]. 美国经济评论, 1952(1).

[2] ［美］J. 托宾. 作为对付风险行为的流动性偏好[J]. 经济研究评论, 1958(2).

[3] ［美］J. 托宾. 货币、资本和其他价值贮藏[J]. 美国经济评论, vol 51, 1961. 1.

[4] ［美］J. 托宾. 历史的货币解释[J]. 美国经济评论, 1965.

[5] ［美］J. 托宾. 十年来的新经济学[J]. 北京:商务印书馆, 1980.

运用财务杠杆创造企业资本收益

汤姆·科普兰,曾是麦肯锡公司的合伙人,亦是该公司的财务业务领导。他在加入麦肯锡公司之前,曾任加利福尼亚大学洛杉矶分校安德森商学院的财务学教授,他还在纽约大学担任过副教授,目前是麻省理工学院的高级讲师。他是《财务理论和公司政策》和《管理财务学》这两本知名教材的作者之一。曾向 40 个国家的 400 多家公司提供过公司战略、兼并与收购以及价值管理等方面的服务。

詹姆斯·C.范霍恩,斯坦福大学商学院银行与财务学领域的著名教授,于 1961 年和 1964 年分别获得西北大学的工商管理硕士学位和博士学位,1965 年进入斯坦福大学商学院任教至今,先后担任过斯坦福大学 MBA 项目主任,斯坦福大学商学院负责学术工作的副院长。他曾担任过美国财务金融协会和西部财务金融协会的会长,并是多个学术组织的活跃成员。此外,他还曾分别任职于伊利诺伊国家银行、芝加哥信托公司和美国财政部,长期兼任多家银行、基金、证券机构的董事会成员,具有丰富的实践经验。他在学术期刊上发表论文六十余篇,主要著作包括:《财务管理与政策》、《财务管理基础》和《金融市场利率与流量》等。《财务管理与政策》和《财务管理基础》两本著作,被公认为是公司财务领域的经典性教材。

汤姆·科普兰和詹姆斯·C.范霍恩认为,恰当运用杠杆原理可以控制企业财务风险,增加企业收益,即运用财务杠杆创造企业资本收益。杠杆原理原是物理学中的一个经典概念,意指以较小的力量获得较大效果的现象称为杠杆作用。而现代企业理财原理告诉我们,财务管理中的杠杆效应是指由于固定费用的存在而导致的,当某一财务变量以较小幅度变动时,另一相关变量会以较大幅度变动的现象。包括经营杠杆、财务杠杆和复合杠杆三种形式,并对应着经营风险、财务风险、企业总风险及有关的收益,财务管理利用杠杆的目标是:在控制企业总风险的基础上,以较低的代价获得较高的收益。

企业在经营决策时对经营成本中固定成本的利用,可为企业带来经营杠杆作用。具体而言,当销售收入或销售量不断增长时,企业中一定量的固定成本可带来企业利润大幅度的上升,即所谓的经营杠杆利益;当销售收入或销售量降低时,企业中一定量的固定成本可带来企业利润迅速下降,即所谓的经营杠杆风险。由此可见,经营杠杆作用是一把"双刃剑",正确利用可为企业带来杠杆利益,反之,则会带来杠杆损失。所以企业在运用经营杠杆原理时,一定要充分考虑其双面性,仅仅追求经营杠杆利益的结果往往是遭受经营杠杆风险的打击,最终导致企业的财务危机。

而企业对财务杠杆原理的应用,既可能会获得财务杠杆利益,也可能会导致财务风险,影响企业的价值。财务杠杆,亦称筹资杠杆,财务杠杆是指息税前盈利与每股净利之间的数量依存关系。它意味着只要息税前盈利较小的变化,就可以引起每股净利较大的变化。我们知道,企业的全部长期资本是由股权资本和债权资本构成,其中股权资本成本是变动的,从企业税后利润中支付;而债权资本成本通常是固定的,并在企业所得税前支付。因此企业通过适当地调整这两种资本的构成及比例,利用财务杠杆原理就可以对股权资本的收益产生一定的影响,从而影响企业的价值。利用财务杠杆,就是运用固定融资成本(包括银行借款利息和债券利息以及优先股股息)这个杠杆,通过增加息税前盈利而取得的利益,即随着息税前盈利的增长,单位利润所负担的固定融资成本就会相对减少,由此带来每股额外净利,并可得出三个结论:(1)只要有固定融资成本,就有财务杠杆作用和存在财务风险;(2)固定融资成本越大,财务杠杆作用度越大,财务风险也越大;反之,则相反;(3)通过增加息税前盈利,降低单位融资成本,从而降低财务风险。如果当公司息税前盈利增加较多,足以补偿利息支出,适当地利用负债,就可增加每股净利;但当息税前盈利下降,不足以补偿利息支出,就会使每股净利下降更快,甚至引起公司破产。

正因为如此,公司理财就面临两难选择:既要尽可能提高债务资本在总资本中的比重,以获取财务杠杆的利益;又要避免由于债务资本的增大而带来相应的财务风险。公司理财就是要在财务杠杆利益与财务风险之间寻求一种合理的均衡。这种合理均衡的实质,就是寻求最优的资本结构。是指由于固定性财务费用的存在,企业息税前利润(EBIT)的微量变化所引起的每股收益(EPS)大幅度变动的现象。也就是,银行借款规模和利率水平一旦确定,其负担的利息水平也就固定不变。因此,企业盈利水平越高,扣除债权人拿走的某一固定利息之后,投资者得到的回报也就越多。相反,企业盈利水平低,债权人照样拿走某一固定的利息,剩余给股东的回报也就少了。在盈利水平低于利率水平的情况下,投资者不但得不到回报,甚至可能倒贴。由于利息是固定的,因此,举债具有财务杠杆效应。而财务杠杆效应是两方面的,既可以给企业带来正面、积极的影响,也可以带来负面、消极的影响。当总资产利润率大于利率时,举债给企业带来的是积极的正面影响;相反,当总资产利润率小于利率时,举债给企业带来的是负面、消极的影响。

（吴梦云）

参考文献:

[1] C. Arthur Williams JR. & Richard M. Heins. 1989. Risk Management and(6th edition)[M]Harpercllins publishers Inc..

[2] Brigham ,Eugene F. Capital Structure and Leverage. Fundamentals of Financial Management (6th edition)[M]. the Dryden Press,1992.

[3] Copeland T. E. and Weston J. F.. Financial Theory and Corporate Policy[M]. Addison－Wesley Publishing Co. Ltd., 1991.

[4] 汤姆·科普兰. 价值评估:公司价值的衡量和管理(第3版)(21世纪经管权威教材译丛)[M].北京:电子工业出版社,2002.

[5] Van Home, JC, and JM Wachowiez. 1998. Fundamentals of Financial Management[M]. New York:Prentice-Hail, Inc..

现金为王

乔治·索罗斯,匈牙利犹太人,14岁时,德国纳粹占领了匈牙利,他的父亲给全家人做了假证件,使他们得以幸免于难。1947年他17岁时去英国,就读于伦敦经济学院,受卡尔·波普尔的影响很深,并形成了"开放社会"的哲学思想。1956年到美国,先从事证券买卖,后做研究,成为欧洲证券问题专家。1973年创立量子基金。这个对冲基金在1998年时达到顶峰,当时管理着220亿美元的资金,而且在过去几十年里一直保持极高的回报率,被称为是金融界的奇迹。在今日国际金融界,无人能比现年76岁的索罗斯地位更为显赫,1992年9月,索罗斯通过他所谓的"宏观经济"投资策略在英国炒作英镑,一个月后揣着10亿美元扬长而去;1997年,他又对东南亚汇市发动"狙击",从而引发危及全球的亚洲金融危机,人称"金融大鳄"。

索罗斯最广为人知的名言便是:"cash is king",他的基本思想是,在投资中,尤其当市场不确定因素大增,未来方向不明的情况下,应及早抽身将实物变现为资金。并且,在作投资决策时,现金流量是一个关键指标。现金流量决定了任何经济决策在财务上的成功。

众所周知,企业管理以财务管理为中心,财务管理以资金管理为中心,资金管理以现金流量管理为中心。20世纪80年代末期以来,"现金为王"的投资理念渐入人心,"现金为王"的观点已被业界人士所共识,"现金为王"的观念在财务管理界非常普遍。以公司经营活动产生的现金净流量除以净利润,作为衡量公司利润"含金量"的指标,经常见诸财经报道。

当前,"现金为王"也已成为财务管理中的基本原理,现金管理也已成为企业财务管理中的核心内容。美国前证券管理委员会主席罗德·威廉斯就说过这样的一句话：如果让我在拥有利润信息和现金流量信息之间做一个比较选择，那么今天我就选现金流量。有关现金对财务管理的重要性，一般可以阐述如下：(1)流动的现金犹如企业的血液，不可缺少。对于企业来讲，现金就如同企业的血液一样，只要能够保持足够的现金流量，再亏损的企业也可以暂时维持下去；再优秀的公司如果现金链断裂，也难逃避破产或倒闭的命运。因为企业的收入与支出最终都表现为现金的流入和流出。一旦大量的收入最终无法表现为现金的流入，企业就会面临诚信危机，最终面对万般无奈的选择——申请破产保护，如韩国的大宇、美国的通用等。现实中投资收益率并不低，甚至是高利润伴之以现金短缺，常常是困扰企业经营者的尴尬事情。(2)预防动机为持有现金的特定需要。为了适应市场、规避风险，任何企业都必须准备一定数量的备用现金用于意外支付。对企业来说，持有现金的需要一般有三种情况：交易性需要、预防性需要和投机性需要，但资金是有时间价值的，风险和收益也是相配比的。如果持有的现金数量多，则现金成本相对较高，收益相对较低，但企业到期不能偿付债务的风险又相对较小；反之，企业的收益虽然增大，但到期不能偿付债务的风险就加大。所以备用金准备数量的多少将取决于企业对未来可能出现的现金短缺的判断以及对收益性现金流入兑现控制能力的高低。(3)现金与企业利润休戚相关。现金是速动资产，拥有其可控数额的多少，完全因企业经营之需而定。而利润是某一会计期间生产经营活动所赚取的盈余，即从营业收入和其他业务收入中减去全部成本、费用后得到的。它是以权责发生制为原则的一项会计计量，并不是公司实际拥有的资产。因为"应收账款"和"固定资产折旧"都会对利润的形成有直接的影响，却与现金流量无关。因此在其他条件相同的情况下，利润的增多并不意味着企业越做越好，盈利企业也可能破产的真谛在于：现金流不以人的意愿为转移而滞塞。所以财务管理中的两个主要指标一个是现金、一个是利润，它们所反映和揭示的是完全不同的企业经营信息的两个侧面，不可互换、不可替代。

然而，索罗斯本人也曾经提出过，"现金为王"并不是一贴万试万灵的灵丹妙药，有些问题仍值得商榷：

首先，将现金流量与偿债能力单纯地挂钩不完全合适。现金流量的状况仅仅是衡量一个企业偿债能力和运行状态的一个重要指标，并不是全部。其实，现金流量表所反映的现金流量信息并不能完全反映一个企业真实的偿债能力。一个企业的偿债能力除资产的规模、质量、流动性等硬性指标外，还有企业无形的东西,如企业的信用、与银行及其他金融机构的关系及其他潜在的融资能力。一个企业偶然的短期财务运作失误并不会必然导致其破产,如果一个企业因偶然短期缺少现金而破产,至少从一个侧面说明这个企业的信用和潜在融资能力的丧失。目前,信用危机反映在对偿债能力和支付能力的认识上,在一定程度上揭示了导致"现金为王"至上观点的重要原因。

其次,积存过量的现金并不完全是一件好事。作为一种保守的财务政策,保持财务的较大弹性,抵御可能产生的风险,是无可厚非的;但从另一个角度而言,也反映了企业资金运用效率不高的状况。随着资本市场的不断发展和投资渠道的拓展,投资品种的丰富,积存过量的现金也意味着要付出更多的机会成本。

其三,企业的现金流量在其不同的成长期运动规律有较大的差别,应视具体情况具体分析。众所周知,构成企业现金流量是由经营活动、筹资活动和融资活动三个部分组成。处在成长期的企业销售的急剧增长,使经营活动会产生较大的净现金流量,但因对市场的把握还不够,存货和应收账款及费用支出等起伏较大,其净现金流量很不稳定;而在成熟期,企业的生产较稳定,筹资活动产生的净现金流量为负居多,而投资活动所产生的现金流量为正居多。因此,在企业不同的发展阶段有不同的现金流量,这些特点在其相应的阶段有其相对的合理性,但是,如果企业的现金流量与其所处的发展期不相称,或存在严重的背离,则应引起高度重视。

第四,在业务结构相对单一的企业现金流入中,区分经营性现金流入和非经营性现金流入是非常关键的分析点。这里,要注意经营业务收入产生的现金流入的比重,尤其是主营业务收入产生的现金流入所占的比重。一般而言,如果没有主营业务产生足够的现金流入对企业现金流入的支撑,那么,企业所需的现金从中长期看,必定面临着枯竭。因为主营业务处在萎缩状态的企业,它会寻求其他方面的现金支持,如通过关联交易、变现资产、不断举债等方式来维持企业运作。随着企业经营方式的多样化,多元化经营企业或投资控股型企业的数量也越来越多。这种类型的企业现金流量的分析有别于单一业务型的企业。

第五,不能忽视潜在的现金流出。或有事项中有许多情况可能会导致巨额现金流出,会严重地破坏正常的现金流量。如为别的企业借款进行担保,未结的某些重大的经济赔偿等等。

第六,对潜在的可及时变现资产的现金流入适当关注。这里指的是,那些变现能力较强的有价证券,如股票、债券等。这些资产的变现能力很强,其中债券的变现损失的风险又比较小。一些安全度较高的应收款也具有较好的流动性。

(吴梦云)

参考文献:

[1] [美]乔治·索罗斯.金融炼金术[M].海口:海南出版社,1999.

[2] [澳]马克·泰尔. 巴菲特与索罗斯的投资习惯[M].北京:中信出版社,2005.

[3] DeAngelo, L. E. Accounting Numbers as Market Valuation Substitutes: A Study of Management Buyouts of Public Stockholders[J]. The Accounting Review: vol 61, 1986(7), pp400 – 420.

[4] Katherine Schipper. Commentary on Earning Management[J]. Accounting Horizons vol 3, 1989(12), pp91 – 102.

[5] Shyam Sunder. Theony of Accounting and Control[M]. Cincinnati ohio: South-Western College Publishing. 1997.

企业的最佳现金持有量
是可以控制的

詹姆斯·托宾主要分析了利率弹性对现金交易的影响,默顿·米勒和丹尼尔·奥尔在此基础上,于 1966 年提出了 Miller-Orr 模型,并进一步深入探讨了现金、低风险低收益证券、所有其他的可得证券三类资产设置下的现金需求,创建了一种能在现金流入量和现金流出量每日随机波动情况下确定目标现金余额的最佳现金持有量模型,并由此提出了"企业的最佳现金持有量是可以控制的"这一命题。在米勒—奥尔模型中,假定企业无法确切地预知每日的现金实际收支状况,只是规定出现金余额的上下限,并据此判定企业在现金和投资之间转换的时间和数量。这一模型假定每日现金流量为正态分布,确定了现金余额的均衡点即教材中所指的回位值 Z 为:

$$Z = \sqrt[3]{\frac{3F\sigma^2}{4\gamma}} + 2 \qquad\qquad (1)$$

其中 F 为每次举债或出售证券的交易成本,σ 为现金余额每日标准差,γ 为投资日收益率,Z 为现金余额下限。而上限为:

$$H = 3Z - 2L \qquad\qquad (2)$$

Miller-Orr 模型根据每日现金收支变化幅度的大小、投资收益率的高低和投资与现金之间相互转换的交易成本的大小确定现金余额的均衡值和上下限的范围,这一模型既引入了现金流入量也引入了现金流出量,从而使得最佳现金持有水平既能满足企业日常业务的需要,又能最大限度地减少因持有现金而丧失的潜在收益。Miller 和 Orr 都认为现金持有量存在着规模经济,规模较大的公司将会持有较小比例的现金,并且,公司的现金持有行为是公司一项重要的理财行为,它综合反映了公司的财务战略和经营战略,并且与公司的治理状况也密切相关,因此,更应该善加利用,并加以控制。此外,据 Global Vantage 数据库记载,在 1998 年末,世界上最大的那些公司持有超过 1.5 万亿美元的现金以及有价证券,这些现金以及有价证券的值占到了公司资产账面价值的 9%,并且略微大于公司权益市场价值的 9%。是什么因素促使这些公司持有如此多现金以及有价证券? 持有大量现金以及有价证券对公司的行为有什么影响? Brealey 和 Myers 认为,如何决定公司的现金以及有价证券的持有量是财务学界尚未解决的 10 个问题之一。

除了默顿·米勒和丹尼尔·奥尔提出的 Miller-Orr 随机模型以外,最佳现金持有量还可采用成本分析模式来确定。在成本分析模式下,首先要考虑与持有现金有关的成本,包括机会成本(持有成本)、管理成本、短缺成本,寻找使持有成本最低的现金持有量。公司的最佳现金持有量是当持有现金的边际成本等于持有现金的边际收益的时候的现金持有量:(1)资金成本。现金作为企业的一项资金占用是有代价的,这种代价就是它的资金成本。(2)管理成本。企业持有现金,会发生管理费用,这些费用就是现金的管理成本。(3)短缺成本。企业因缺乏必要的现金,不能应付业务开支所需,而使企业蒙受的损失或付出的代价。现金持有量越大,机会成本越高,它与现金持有量成正比;管理成本是一种固定成本,不随现金持有量的变化而变化;短缺成本是因现金持有量不足而产生的损失,它与现金持有量成反比。然后按照不同的现金持有量方案确定总成本,上述三个成本之和最小的方案即为最佳方案。这一分析模式亦值得进一步研究。

(吴梦云)

参考文献:

[1] Miller, MH and Orr, D. A Model of the Memand for Money by Firms [J]. Quarterly Journal of Economics Vol 80. 1966(8), pp413 –435.

[2] [美]默顿·米勒. 论金融衍生工具[M]. 北京:清华大学出版社,1999. 3.

[3] DVT Bear and Daniel Orr. Logic and Expediency in Economic Theorizing[J], Journal of Political Economy, Vol 75,1967(2),pp188 –196.

[4] Eugene F. Fama & Mreton. H. Miller. The Theory of Finance[M]. Dryden Press,1972.

[5] Thomas E. Copeland & J. Fred Weston. Financial Theory and Corporate Policy, 3rd edition[M]. Addision Wesley Publishing Company,1988.

重要的是股东权益报酬率, 而非每股盈余

　　"重要的是股东权益报酬率,而非每股盈余"为沃伦·巴菲特著名的十二定律之首,也是其最为人知的财务定律。他毫不掩饰地表现出了对高股东权益报酬率(ROE)的偏好,他的主要意思是:股东权益报酬率代表管理当局为股东创造收益的能力。高股东报酬率通常代表经营良好的公司。在企业保留上一年盈余增加资本的情况下,只有前者考虑了公司逐年增加的资本额,才较为真实地反映了经营绩效,从而值得投资人进行投资。

　　股东权益报酬率,又称为净值报酬率,指普通股投资者获得的投资报酬率。股东权益报酬率=(税后利润-优先股股息)÷(股东权益)×100%。股东权益或股票净值、普通股账面价值或资本净值,是公司股本、公积金、留存收益等的总和。一般而言,数值是越大越好。每股盈利则是指扣除优先股股息后的税后利润与普通股股数的比率。每股盈利=(税后利润-优先股股息)÷(普通股总股数)。这个指标表明公司获利能力和每股普通股投资的回报水平,一般而言,数值也是越大越好。

　　沃伦·巴菲特的观点认为,在所有上市公司的财务数字中,最重要的一个,也是最能够表现一家公司营运能力的数字,就是股东权益报酬率,特别是打算长期投资的投资人,股东权益报酬率代表了公司经理人用从公司股东那儿拿到的资本来经营所获得的报酬率。股东权益报酬率极为重要,人们不但希望股东权益报酬率高于最低标准,还希望和同类型的公司比较时,股东权益报酬率能高于其他的公司,通常某产业中的龙头公司,其股东权益报酬率都会高于其他落后的公司,也就是说,领导品牌或市场占有率最高的公司,通常也会使股东权益报酬率最高,将来也最能度过景气低迷的循环。巴菲特还认为,如果公司打算长期投资,还应注意股东权益报酬率过去几年的变化,最

好能观察过去十年的股东权益报酬率,最好能有股东权益报酬率不断提升的趋势,表示不论景气好坏,公司都能不断提升效率,降低成本,持续维持提升股东权益报酬率的动力,如果没有提升的趋势,至少要能稳定,不能上下大幅起伏,否则表示公司控制成本的能力太差,获利不够稳定。

与此同时,巴菲特认为,如果一家公司多次忽视低股东权益报酬率的事实,执意将多余现金进行再投资,那么该公司的现金将成为越来越没有价值的资源,公司股价也会相应下跌,利润回报日益恶化。现金富裕、股价较低的公司往往会吸引公司并购者的注意,这也就是公司现任管理阶层任期终结的开端。

此外,巴菲特不太看重每年的经营成果,而更关心四五年的平均数字。他总说,企业获利的回报并不是像行星围绕太阳运行的时间那样一成不变,他对那些虽然没有实际价值,却靠在会计上耍花招而获得惊人的年终业绩资料的做法相当反感。

巴菲特还认为,每股盈余只是个烟雾弹。首先,应该注意会计上的每股盈余只是判断企业内在价值的起点,而非终点。这与将钱存到储蓄账户上,并让利息以复利方式累积增长是完全一样的。因此,对经营管理获利状况最重要的衡量,是已投入股权资本的收益状况,而不是每股盈余。其次,因为大多数企业都会保留上年度的一部分盈余用来增加股权资本,所以没有理由对每股盈余感到兴奋。要明白,并非所有的利润都是同样被产出的,那些相对于利润具有过多资产的公司,所报告的利润只是表面的,因为通货膨胀实际上征收了资产密集企业的通行费,导致这类企业的盈利化为泡影。所以,只有当分析家们清楚了解企业现金流量时,会计上的利润以及每股收益才有利用价值。

对许多专业投资人而言,了解及应用巴菲特的这一概念并不是太大的问题,真正的问题在于投资人对被投资公司真实完整资讯的有效获取。首先,股东权益报酬率、每股盈余成长率、自由现金流量是否取代股东增加价值、负债比率、竞争力等常常出现在讨论巴菲特的书籍或是学术论文中,而且,如何才能有效观察这些关键性的财务数据过去五到十年的变化趋势,亦并非易事;其次,股东权益报酬率和每股盈余,尤其是股东权益报酬率是巴菲特作价值评估时的重要依据,但品质不佳的盈余或误导的每股财报盈余数字,若是被直接拿来套用巴菲特的这一定律,反而会误导投资人对公司价值的评估。投资人应该如何去判断公司公布的财报盈余的品质,又应该怎样进行有效调整,是应用中比较棘手的一个问题;此外,一般而言,投资人所能取得的资讯来源比较有限,目前,除了法人投资机构有足够的财力购买专业的上市公司的财务资料库以外,个别投资人很少能够接触到这些专业资料,更遑论研究前后十年的财务资讯或横向与竞争者比较了。

由此可见,巴菲特的这一财务定律并无地域或是年代的局限,而真正受到局限的,是高品质投资资讯的取得,以及投资人的心态。

(吴梦云)

参考文献:

[1] Ball R. ,and Brown P. ,An Empirical Evaluation of Accounting Income Numbers[J] , Journal of Accounting Research, 1968, Autumn.

[2] Beaver W. H. , The Information Content of Annual Earnings An-nouncemets[J] , Journal of Accounting Reseearch(Supplement) ,1968.

[3] [美]沃伦·巴菲特(Warren Buffett)著,[美]劳伦斯·A. 坎宁安(Lawrence A. Cunningham)编,陈鑫译. 巴菲特:从100元到160亿 公司投资要义. 中国财政经济出版社, 2000.

[4] [美]沃伦·巴菲特(Warren E. Buffett)著,谢德高编译. 巴菲特投资策略全书. 九州出版社, 2001.

无法评估，就无法管理

琼·玛格丽塔，马萨诸塞州剑桥的咨询人员与作家。曾经是贝恩管理咨询公司的合伙人，现在是《哈佛商业评论》的编辑，1998 年获得麦肯锡奖。她最近的著作《新经济管理》一书中收录了她发表在《哈佛商业评论》上的一些论文。琼·玛格丽塔博士作为一位在《哈佛商业评论》工作长达 20 余年的资深编辑，自 20 世纪 90 年代以来，她亲眼目睹并参与了当时很多所谓最前沿的管理思想的争论，几乎每个月都有作者、出版商和评论家宣称发现了具有"重大突破"意义的新管理，"无法评估，就无法管理"这一经典命题便是琼·玛格丽特博士于 1985 年首先提出的。

"无法评估，就无法管理"，这句管理学中的经典名言警示我们，没有评估就没有结果。在企业财务实践中，执行评估包括过程评估和绩效评估。前者意指在战略、计划、策略执行过程中的效率测评；后者意指达到的目标值和成效。从组织成员的角度出发，绩效评估的目的主要包括以下 4 个方面：明确评估的对象和内容；告诉我，告诉员工评估指标的目标值和权重的分配；不断进行相互沟通，发现提高绩效的关键要素；将评估结果与奖罚制度挂钩。如果从组织财务管理的角度出发，建立评估体系的目的则在于树立"责任原则"，杜绝或避免"相互推卸责任，最终无人负责"的现象。执行评估与财务管理过程的互动、融合，最终可提升执行力。执行评估构成了有效提升执行力的管理基础。执行层面上，执行评估的缺失必将最终导致执行成为无本之木、无源之水，最终会使执行失败。这正如在足球比赛中，了解最终结果显然是有用的,但它毕竟只是一个有限的信息,如果不能跟踪比赛的全过程,我们就无法知道在比赛的哪一个阶段我们应该采取哪一个相应行动。

值得关注的是,在财务管理实践中,人们一般不愿意对员工的不良绩效去做具体的评估,而往往去寻求一种大家面子上过得去的方式去批评员工,这显然是错误的,因为这样就使评估失去了意义和标准,最终导致评估的缺失。对于评估,有一个比喻很贴切:"评估就像是汽车上的安全带,谁都知道重要,但却不喜欢使用。"所以管理中撞车事故常有发生,并造成"伤亡"。而且,在正规场合下人们也不愿去用它。大部分企业和部门的年终绩效评估是流于形式,究其原因包括:管理者应付了事、绩效目标难以衡量、没有信息支持、错误的观念(如评估就是打分)、管理者缺乏相关的训练、过分对数字成绩斤斤计较等等。还有一个更为根本性的原因——管理者和员工没有感受到评估的收益和回报。所以不管是主管还是基层员工,都认为评估是件麻烦事,尤其当主管批评下属员工的不良绩效并以书面形式通知员工时,更是如此。因此,他们总是千方百计寻找某种恰当的方式,使双方都能接受评估的结果,使面子上过得去。的确,在现实中主管对于种种考核办法要么不予重视,要么往往在考核时做出某种修改。但显然,这都是错误的。

尽管如此,不论一个正式执行的评估体系本身的公信度与效用如何,执行评估的终极意义在于执行力的持续改进和有效激励。执行评估首先与有效的绩效评估,相辅相成。在很大程度上,如前所述,有效的绩效评估构成了执行评估的核心。

由此,玛格丽特博士认为,如果从组织的角度出发,建立评估体系最重要的原因之一在于,建设并树立起一种"责任原则"。在这一原则下,负有同样职能、职责但重叠的机构、岗位或团队,以及由此导致的"相互推卸责任,最终无人负责"的现象,将被杜绝或避免。因为那样情形下,组织或许也可以勉强运行,但成本居高不下,行动迟缓而且并不稳定。实事求是的、有执行力的领导者不会看不见这一点。而执行评估尤其是财务评估的目的之一就在于使组织成员都负起责任来,因此其相应的目标就是,在组织的每一层次上都将职责和义务结合起来,将责任和完成工作统一起来。只有最终的评估,才能告诉你,你的执行力如何;你执行的心态、角色和流程是否正确;你的执行,你的管理,是成功了,还是失败了。

（吴梦云）

参考文献:

[1] [美]琼·玛格丽塔.什么是管理?[M].北京:电子工业出版社,2003.

[2] [美]琼·玛格丽塔,南·斯通.什么是管理?[M].北京:电子工业出版社,2003.

[3] [美]拉里·博西迪、拉姆·查兰.执行——如何完成任务的学问[M].北京:机械工业出版社,2003.

[4] [美]彼德·德鲁克.卓有成效的管理者.上海:上海译文出版社,1998.

零营运资金管理：使营运资金趋于最小

道格拉斯·R. 爱默瑞，美国著名财务学家，考夫曼基金会学者和美国宾汉姆顿大学管理学院财务学教授。他曾在普度大学、圣路易斯的华盛顿大学、哥伦比亚的密苏里大学、中国的南京大学、加拿大的加尔格里大学和堪萨斯大学讲学。现任《决策科学》杂志副总编和财务管理协会理事。他的研究成果发表在许多杂志上，包括《财务》、《财务与数量分析》、《财务管理》、《会计研究》、《银行与财务》、《心理学》和《营销研究》等。

在道格拉斯·R. 爱默瑞的经典著作《公司财务管理》中，他提出了"零营运资金管理"这一概念，在此基础上，提出了"零营运资金管理：使营运资金趋于最小"这一经典命题。他所提出的"零营运资金管理"的基本原理是，从营运资金管理的着重点出发，在满足企业对流动资产基本需求的前提下，尽可能地降低企业在流动资产上的投资额，并大量地利用短期负债进行流动资产的融资，从内涵上来说，"零营运资金管理"是一种极限式的管理，它并不是要求营运资金真的为零，而是在满足一定条件下，尽量使营运资金趋于最小的管理模式：(1)将应收账款和存货所占用的资金解放出来，用于高技术投资或投入生产经营，从而提高企业的效益；(2)促使企业加速生产和交货，超越同行的水平，以巩固老客户、赢得新客户；(3)降低存货量，以节省仓储开支；(4)促使企业加强应收账款的管理，减少坏账风险。

"零营运资金管理"属于营运资金管理决策方法中的风险性决策方法，这种方法的显著特点是：能使企业处于较高的盈利水平，但同时企业承受的风险也大，即所谓的高盈利、高风险。具体表现为：(1)丰富的收益。一般而言，流动资产的盈利能力低于固定资产，短期投资的盈利低于长期投资。如工业企业运用劳动资料(厂房、机器设备等)对劳动对象进行加工，生产一定数量的产品,通过销售转化为应收账款或现金,最终可为企业带来利润。因此,通常将固定资产称为盈利性资产。与此相比,流动资产虽然也是生产经营中不可缺少的一部分,但除有价证券外,现金、应收账款、存货等流动资产只是为企业再生产活动正常提供必要的条件,它们本身并不具有直接的盈利性。又因为短期负债对债权人来说偿还的日期短、风险小,所以要求的利率就低,而债权人的利率就是债务人的成本,因此,短期负债的资金成本小于长期负债的资金成本。此外,大量地利用短期负债可降低企业的资金成本,而且短期负债的弹性大、办理速度快,能及时弥补企业流动资产的短缺。显然,由于降低了企业在流动资产上的投资,就可以使企业减少流动资金占用,加速资金周转,降低费用,从而可以增加企业盈利。(2)潜在的风险。从风险性分析,固定资产投资的风险大于流动资产。由于流动资产比固定资产更易于变现,其潜在亏损的可能性或风险就小于固定资产。当然,固定资产也可通过在市场上出售将其变为现金,但固定资产为企业的主要生产手段,如将其出售,则企业将不复存在。因此,除了不需用固定资产出售转让外,企业生产经营中的固定资产未到迫不得已时(如面临破产)是不会出售的。所以,企业固定资产的变现能力较低。企业在一定时期持有的流动资产越多,承担的风险相对越小;反之,企业持有的流动资产越少,所承担的风险也就越大。另外,大量地利用短期负债,同样也可能导致风险的增加。这是因为:第一,短期资金的到期日近,可能产生不能按时清偿的风险。例如,企业进行一项为期三年的投资,而只有在第三年才可能会有现金流入,这时企业如果利用短期筹资,在第一、第二年里,企业就会面临很大的风险,因为企业的投资项目还没有为企业带来收益。但如果企业采用为期五年的长期筹资的话,企业就会从容地利用该投资项目产生的收益来偿还负债了。第二,短期负债在利息成本方面有较大的不确定性。如果采用长期筹资来融通资金,企业能明确地知道整个资金使用期间的利息成本。但若为短期借款,则此次借款归还后,下次再借款的利息成本为多少并不知道。金融市场上的短期资金利息率很不稳定,有时甚至在短期内会有较大的波动。

根据上述观点,"零营运资金管理"原理的应用将使企业面临较大的风险。首先,企业有延期风险,即企业在到期日不能偿还债务的风险。如果企业需要延期,但会由于一些无法预料的因素而不能延期,如当短期负债到期时,企业的经营善变坏,以至债权人不肯延期;或在延期时,正好赶上国家经济不景气,市场上资金私有制,而无法继续延期;其次,短期负债利率的具有很大的波动性,企业无法预测资金成本,也就无法控制利息成本;再次,企业为了减少应收账款,变信用销售为现金销售,可能会丧失客户,从而影响销售的增长。

尽管存在着高风险,但"零营运资金管理"仍不失为一种管理资金的有效方法。"零营运资金管理"在具体操作上,以零营运资金为目标,着重衡量营运资金的运用效果,通过营运资金与总营业额比值的高低来判断一个企业在营运资金管理方面的业绩和水准。由于"零营运资金管理"的基本出发点是尽可能地降低在流动资产上的投资额,因而营运资金在总营业额中所占的比重越少越好。这就是"零营运资金管理"的含义所在。"零营运资金管理"强调的是资金的使用效益。如果资金过多地滞留在流动资金形态上,就会使企业的整个盈利降低。简而言之,"零营运资金管理"就是将营运资金视为投入资金成本,要以最小的流动资产投入获取最大的销售收入。

根据国际上一些企业的成功案例,我们可以看出,零营运资本绝非是一种幻想。美国企业追求零营运资本的目的,是为了压缩库存和应收款项,加强对营运资本的管理以提高经济效益。其理论依据是以较少的资金做同样的业务,使营运资本发挥更大的作用。因此,对企业的营运资金实行"零营运资金管理",力求达到零营运资金的目标,其实质是提高资金的运用效益,以最小的投入,获取最大的产出,这一思路与投入产出理论中的"资源最佳配置"原则是一致的。

(吴梦云)

参考文献:

[1][美]道格拉斯·K. 爱默瑞. 公司财务管理[M]. 北京:中国人民大学出版社,1994.

[2] Black, Fischer. Return and Beta[J], Journal of Portfolio Management, 1993, 20(1): pp8 – 18.

[3] Fama, Eugene F., and Kenneth R. French. Multifactor Explanations of Asset Pricing Anomalies, [J] Journal of Finance, 1996, 51(1): 55 – 84.

[4] Fama, Eugene F., and James D. Macbeth. Risk, Return and Equilibrium: Empirical Tests, [J] Journal of Political Economy, 1973, 81 (May): pp603 – 636.

[5] Ibbotson Associates. Stocks, Bonds, Bills, and Inflation [M]. Chicago: Ibbotson Associates, 1995.

财务环境是企业财务决策难以改变的外部约束条件

奥利弗·哈特，英国人，哈佛大学经济系主任、经济学教授，哈特教授1974 年获得普林斯顿大学经济学博士学位。研究领域涉及微观经济理论、数理经济学、企业理论与组织、合约理论、企业的财务结构、法学与经济学。哈特在企业理论上作出过突出贡献，是产业组织理论方面顶尖学者，他与格罗斯曼以及与穆尔的论文奠定了当代企业理论的基础，并为企业理论确立了一个基于合约理论的分析框架。他的代表性著作《企业、合约与财务结构》已是企业理论的经典教科书。此外，哈特是不完全合约理论的开创者之一，他至今仍是该领域的领军人物之一。哈特教授的主要研究方向包括经济理论、数量经济学、企业理论以及经济法。

在《企业、合同与财务结构》一书中，哈特提出"财务环境是企业财务决策难以改变的外部约束条件"这一经典命题。他认为，财务环境，也称企业的理财环境，是指企业财务管理之外影响企业财务决策各项因素的总和，财务环境是企业进行财务决策时难以改变的外部约束条件，应当用多维度的立体论方法归纳，从政治、经济、文化、法律、社会、科学、技术、人口，历史和地理十个维度，按对财务的影响范围、影响程度、影响方式和发生频率等多种方法进行归类分析。所以说，企业更多的是适应它们的要求和变化。

就财务管理环境的分类而言，有一般财务环境和具体财务环境之分。具体财务环境对企业财务目标的实现有直接的影响，因此在财务决策中必须给予特别重视。每个财务主体的财务管理都是一个与具体财务环境相互作用、相互储存的系统，而且要随时关注其一般财务环境的潜在作用。良好的财务决策机制对财务环境的变化应当具有较强的适应能力。为此，必须具备迅速捕捉企业财务环境变化信息的能力,并能对这些信息正确地进行分析和判断,以及时调整企业的财务决策。

就财务管理环境涉及的范围而言,较为广泛,宏观财务环境包括经济状况、经济政策和技术水平、法律环境、金融市场环境等;微观环境包括企业组织形式、治理结构、企业自身的技术特点等。其中,最重要的是法律环境、金融市场环境和经济环境。财务管理的法律环境是指和外部发生经济关系时所应遵守的各种法律、法规和规章。所以,企业在其经营活动中,要和国家、其他企业或社会组织、企业职工或其他公民及国外的经济组织和个人发生经济关系,国家管理这些经济活动和经济关系的手段中,行政手段逐步减少,而经济手段,特别是法律手段日益增多,并且将它们以法律的形式固定下来,同时,众多的经济手段和必要的行政手段的使用,也必须逐步做到有法可依,从而转化为法律手段的具体形式,真正实现国民经济管理的法制化;与此同时,随着金融全球化步伐不断加快,越来越多的企业置身于一个更开放、更有竞争力的全球市场环境当中;此外,经济环境影响财务决策的方法体系、运行机制及范围等有关方面。在企业所有权的形式基础上建立的企业生产经营机制是决定财务决策的根本因素。财务决策的产生与发展始终是基于市场经济效率的要求而产生与发展的。

综上所述,会计的发展与企业的财务环境息息相关,20 世纪 90 年代以来,高科技推动了国际经济的迅猛发展,金融创新的日新月异则带来了极大的风险,财务环境的变化直接影响到财务决策。哈特认为,任何决策都会有外部性,财务决策也不例外。财务决策系统由五个基本要素组成:决策者、决策对象、信息、决策的理论和方法、决策的结果。财务决策机制不仅会直接影响财务决策的效率,而且会对企业各种财务主体之间的利益关系(或财务关系)产生影响。既然财务决策机制对各种财务主体的利益关系会产生影响,那么,各种财务主体对财务决策机制的安排就不会无动于衷,他们会为此而展开充分的博弈,从而达成一种关于财务决策机制的契约。因此,影响财务机制的最主要因素不外乎企业的财务环境,它包括涉及多少财务主体、这些财务主体的既得利益关系怎样、这些主体参与决策的机会成本以及他们所在的企业文化和其他非正式制度环境因素等。

21 世纪已经来临,企业处于财务环境之中,不可避免地受到财务环境的影响,如筹资过程中,货币政策的调整、金融市场结构变化将对企业筹资成本、筹资方式产生直接影响;投资中,国家的产业政策等都对企业形成约束。

现代企业财务环境的不可控制、动态性、复杂性的特点使企业必须搞好财务环境的分析,提高企业的应变能力。与此同时,随着企业所面临的金融全球化、知识经济和电子商务等财务环境的变化,企业所承受的财务环境风险也进一步加大了。金融全球化和电子商务所产生的"网上银行"及"电子货币"将使国际间的资本流动更快捷,财务及资本决策可在瞬间完成,这使得货币的形式及本质发生变化,从有形形态演化成无形形态、从直接价值演化成间接价值等。知识经济将使信息传播、处理、反馈以及更新的速度大大加快。这些新变化既给企业带来机遇,同时也加剧了企业的外在财务环境风险。因此,企业在加强财务风险管理的同时,尤其应该注重对财务环境的风险管理,以使得企业财务发展与有效监督机制同步进行,业务和技术发展与有效环境监督并举,从而根本提高企业的财务决策安全性。

(吴梦云)

参考文献:

[1] Oliver Hart, John Moore. On the Design of Hierarchies: Coordination Versus Specialization[J]. Forthcoming in the Journal of Political Economy, 2005 (3).

[2] Grossman, Sanford and Oliver Hart, 1986, The Costs and Benefits of Ownership: A Theory of Vertical and Lateral Integration[J]. Journal of Political Economy, 94: pp691 – 719.

[3] Oliver Hart, 1995, Firms, Contracts and Financial Structure[M]. Oxford: Clarendon Press.

[4] Oliver Hart and John Moore. Default and Renegotiation: A Dynamic Model of Debt[J], Quarterly Journal of Economics. Vol 113, 1998(1), pp1 – 41.

现代企业的代理关系是一种契约或合同关系

迈克尔·詹森,哈佛大学商学院企业管理名誉退休教授,是一位横跨金融经济学和企业管理学两方面的大师级教授。1962 年他获得马卡莱斯特学院经济学学士学位,1964 年获得芝加哥大学金融方向工商管理硕士学位,1968 年获得芝加哥大学经济学、金融学、会计学博士学位。1977 年詹森在罗彻斯特大学建立了管理经济学研究中心,并于 1973 年创办了《金融经济学期刊》。1994 年他和法玛等人合作,创办了社会科学文库公司。1990 年詹森当选美国财务学会副主席,1992 年当选为主席。目前,他担任了《金融经济学期刊》的顾问、欧洲公司治理协会的理事、经济学研究中心的理事等等。詹森在理财学方面的主要贡献是提出了代理成本学说。该学说融合了产权理论、代理理论、财务理论,系统地分析了信息不对称条件下企业的资本结构和组织结构问题。詹森和麦克林以及詹森和法玛、墨菲等人一系列关于代理成本的著作,突破了之前代理理论应用的狭小范围,将代理理论广泛地应用于公司理财和组织设计中,从而奠定了代理理论在现代公司财务理论中的基础地位。其学术贡献主要有三方面:一是说明代理成本如何影响到一个组织的形式;二是强调组织中决策控制权与决策管理权的区别,而非传统上误以为的经营权与管理权的分离;三是阐述组织如何利用特殊知识影响组织的形式。詹森教授一生著述颇丰,先后发表了 50 多篇学术论文,著有《组织战略的基础》和《企业理论:治理,剩余索取权和组织形式》,主持编写了《现代公司金融理论》和《资本市场理论研究》。并于 1973 年创办《金融经济学杂志》,属金融经济学领域的两份顶级期刊之一。1996 年他入选了美国文学科学研究院。

20 世纪 70 年代,迈克尔·詹森和威廉姆·麦克林在其合著的论文《企业理论:管理行为、代理成本与所有权结构》中,提出委托代理理论,并提出了"现代企业的代理关系是一种契约或合同关系"这一经典命题,他们认为,代理关系是由一人或数人(委托人)与代表委托人进行工作的人(代理人)订立或明或暗的合同,合同包括授予代理人某些决策权。在这种关系下,一个或多个人(委托人)雇佣其他人(代理人),授予其一定的决策权,使其代替雇主的利益从事某种活动。由于委托人和代理人双方都是效用最大化的追求者,因而有理由相信代理人不会总按委托人的利益而行事。为了保证委代双方的利益一致,委托人就需要订立适当的合同来限制代理人利益上和行为上的偏差,代理成本就是制订、管理和实施这类合同的全部费用。因此,詹森和麦克林把代理成本划成三部分:(1)委托人的监督成本,(2)代理人的担保成本,(3)剩余损失,并将代理成本定义为:包括为设计、监督和约束利益冲突的代理人之间的一组契约所必须付出的成本,加上执行契约时成本超过利益所造成的剩余损失。监督成本是委托人用于管理代理人行为的费用。担保成本是代理人保证不采取损害委托人行为的费用,以及如果采取了那种活动,代理人将赔偿委托人的费用。因此,监督成本、担保成本是制订、管理和实施合同的实际费用,而剩余损失是代理人的决策和使委托人的利益最大的决策之间存在着的偏差导致委托人利益的损失。

在迈克尔·詹森和威廉姆·麦克林看来,在公司制下,代理成本非常明显地存在于股东、债权人和经理人之间。一方面,代理关系表现为资源的提供者(股东和债权人,即主人或委托人)与资源的使用者(管理当局,即代理人)之间以资源的筹集和运用为核心的代理关系;另一方面,也表现为公司内部高层经理与中层经理、中层经理与基层经理、经理与雇员之间(在这里,上一层经理既作为代理人又表现为下一层的委托人)以财产经营管理责任为核心的代理关系。

由此可见,代理关系的本质体现为各方经济利益关系,委托人和代理人之间各有不同的"个人利益",他们受个人利益的驱动,从市场进入企业,以谋求个人利益最大化。由于关系人各方目标不一致,这就不可避免地引起代理各方利益的相互冲突,因此,从某种意义上说,公司在本质上是由若干个人之间的一组相互重叠的"契约关系的综合"。现代企业经营的不确定性和代理关系复杂性,决定了契约各方存在着利益不均衡性、信息不对称性和风险不平等性等,由此决定了契约的监督在客观上需要建立一系列沟通、激励、协调代理关系的管理机制,促使代理人采取适当的行动,最大限度地增加委托人的利益,否则就容易出现"内部人控制"的现象,即企业经理层的私利侵蚀了公司所有者和员工的利益,公司的决策在增加一方福利的同时,往往会减少另一方的福利,由此,詹森和麦克林用代理成本理论分析了股东、债权人和经理人三方利益冲突对公司投资和融资的影响。他们认为:财务结构问题不应局限于最优的负债与权益比率,而应当将范围扩展至所有权结构,它包括债务、经理人持有权益和外部人持有权益之间的数量关系、债务的详细内容(如长期、短期、公募、私募、可转换和可赎回等)和权益的详细内容(限制或非限制的普通股、优先股等)。

(吴梦云)

参考文献:

[1][美]迈克尔·詹森,威廉·梅克林. 企业理论:管理者行为、代理费用与产权结构. 陈郁主编,所有权、控制权与激励. 上海:上海三联书店,上海人民出版社,1998.

[2][美]迈克尔·詹森,威廉·梅克林. 权利与生产函数:对劳动者管理型企业和共同决策的一种应用. 陈郁主编. 所有权、控制权与激励. 上海:上海三联书店、上海人民出版社,1998.

第三篇 人力资源管理

人是社会人

　　乔治·埃尔顿·梅奥,美国行为科学家,原籍澳大利亚,人际关系理论的创始人,美国艺术与科学院院士。他出生在澳大利亚的阿得雷德,20 岁时在澳大利亚阿得雷德大学取得逻辑学和哲学硕士学位,应聘至昆士兰大学讲授逻辑学、伦理学和哲学。后赴苏格兰爱丁堡研究精神病理学,对精神上的不正常现象进行分析,从而成为澳大利亚心理疗法的创始人。1922 年在洛克菲勒基金会的资助下,梅奥移居美国,在宾夕法尼亚大学沃顿管理学院任教。其间,梅奥曾运用完形心理学的概念解释产业工人的行为,认为影响因素是多重的,没有一个单独的要素能够起决定性作用,这成为他后来将组织归纳为社会系统的理论基础。1926 年,他进入哈佛大学工商管理学院专事工业研究直至退休。梅奥的主要著作有:《工业文明中的人的问题》(1933 年)、《工业文明中的社会问题》(1945 年)、《皮埃尔·让内的心理学》(1952 年)。

　　梅奥从事过不同的职业,但使他闻名于世的还是他对霍桑实验所作的贡献。霍桑实验于 1927—1932 年间在西方电器公司的霍桑工厂实施。霍桑实验揭示出工业生产中的个体具有社会属性,生产率不仅同物质实体条件有关,而且同工人的心理、态度、动机,同群体中的人际关系以及领导者与被领导集体的关系密切相关。正是在霍桑实验的基础上,梅奥在 1933 年出版的《工业文明中的人的问题》一书中提出了"人是社会人"这一命题,由此创立了人际关系学说。

古典管理理论的杰出代表泰罗、法约尔等人都着重强调管理的科学性、合理性、纪律性,而未给管理中人的因素和作用以足够重视。他们的理论是基于这样一种假设:即职工是"经济人",只是在思想上、行动上力争获得个人利益,追求最大限度的经济收入;管理部门面对的仅仅是单一的职工个体或个体的简单总和。基于这种认识,古典管理理论强调用制度化的组织体系,规定职工之间的相互关系和职责范围。从上世纪 20 年代美国推行科学管理的实践来看,泰罗制在使生产率大幅度提高的同时,也使工人的劳动变得异常紧张、单调和劳累,因而引起了工人们的强烈不满,并导致工人的怠工、罢工以及劳资关系日益紧张等事件的出现。人际关系学说的这种认识正好与泰罗的"科学管理理论"对人的本性的基本认识相反。"在经营方法中,只要专业化的商业不考虑人性和社会动机,我们也许可以认为罢工和怠工是伴随工业出现的正常产物。"

基于"社会人"假设建立起来的人际关系学说是从与科学管理理论相反的角度研究如何提高企业生产效率的问题。梅奥通过霍桑实验证明,(1)"经济人"假设是片面的、错误的,职工是"社会人"。职工除了追求个人的经济利益外,还有社会、心理方面的需求。对于"社会人",重要的是合作,采取温和、民主的管理方式更能促进生产效率的提高。(2)企业中除了正式组织外,还存在"非正式组织"。正式组织和非正式组织相互迥异,正式组织以效率为行动逻辑,非正式组织以感情逻辑为行动标准。梅奥认为非正式组织的情绪和协作对完成组织目标和令人满意方面起着至关重要的影响。这个结论与行政学创始人伍德罗·威尔逊的一句名言如出一辙:实现最高效率的最佳形式是让自由的人自觉地合作。因此,管理当局必须重视非正式组织的作用,力求正式组织的效率逻辑同非正式组织的感情逻辑保持平衡。(3)新的领导能力在于提高职工的满足度。职工的工作效率同职工的工作态度即士气有关,同职工的满足度有关。职工的满足度越高,士气越高;士气越高,则劳动生产率越高。要调动职工的积极性,就应该使职工的社会和心理方面的需求得到满足。

根据"社会人"的观点形成的人际关系学说第一次把心理学、社会学引入管理,开辟了管理学研究的新方向,有力地冲击了传统管理理论,为行为科学的形成和发展奠定了坚实的基础。可以说,人际关系理论是管理理论发展的里程碑。梅奥提出"人是社会人"的观点,使管理者和学者开始注意作为社会成员的工人的自身需要问题,从而使工人(而不是工作或生产指标)成了人们注意的中心,管理者必须从观念到行为都确立职工的主体地位。同时,梅奥关于非正式组织及关于加强团队合作的思想是深邃的、实事求是的。"工业组织越庞大,就不仅要依赖技术上的前进,而且也要依赖这个团体每一个最小的成员自发地在人和人的关系上进行合作。"合作的优势在于使组织的力量通过管理而系统化,从而提高组织的整体效能。从这个意义上讲,合作既是组织的目标,也是每个组织成员,尤其是管理者的重任。社会学家涂尔干也曾从个人意识的社会性这个角度阐明了"社会人"思想。

当然,也有学者对梅奥的观点及霍桑实验提出了批评,一个管理者,引用理查德·帕斯卡尔的《艰难的管理》做出一个重要的评论:"调查结果没有任何错误,但霍桑实验在看待人类行为时采取了错误的角度:你的思想需要从授权的工人的想法中建立,把责任放在最靠近知识所在的地方,用一贯的荣誉价值把分离开的个体拉在一起。霍桑实验暗示了自满的优越性,家长对孩子式的傲慢。这不是真正的了解。"

尽管如此,梅奥的工作和他在霍桑研究中的同事矫正了早期研究者的科学偏见。霍桑实验及其结论随着时间的推移,其影响也逐步扩大。人际关系学说及其观点逐步地进入了企业。企业界提出了"以职工为中心的"、"弹性的"管理方法,出现了"参与管理"、"目标管理"、"工作内容丰富化"等新的管理方式。1949 年该学科被定名为行为科学以后,福特基金会成立了科学部,次年建立行为科学高级研究中心,并在 1953 年拨款委托哈佛大学、斯坦福大学等高等学府从事行为科学的研究。然后,洛克菲勒基金会、卡耐基基金会也相继拨款支持行为科学的研究。1956 年美国出版了第一期《行为科学》杂志。

此后,许多的管理学家、社会学家和心理学家从行为的特点、行为和环境、行为的过程以及行为的原因等多种角度开展对人的行为的研究,形成了一系列的理论,使行为科学成为现代西方管理理论的一个重要流派。理论的研究和发展反过来促进了企业管理人员重视人的因素,强调人力资源的开发,注意改善企业的人际关系,注意使组织的需要和成员的需要协调一致,等等。但是,与此同时,我们必须注意到人际关系理论过分强调了个人的社会性,而忽略了个人作为"经济人"的需要;同时人际关系理论过分强调非正式组织对个人行为的制约作用,但并不是所有人都按企业的非正式组织的准则行事。所以,梅奥的人际关系理论虽然为管理者提供了一条提高生产效率的途径,但在实际工作中,员工作为"经济人"和"社会人"的特性都不能忽视,也不能过分强调某一方面,而应该双管齐下。

（马文彬）

参考文献：

［1］［美］迪恩·乔斯瓦尔德. 协同与成功——组织效能管理论［M］. 成都:四川科学技术出版社.

［2］［美］斯图尔特·克雷纳. 管理大师50人——影响世界进程的管理大师［M］. 海口:海南出版社,2000.

［3］孙耀君. 西方管理学名著提要［M］. 南昌:江西人民出版社,1995.

［4］［法］涂尔干. 社会分工论［M］. 上海:上海三联书店,2000.

人根据奖惩来决定自己以何种方式行动

　　伯尔赫斯·弗雷德里克·斯金纳,美国心理学家和行为科学家,新行为主义心理学的创始人之一。出生于美国宾夕法尼亚州东北部的一个车站小镇。1922 年斯金纳进入汉密尔顿学院主修英国文学并开始从事写作,1926 年斯金纳从汉密尔顿学院毕业,转入哈佛大学心理系,于 1930 年获哈佛大学心理学硕士学位,1931 年又获心理学博士学位。此后他在该校研究院任研究员。1937—1945 年他在明尼苏达州立大学教心理学,1945—1947 年任印第安那大学心理系主任。1947 年他重返哈佛大学,担任心理学系的终身教授,从事行为及其控制的实验研究。为表彰斯金纳在心理科学方面作出的重大贡献,1958 年美国心理学会授予他"卓越科学贡献奖",1968 年他荣获美国国家科学奖章,这是美国最高级别的科学奖励,是第二个获得这种奖章的心理学家。1971 年美国心理学基金会授予他一枚金质奖章。1990 年 8 月 10 日美国心理学会授予他"心理学毕生贡献奖"荣誉证书。主要著作有:《有机体的行为》(1938)、《科学和人类行为》(1953)、《言语行为》(1957)、《强化程序》(1957)、《教学技术》(1968)、《关于行为主义》(1974)、《超越自由和尊严》(1971)等。

　　斯金纳受实证主义哲学的影响,认为研究意识现象没有意义,主张心理学应描述环境和有机体行为之间的关系。他致力于行为的实验分析,在巴甫洛夫经典条件反射的基础上,创立了操作条件反射并提出条件反射的强化理论。"人根据奖惩来决定自己以何种方式行动"这一命题,正是他在 1957 年的著作《强化程序》中提出的。在斯金纳提出的"操作条件反射"理论中,他认为人或动物为了达到某种目的,会采取一定的行为作用于环境。当这种行为的后果对他有利时,这种行为就会在以后重复出现;不利时,这种行为就减弱或消失。人们可以用这种正强化或负强化的办法来影响行为的后果,从而修正其行为,这就是强化理论,也叫做行为修正理论。

强化是斯金纳从巴甫洛夫那里借用来的一个概念,但是内涵发生了变化,在巴甫洛夫经典条件反射中,强化是指伴随于条件刺激物之后的无条件刺激的呈现;在斯金纳的操作条件反射中,强化是指伴随于行为之后且有助于该行为重复出现概率增加的事件。在他的理论体系中,强化是主要的自变量,他认为行为之所以发生变化就是因为强化的作用,对强化的控制就是对行为的控制。斯金纳把行为分成两类:一类是应答性行为,这是由已知的刺激引起的反应;另一类是操作性行为,是有机体自身发出的反应,与任何已知刺激物无关。与这两类行为相应,斯金纳把条件反射也分为两类。与应答性行为相应的是应答性反射;与操作性行为相应的是操作性反射,斯金纳认为,人的一切行为几乎都是操作性强化的结果,人们有可能通过强化作用的影响去改变别人的反应。同时,斯金纳提出了积极强化与消极强化、一级强化与二级强化以及强化的时间安排等问题。

斯金纳的体系是描述性的,他一生坚持严格的行为主义立场,关注对行为的描述而不是解释。他避免使用任何先验的假设,而是从经验性资料开始,采用归纳法,逐步进行科学的概括。斯金纳的强化理论不同于桑代克和赫尔的观点。桑代克和赫尔的体系是解释性的。桑代克的强调的是强化是对刺激—反应联结的加强。斯金纳体系中的强化是反应结果引起的反应概率的增加,并认为,强化不仅仅是加强行为,也可引起行为的消退,尤其是强化终止时,反应的效果则消退,消退或渐退,可以说明强化的效果能维持多久。斯金纳的强化律也跟赫尔相反,斯金纳并不试图用内驱力的降低来解释强化,他没有把内驱力看成一种刺激或一种生理的状态,而是把内驱力只看成是一系列的操作。

斯金纳是一个彻底的行为主义者,也是一个激进的决定论者,并且具有明显的反理论化倾向。但是,正如1958年美国心理学会授予他卓越的科学贡献奖时介绍他所说,"尽管他反对理论,人们仍然认为他是一个重要的系统化者,他发展了对行为的首尾一贯的描述。这种描述极大地提高了我们预测和控制有机体(从老鼠到人)的能力"。斯金纳的强化学说不仅在实验情境中获得了成功,而且在广泛的社会实践中得到了应用,并很快就流行起来。直到今天,他的思想在心理学研究、教育和心理治疗中仍然被广泛应用。许多行为科学家认为,强化理论有助于对人们行为的理解和引导,已被广泛地应用在激励和人的行为的改造上。

在对世界的认识上,斯金纳明显地接受了康德的形而上学,认为科学的任务在于描述一切可能观察到的事实,然后根据事实发生的频率推论出因果规律,达到预测和控制自然的目的。在心理学研究中,他始终采用严格的实验控制方法,对动物的可观察行为进行考察,以此推论环境条件和个体反应之间的函数关系。由于强调方法取向,斯金纳无法对知觉和意识等内部问题进行外部实验控制,他总是避免涉及有机体的内部状态,所以被人称为是在研究"空洞的有机体"。斯金纳企图用操作性强化理论来解释人类所有的学习行为,认为只要分析强化的效果并依此设计控制强化程序,就可以塑造和去除人的任何行为,这未免使人怀疑这一结论的合理性了。

斯金纳曾指出"人不是自由的,这一假设是运用科学方法研究人类行为的基础出发点"。他认为人只是环境的产物,根本没有选择的自由,所谓的自由只是控制者所安排环境下的自由,自我实现也只是通过所控制的环境,实现控制者的理想。斯金纳认为,人并不能自由选择自己的行为,而是根据奖惩来决定自己以何种方式行动,因此,人既没有选择自己行为的自由,也没有任何的尊严,强调尊严只会成为人类取得更大成就的障碍;至于价值,斯金纳认为它本身是中性的,其判断标准主要取决于个体所接受强化的性质及效果而非内心的主观感受。罗杰斯极力反对斯金纳的观点,并进行了猛烈的抨击。他指出每个人都是独特的,自由的,都应受到他人的尊敬;都能最大限度地实现自我价值。虽然他认可斯金纳的行为科学在预测和控制行为方面的作用,但对科学研究的前提及权力问题提出了质疑,指出,即使在科学研究中,也是以主观标准选择为前提条件的,科学研究根本就离不开主观标准的判断。

强化理论已被广泛地应用在激励和人的行为的改造上。在管理中,正强化就是奖励那些组织上需要的行为,从而加强这种行为;负强化就是惩罚那些与组织不相容的行为,从而削弱这种行为。正强化的方法包括奖金、对成绩的认可、表扬、改善工作条件和人际关系、提升、安排担任挑战性的工作、给予学习和成长的机会等。负强化的方法包括批评、处分、降级等,有时不给予奖励或少给奖励也是一种负强化。在管理中,要依照强化对象的不同采用不同的强化措施;在强化手段的运用上,应以正强化为主;同时,必要时也要对坏的行为给以惩罚,做到奖惩结合。但是,同时我们应该注意到强化理论只讨论外部因素或环境刺激对行为的影响,忽略人的内在因素和主观能动性对环境的反作用,具有机械论的色彩。

（马文杉）

参考文献:

[1][美]克利福德·格尔兹. 文化的解释[M]. 上海:上海人民出版社,1999.

[2][美]B. R. 赫根汉. 现代人格心理学历史导引[M]. 石家庄:河北人民出版社,1988.

[3][美]阿德莱德·布赖著,陈维正、龙蔡译. 行为心理学入门[M]. 成都:四川人民出版社.

管理的根本问题在于管理者对人性的认识

道格拉斯·麦格雷戈,美国著名行为科学家和管理教育家,行为科学学派的代表人物之一,"X 理论—Y 理论"的创立者。1906 年出生于美国底特律,1932 年获得美国韦恩大学文学学士学位,1933 年获得哈佛大学文学硕士学位,并于 1935 年获得哈佛大学哲学博士学位。1935—1937 年间在哈佛大学任教,讲授社会心理学;1937—1948 年在麻省理工学院任教;1948—1954年任安第奥克学院院长;1949 年获得韦恩大学法学博士学位;1952—1959 年在纽约任社会科学研究委员会的董事;1954 年起任麻省理工学院工业管理学教授。麦格雷戈除在大学任职外,还曾在新泽西标准石油公司、贝尔电话公司、联合碳化物公司等一些公司和组织的公共关系部门担任负责人和顾问,此外,他还是美国心理学学会、美国艺术科学院以及美国国家科学院的成员。主要著作有:《管理的哲学》(1954)、《企业的人性方面》(1960)、《经理人员在技术爆炸时期的责任》(1961)、《职业的经理》(1967)、《领导和激励,道格拉斯·麦格雷戈论文集》(1966)(沃伦·本尼斯和埃德加·沙因编)等。

麦格雷戈认为"在每一个管理决策或每一项管理措施的背后,都一定会有某些关于人性本质以及人性行为的假定"。他发现人际关系模式的规定,不能适应于组织生活的严密和现实,并对当时流行的传统管理观念和人的特性的看法提出了疑问。其后,他于 1957 年 11 月在美国的《管理评论》杂志上发表了《企业的人性方面》一文,提出了"管理的根本问题在于管理者对人性的认识"这一命题,此命题在他以后的著作中得到了进一步的发挥,即有名的"X 理论—Y 理论"。

　　麦格雷戈指出,管理的根本问题在于管理者对人性的认识,它是一切管理策略和方法得以建立的基础。不同的人性假设必然引出不同的管理策略和方法,进而又影响到企业职工,产生不同的职业行为,导致不同的管理效果。他对传统管理中的人性假设和行为科学的假设加以系统的归纳分析,指出了他们的要点和根本分歧,并把这套建立在亚当·斯密"经济人"假设基础上的管理观点称作 X 理论。麦格雷戈认为,泰罗和泰罗以前的管理者主要采取了集权型的领导方式,这种领导方式是基于对人性的如下假设:(1)人天性好逸恶劳,只要有可能就会逃避工作。(2)人生来以自我为中心,漠视组织的要求。(3)一般人缺乏进取心,逃避责任,甘愿听从指挥,安于现状,没有创造性。(4)人缺乏理智,通常容易受骗,亦受人煽动。所以,X 理论条件下管理人员采取"胡萝卜加大棒"的管理方式:通过强制、处罚、解雇等手段来迫使他们工作,实行高度控制的集权和独裁管理;以金钱报酬换取员工的服从;制定具体、严密的规章规范、技术规程要求员工执行。麦格雷戈认为传统的"X 理论"的做法是倒果为因,在他看来,人们的行为应该是"工业组织的性质、管理哲学、政策和措施"导致需要得不到满足的结果,而不是原因,"如果我们把他由此而形成的消极行为、被动和敌对态度、拒绝承担责任等归结为是他天生的'人的本性',那就错了"。他在列举了马斯洛的各种层次的需要后,认为"胡萝卜加大棒的激励理论在一定的环境中能够合理发挥作用……但是,当人一旦已经达到了相当的生活水平而主要由较高级需要来激励时就完全不起作用了"。因此,"我们需要一种根据更恰当的对人性和人的动机的假设"。于是,他提出了自己对于人性的新观点——"Y 理论"。

　　"Y 理论"建立在对人的特性和人的行为动机更为恰当的认识基础上:(1)一般人都是勤奋的,如果环境条件有利,工作就如同游戏或休息一样自然。(2)外来的控制和处罚并不是使人们为实现组织目标而努力的唯一方法,人们对自己所参与的目标,能实现自我指挥和控制。(3)人对目标的承诺是同他们的成就相联系的一些报酬的函数,此类函数中最有意义的,是自我满足和自我实现需要的满足,是努力去完成组织目标的直接成果。(4)人不仅是经济人,还是社会人,人在追求不断满足的同时,不仅不逃避责任,反而会谋求重任。在适当的条件下,一般人是能主动承担责任的,不愿负责、缺乏雄心壮志并不是人的天性。(5)在解决组织的困难问题时,大多数人都能发挥出高度的想象力、聪明才智和创造性。(6)在现代社会条件下,一般人的智能潜力只是部分地发挥出来。

麦格雷戈认为这是一种新的管理理论,建立在 Y 理论人性基础上的管理措施,既不同于"控制管理",也不同于"温和"的理论,"这主要是一个创造机会、发掘潜力、消除障碍、鼓励成长、提供指导的过程,X 理论完全依赖于对人的行为的外部控制,而 Y 理论则很重视依靠人的自我控制和自我指挥"。因此,在 Y 理论条件下管理者的重要任务是创造一个使人得以发挥才能的工作环境,发挥出职工的潜力,并使职工在为实现组织的目标贡献力量时,也能达到自己的目标;所采用的激励方式是给员工更多的信任、更多的职责和自主权,实行员工的自我控制,自我管理,参与决策,分享权力。

麦格雷戈的 X 理论—Y 理论对人性认识的发展把西方管理哲学的人的特性理论推向前进,是西方管理哲学演进的一个转折,它不仅在当时产生了轰动,而且对于现代管理的理论和实践具有很大的促进作用。管理者应该强调人的主动、自控的一面,重视人在工作中满足自己高级需要、实现自我价值的意义,提倡个人目标与组织目标的结合。

当我们回顾人类思想史时,可以清楚地看到,几乎所有的人文社会科学方面的理论均与人性有着不可分割的内在关联,它们均以一定的人性假设为其前提预设。正如英国哲学家休谟所说:"显然,一切科学对于人性总是或多或少地有些关系,任何学科不论似乎与人性离得多远,它们总是会通过这样或那样的途径回到人性。"麦格雷戈提出 X 理论—Y 理论之后,又相继涌现了其他一些人性假设,施恩提出"复杂人"假设,认为人是复杂多变的。人能不断地产生新动机,并能对不同的管理策略做出反应。很难用某种既定的模式来概括人的基本属性。必须承认每个人的特殊性,不同的人,可能会表现出不同的人性,另外,即使是同一个人,在不同的时间、不同地点以及在面临不同的境遇时,其人性表现也可能会有所不同。在"复杂人"假设下,应该用"权变"的思想来认识不同情况下的人性。20 世纪 80 年代以后,又相继出现了"文化人"、"学习人"等人性假设,分别从不同的角度研究企业中的管理问题。

虽然麦格雷戈留给世人的主要是 X 和 Y 理论,但我们应该从整体上去认识他的研究对人际关系的影响。他的观点至今仍然十分重要:"如果我们能学会如何将企业人力资源中内在的努力工作的潜能发挥出来,我们将会为政府和国家提供一个人类迫切需要的模型。"

（马文杉）

参考文献:

[1][美]加里·海尔,华伦·贝尼斯等. 以人为本——管理大师麦格雷戈论企业中的人性[M]. 海口:海南出版社,2002.

[2][英]休谟. 人性论[M]. 北京:商务印书馆,1980.

[3][美]斯图尔特·克雷纳. 管理大师50人——影响世界进程的管理大师[M]. 海口:海南出版社,2000.

劳动力的收入取决于培训量的时间长度

　　雅各布·明塞尔,当代美国著名经济学家,是出生于波兰的犹太裔人,在青少年时代移居美国,1950年获得亚特兰大埃默里大学文学学士学位,1957年获得哥伦比亚大学经济学博士学位,他在芝加哥大学进行博士后研究,并成为设在纽约的国民经济研究局的研究人员。1962年任哥伦比亚大学经济学教授,此后除在芝加哥大学、耶路撒冷的希伯莱大学和斯德哥尔摩经济学院短期讲学外,他一直在该校工作。1967年明塞尔当选为美国统计协会会员,1975年成为计量经济协会会员,1972—1976年他是美国经济协会美国人口普查顾问委员会委员,1977年后担任《经济学与统计学评论》副主编,1979年后担任《教育经济学评论》副总编。他是美国艺术与科学研究院院士,美国经济学会资深会员,2000年又当选为美国国家科学院院士。明塞尔的主要论著收入了两卷本的《雅各布·明塞尔论文集》(第一卷《人力资本研究》,第二卷《劳动供给研究》)。这些论著提出了现代人力资本理论,全面奠定了这种理论的基础,成为人力资本理论的经典著作。他的另一本重要著作是1974年出版的《教育、经验与收益》。明塞尔对现代经济学的主要贡献,是他自20世纪50年代末以来与其他几位经济学家一起开创并系统地发展了人力资本理论与分析方法。人力资本理论与方法,就是运用现代经济学的基本分析工具(成本与收益分析,供给与需求分析,等等)研究人力资本生成与发展的过程以及人力资本发展对经济运行过程的影响。人力资本理论的建立对战后经济学的发展有极为重要的影响,它成为经济发展、教育经济、收入分配、劳动经济学等领域的基础,也推动了20世纪80年代之后新增长理论的建立。

　　从人力资本理论发展的历史看,舒尔茨第一篇人力资本的论文《对人力资本的投资》1961年发表于《美国经济评论》,贝克尔第一部人力资本著作

《人力资本》出版于 1964 年。明塞尔第一篇人力资本论文《人力资本投资与个人收入分配》是他 1957 年完成的博士论文,1958 年发表于《政治经济学杂志》。正因为如此,著名经济思想史专家马克·布劳格(Mark Blaug)公正地指出:"雅各布·明塞尔在西奥多·舒尔茨和加里·贝克尔之前发现了人力资本理论,但该理论的创造人却通常被认为是后者。"当然,作为谦和的经济学家,他们三人并没有像牛顿和莱布尼茨争夺微积分的发明权那样,无聊地去争夺人力资本的发明权。他们共同努力使人力资本理论有了今日的辉煌。我们在阅读舒尔茨和贝克尔的著作时会发现他们都大量引用了明塞尔的著作。"劳动力的收入取决于培训量的时间长度"这一命题是明塞尔在 1958 年发表的《人力资本投资与个人收入分配》一文中提出来的。

　　明塞尔率先运用人力投资的方法研究收入分配。他指出,经验表明,现实中收入分配的差别主要不是表现为各种职能收入的差别,而是表现为个人收入之间的差别。对于这种收入差别,以往的一些理论(诸如强调"阶级"的社会学模型、强调"机会"的概率论模型等等)未能给予令人满意的说明。而从人力投资(或培训)的视角则可以对此给出有说服力的解释:在自由选择的条件下,每个人基于收入最大化而进行的不同人力投资(或培训)决策,决定了他们之间收入分配的格局。这样,人力投资的概念以及人力资本分析方法便被正式引入经济理论之中。

　　明塞尔把个人收入差别归因于接受正规教育、在职培训和工作中经验积累形成的人力资本差别,并把受教育年限作为衡量人力资本投资的最重要标准,建立了说明人力资本投资与个人收入之间关系的人力资本收益率模型。该模型用参加培训(或受教育)的年数表示人力投资量,因而进行人力投资便意味着收入的迟延。在均衡的条件下,将要求具有不同人力投资量的个人的终生收入流的贴现值均相等,因此,人力投资量越大的人其年收入便越高,这种收入上的不均等显然是对于人力资本投资在收益上的补偿。这一模型为将个人收入分配问题置入人力资本的理论框架奠定了基础。明塞尔还提出了人力资本收入函数。收入函数是对于收入剖面的一种数学和经济计量学的表述,而收入剖面反映的是随着年龄变化年收入移动的轨迹。明塞尔的收入函数明确地将人力投资区分为学校教育投资与学校教育以后的投资诸如在职培训两个方面,并分别用教育年数与工作经验年限来表示这两种变量。这样,通过建立一种多元函数,便可以分别对教育投资收益率、职业培训收益率以及净投资期等进行求解和估计,这对于更全面系统地考察人力投资与收入分配之间的内在联系具有重要理论与经验分析意义,它随后成为这一领域广泛使用的一般方法。

明塞尔的另一突破性贡献是载于 H. G. 刘易斯编辑的《已婚妇女加入劳动大军》上的文章:《劳动经济学的一些方面》。他最先把非市场的家庭经济行为与市场行为结合起来,从这两种活动的替代关系分析了家庭中特别是已婚妇女的劳动供给问题。指出对妇女而言,工资增长的替代效应(用劳动代替闲暇)大于收入效应(收入增加,增加闲暇减少劳动),因此,妇女参加工作比率提高。此外,他还用工作经历的间断性所导致的经验年限减少来解释妇女工资相对于男性偏低的现象,矫正了通常关于这个问题的性别歧视观点。他以家庭行为中的机会成本因素来解释家庭规模以及人口统计转变等等。他根据企业职业培训的差别解释了美日两国劳动流动的差异性。此外,他还对实施最低工资及其后果问题给予了新的经济学分析。

在承认某种教育—收入关系的现实的情况下,一些批评者也对关于教育将会促进单个人的市场活动(特别是认识上的)技能的解释提出了疑问。这些批评并不相信工资差别能够显示生产力的差别。金蒂斯批评道,学校教育所提供的是认识上的知识,而不是社会化的知识。但同时也有学者的研究却表明,不仅工资率的差别,而且连生产力上的差别也都是与贯穿各地区或企业的劳动力教育程度差别相联系的。教育对于总的经济增长的潜在贡献并不仅仅是一种猜想。明塞尔不断拓展其最初的理论建树和研究成果,围绕收入分配、劳动市场与家庭决策等领域进行了一系列富有成效的人力资本分析的探索,推动和促进了现代人力资本理论的发展。他的研究既有理论模型,又有资料的实证分析,其研究结论影响到经济理论与政策制定。

(马文彬)

参考文献:

[1] [美]雅各布·明塞尔著,张凤林译. 人力资本研究[M]. 北京:中国经济出版社,2001.

[2] [英]马克·布劳格著,吴雅杰等译. 20 世纪百名经济学巨匠[M]. 北京:中国经济出版社,1992.

人与职业相互匹配

约翰·霍兰德是美国约翰·霍普金斯大学心理学教授,美国著名的职业指导专家。他于 1959 年提出了具有广泛社会影响的人业互择理论。他以自己从事职业咨询的经验为基础,通过对自己职业生涯和他人职业道路的深入研究,首次提出了其职业选择理论,阐述了个性与环境类型相匹配的思想,提出了"人与职业相互匹配"这一命题。霍兰德的职业选择理论,实质在于劳动者与职业的相互适应。霍兰德认为,同一类型的劳动者与职业互相结合,便是达到适应状态,结果,劳动者找到适宜的职业岗位,其才能与积极性会得以很好发挥。

在其后的几十年中,霍兰德和其助手对该理论又进行了多次补充和修订,形成了一套系统的职业指导模式,包括个性与职业类型的划分、职业分类类型鉴定表等。个人可以通过自我评定来发现自己的个性类型并依据个性类型来选择相应的职业。1973 年霍兰德名著《做出职业选择》问世,在这本书中霍兰德全面表述了他的职业选择理论。

职业指导理论的先驱是美国的弗兰克·帕森斯,早在 20 世纪初帕森斯的职业指导理论就已确立并影响至今。1909 年帕森斯著作《选择一个职业》的出版标志着职业指导理论的正式产生。帕森斯明确阐明职业选择的三大要素或条件:(1)应清楚地了解自己的态度、能力、兴趣、智谋、局限和其他特征;(2)应清楚地了解职业选择成功的条件,所需知识,在不同职业工作岗位上所占有的优势、不利、补偿、机会和前途。(3)上述两个条件的平衡。帕森斯的理论内涵即是在清楚认识、了解个人的主观条件和社会职业岗位需求条件基础上,将主客观条件与社会职业岗位(对自己有一定可能性的)相对照,相匹配,最后选择一个与个人匹配相当的职业。同时期对职业选择和职业指导理论作出重大贡献的还有工业心理学的创始人明斯特伯格,他认为职业选择应主要考虑一个人的动机、知识、能力三方面因素,并确定以哪种因素为主。特性与因素理论是最早出现的职业选择理论,该理论所提出的职业选择方法至今仍为人们广泛接受和采用。但是这个理论过于简单,它所依赖的技术基础——心理测验并不能准确、全面地反映个性心理特征,尤其是各特性之间相互作用的心理结构;该理论只是将职业选择的过程理解为个体单向的选择过程,忽视了职业选择固有的双向性。因此霍兰德提出的人业互择理论渐渐成为主流。

霍兰德以人们对与职业相关的量表的回答为依据,提出了四种假设:(1)在当今文化中,绝大多数人属于以下六种类型之一,即现实型、调查型、艺术型、社会型、企业型和传统型。(2)在当今社会中,存在着六种与人格类型相一致的职业环境类型,当同种类型的人聚集在一起时,他们就会产生一种他们这一类型的典型的环境。(3)人们寻找那些能够施展自己才能、充分表达情感态度和价值观、承担满意角色的职业环境。(4)职业行为取决于个人的人格与职业环境特征之间的相互作用。

霍兰德描述了六种类型的人格划分及其相应职业。(1)现实型的人格喜欢有规则的具体劳动和需要基本技能的工作。现实型的职业包括技能性和技术性职业。(2)研究型的人格喜欢智力的、抽象的、分析的、推理的、独立的定向任务。研究型的职业包括科学和技术方面的职业。(3)艺术型的人格喜欢通过艺术作品来达到自我表现,爱想象,感情丰富,顺从,有创造性,能反省。这类人往往缺乏办事人员的能力。艺术型的职业包括艺术、音乐以及文学的职业。(4)社会型的人格喜欢交往,乐于出席社交场合,关心社会问题,愿为宗教或审计署工作,对教育活动感兴趣。社会型的职业包括教育和社会福利方面的职业。(5)企业型的人格性格外倾,爱冒险,喜欢担任领导角色,具有支配、劝说、使用语言技能的工作定向,企业型的职业包括管理和销售方面的职业。(6)传统型的人格喜欢系统的有条理的工作任务,具有实际的、良好控制的、友善的、相当保守的特点。传统型的职业包括办公室人员、会计、秘书等。霍兰发现,尽管大多数人的人格类型可以主要划分为某一类型,但个人又有着广泛的适应力,也就是说,经过努力,有些人还可能适应其他职业类型。

霍兰德所划分的六大类并非是并列的、有着明晰边界的,人们通常倾向于选择与自我职业兴趣类型匹配的职业环境,如具有现实倾向的个体希望在现实型的职业环境中工作,以便最大限度地发挥个人的潜能。但是在职业选择中,个体并非一定要选择和自身兴趣类型完全相对应的职业环境。一则因为个体本身是多种兴趣类型的综合体。二则因为影响职业选择的因素是多方面的,不完全依据兴趣类型,还要参照社会的职业需求以及获得职业的现实可能性。最为理想的职业选择就是个体能找到与其人格类型符合的职业环境。

霍兰德的职业选择理论主要从兴趣的角度出发来探索职业指导的问题。他明确提出了职业兴趣的人格观,使人们对职业兴趣的认识有了质的变化。霍兰德把对职业环境的研究与对职业兴趣个体差异的研究有机地结合起来,而在霍兰德的职业兴趣类型理论提出之前,二者的研究是相对独立进行的。霍兰德的理论还提出,兴趣是描述人格的另一种方法,是职业选择中一个更为普遍的概念。在霍兰德的理论中,人格被看做是兴趣、价值、需求、技巧、信仰、态度和学习个性的综合体。就职业选择而言,兴趣是个体和职业匹配的过程中最重要的因素。霍兰德以职业兴趣理论为基础,先后编制了职业偏好量表和自我导向搜寻表两种职业兴趣量表,作为职业兴趣的测查工具。直至目前,霍兰德职业兴趣理论是最具影响力的职业发展理论和职业分类体系。

霍兰德的理论涉及了人职匹配的过程,但这一过程被描述得过分简单和机械,例如一个人的选择方向是由他最相近的人格类型所决定的,如调查型——科学家。人格类型虽然受遗传的影响,但最重要的还是受后天的教育实践等环境因素影响,但是霍兰德的理论忽视了"社会"这一因素,没有具体分析职业选择中个人心理因素、心理因素与社会因素之间相互作用的关系,也忽视了对个人心理因素和个性的形成发展过程的研究,所以他的职业指导和选择是建立在六种想象的人格类型和职业类型上,显得这一匹配过程太机械。职业意识的产生是一个长期连续的发展过程,因而职业选择并不是在面临择业时通过当时的人格和职业环境的分析才有的单一事件,而是一个发展过程,不能机械地把人格类型和职业环境匹配起来。新的职业指导理论开始考虑环境对人的塑造和组织的作用,强调个性与工作环境、团队、社会的整合作用。

（马文彬）

参考文献：

孙彤,李悦主编. 职业设计与优选人才[M]. 济南:山东人民出版社,1995.

管理职业生涯发展阶段

唐纳德·萨柏是美国著名的职业学家,是职业研究领域一位里程碑式的大师。他最重要的贡献是提出了职业生涯发展理论,这一理论得到了职业学家们的普遍支持,成为职业生涯研究领域的理论基础。1953 年,萨柏提出了其职业发展理论的 10 条基本内容,1957 年又扩展成了 12 条,形成了一套完整的职业发展阶段模式,由此提出了"管理职业生涯发展阶段"这一命题。

职业发展理论是职业生涯理论中最重要的内容。在萨柏之前,美国著名职业问题专家金兹伯格根据对实证材料的研究,首先提出了职业发展理论。在金兹柏格的理论中,青年的职业选择观念可以分为三个阶段,即他们的职业性成熟程度分为三个阶段。(1)空想期亦即幻想期,处于 11 岁之前的儿童时期。(2)尝试期:11 ~ 17 岁,这是由少年儿童向青年过渡的时期。有职业兴趣,但不仅限于此,更多地和客观地审视自身各方面的条件和能力;开始注意职业角色的社会地位、社会意义,以及社会对该职业的需要。(3)现实期:17 岁以后的青年年龄段。即将步入社会劳动,能够客观的把自己的职业愿望或要求,同自己的主观条件、能力以及社会现实的职业需要紧密联系和协调起来,寻找合适于自己的职业角色。金兹伯格的职业发展论,事实上是前期职业生涯发展的不同阶段,也就是说,是初就业前人们职业意识或职业追求的变化发展过程。

萨柏对于职业发展的分析,比金兹伯格的学说更进一步和更为详细,他经过二十多年的大量实验研究,提出了人一生完整的职业发展阶段模式。萨柏认为,(1)人是有差异的。人的才能、兴趣和人格各不相同,人们因自己的上述特性而各自适应于若干种职业。各种职业均具有一套对于人的才能、兴趣和人格要求的特定模式，但是职业与人均有一定的改变余地。职业生涯模式的不同性质，是由人们不同的家庭地位与经济状况、个人智力水平与人格特征，以及个人的机遇所决定的。（2）职业选择与调适是一个持续过程。这是由于人们对于职业的偏爱和资格、人们的生活与工作情境，以及人们的自我概念，都会随时间和经验而改变。这个变化过程可以用一系列生活阶段来表示，每一个阶段又可依次划分为几个次阶段。

萨柏将职业生涯发展分为五个阶段：（1）成长阶段：从出生至 14 岁。个人在这一阶段，自我概念发展成熟起来。初期时，个人欲望和空想起支配作用，其后对社会现实产生注意和兴趣，个人的能力与趣味是次要的。成长阶段又可以分为"空想期"、"兴趣期"和"能力期"三个小的阶段。（2）探索阶段：从 15 岁至 24 岁。个人在学校生活与闲暇活动中研究自我并进行职业上的探索。探索阶段是人生道路上非常重要的转变时期，它可以分为暂定期、过渡期和试行期。（3）确立阶段：从 25 岁至 44 岁。就职以后的人发现真正适合于自己的领域，并努力试图使其成为自己的永久职业。这一阶段初期，有些人在岗位上"试验"，若不合适就改为其他职业。以后人们都在某个职业岗位上稳定下来。这一阶段又可以分为试行期和稳定期。（4）维持阶段：从 45 岁至 64 岁。这一阶段人们主要是要保住现有的职业位置，按既定方向工作。极少数人会冒险探索新领域，寻求新的发展。（5）下降阶段：65 岁以下，是精力、体力减退时期，也是人们逐步退出职业劳动领域的时期。这样，人的职业成长、探索、固定、维持、衰退各个阶段的总和，便构成一连串的人生阶段。

萨柏认为，职业发展过程具有可塑性。职业性发展的过程，从根本上说，是一种完成自我概念的过程，这是一种折中、调和的过程。是人们把自身放入社会的职业角色的过程。一个人工作的满意（进而是生活的满意）程度，视个人的才能、兴趣、人格特征和价值观能否找到对应的归宿，或者视上述各方面的适应程度而定。萨柏指出，职业性发展的各个阶段可以通过指导而加以改善。这里既包括培养人的职业才能与职业兴趣，使人达到成熟；也包括帮助人在职业选择上的试选择和帮助人的自我概念的发展。

萨柏提出可以用"职业成熟度"来衡量个人为职业选择而做准备的状况。所谓"职业成熟"，是指与个人年龄相匹配的职业行为的发展程度和水平。萨柏认为,一些年轻人的职业成熟度低是因为他们尚处于发展阶段,他们应该进行进一步的探索,以克服职业选择中的困惑,减少不确定因素,最终做出明智而现实的选择。

萨柏的职业发展理论系统性极强,具有相当大的合理性,该模式具有重要的实践意义,为职业指导计划奠定了科学基础。职业指导人员可以依据被指导者不同的职业发展阶段和特征进行不同重点的指导。目前,西方国家从幼儿园到十二年级的职业指导计划基本上是以萨帕的职业发展阶段模式为基础的。但萨帕是以美国中产阶级白人作为自己的研究对象的,因而,其职业发展阶段的年龄划分及具体特征和发展内容的表述不一定适合其他国家其他阶层和文化的人们。

萨柏主要研究的是职业生涯发展,但它仍是一种匹配理论。匹配方法是其理论的基础和出发点,在这种方法中个人需要同时考虑他们自己的特点和职业所要求的特点,个人与职业相匹配,表达自己的爱好做出选择,并通过获得必要的培训和发现合适的工作机会,来试图实现这些选择,因此该理论具有静态性质。但由于个人和环境都在变化,人职匹配也不是一次就可以完成的,因而单纯以匹配方法作为职业指导的基础也是不充分的,必须注意职业选择的动态性、发展性。

萨柏的职业发展理论基本上是一种心理学理论,其关注焦点是选择和配合个人。对此,有些学者持不同观点。如瑞典高级研究员乌拉·卡恩认为:"职业指导是一项系统的甚至是学科间的活动。"日本近藤大生教授认为:"围绕职业的问题,由于同人的教育和人的形成关系密切,所以需要充分利用人文科学和社会科学的有关原理,进行跨学科的综合研究。"萨柏在后期注意到了社会因素对职业选择和职业发展的影响,将影响决定择业的因素分为两大类,一类为个体决定因素,包括兴趣、能力、价值观等个体化因素;另一类是环境决定因素,如社会结构和经济条件。

20世纪70年代末期,学者将职业发展阶段的研究重心开始转移到组织情境下的发展。也有学者开始表示对职业发展阶段理论的怀疑,罗斯汀指出:"通向高目标的选择和发展的有序类型证据较少,而通过随机应变策略打开机遇大门的职业生涯模式得到更多的数据支持。"这使职业发展阶段理论处于尴尬境地。面对无序的职业发展,有序的职业转变过程研究成为回避无序性的出路。尼古拉斯主张两种模式的个体并存。并存意味着在某些人身上表现出有序特征,另外一些人更富有机会主义。尽管后者没有规划,但不乏用足够的洞察力和控制力来对不久的将来做出适时决策。

（马文杉）

参考文献:

［1］［美］托马斯·G. 格特里奇等. 有组织的职业生涯开发［M］. 天津:南开大学出版社,2001.

［2］孙彤,李悦主编. 职业设计与优选人才［M］. 济南:山东人民出版社,1995.

［3］. Super,D. E. (1980). A life-span, life-space approach to career development［J］. Journal of Vocational Behavior,13,282－298.

人力资本投资是效益最佳的投资

　　西奥多·W. 舒尔茨,美国著名经济学家。1902 年生于美国南达科他州。1930 年毕业于威斯康星大学,获得博士学位。1943 年后任教于芝加哥大学,1972 年退休后被聘为芝加哥大学荣誉教授。舒尔茨从北美洲和南美洲的大学获得过许多名誉学位。1972 年他获得美国经济协会助弗朗西斯·A. 沃克奖;1976 年,又荣获国际农业经济协会的伦纳德·埃尔姆赫斯特奖。他将发展经济学与农业经济学结合起来,开展了农业发展经济学的研究,因此 1979 年与 W. 阿瑟·刘易斯同获诺贝尔经济学奖。主要著作有《不稳定经济中的农业》(1945 年)、《论人力资本投资》(1960 年)、《改造传统农业》(1963 年)和《经济成长和农业》(1968 年)、《报酬递增的源泉》(1993 年)等。

　　舒尔茨在长期的农业经济研究中发现,促使美国农业产量迅速增长的重要原因已不是土地、劳动力或金融资本存量的增加,而是人的知识和技能的提高。同时,他发现工人工资的大幅增长中有一部分尚未得到解释,他将这一部分归功于人力投资的结果。于是,1960 年,舒尔茨在一次著名的经济学会演说中首次明确提出了人力资本的概念,指出由于人力资本这个第三要素的存在促成了经济更大幅度的增长。舒尔茨指出“经济发展主要取决于人的质量,而不是自然资源的丰瘠或资本存量的多寡”,从而建立了“人力资本”理论,提出了“人力资本投资是效益最佳的投资”这一命题,指出人的知识技能是投资的结果,一国欲获得经济产出的较大增加,必须进行大量的教育投资。

　　一直以来,传统的经济理论都是以物质资本为中心,但是到 20 世纪中叶，随着科学技术在生产领域得到越来越广泛的运用，传统的资源禀赋学说不能解释像日本、德国这样资源相对贫乏的国家何以能从二战废墟中迅速崛起，以及美国对外贸易结构中存在的所谓"里昂惕夫之谜"，舒尔茨的人力资本理论就是在这样的背景下应运而生的。舒尔茨指出传统的资本概念是不完整的，资本不仅包括物质资本，还应该包括体现在人身上的人力资本。如此，舒尔茨就彻底扭转了以物质资本为中心的传统经济理论，对经济发展的动力做了全新的阐释，使经济学研究的范围为之豁然开朗。

在舒尔茨的定义里，人力资本是相对于物质资本，体现在人身上的，可以被用来提供未来收入的一种资本，指人类自身在经济活动中获得收益并不断增值的能力，表现为知识、技能、体力（健康状况）价值的总和。一个国家的人力资本可以通过劳动者的数量、质量以及劳动时间来度量。在舒尔茨看来，经济增长依赖于物质资本和劳动者数量增加的观点是片面的。当代劳动生产率得以迅速提高，是人力资本不断增加的结果，人力资本投资是经济增长的主要源泉。舒尔茨认为，经济的增长主要取决于人口质量的提高，而"人口质量主要是人在后天获得的能力，它包括知识、技能、文化水平、创新能力等"。他明确指出："人类的未来不是预先由空间、能源和耕地所决定的，而是要由人类的知识发展来决定的。"

那么人力资本如何形成？舒尔茨认为关键是要对其进行投资。这种投资包括教育与培训、医疗与保健、鼓励劳动力流动、引进高素质移民等。其中，教育和培训的投资是最重要的途径，它可以提高劳动者的技术水平、熟练程度，从而促进经济增长。因而在人力资本投资中，舒尔茨特别强调教育投资，把它作为人力资本投资的核心。另外，舒尔茨深刻地分析了人力资本投资的收益，他认为投资于人，比投资于机器、厂房等物质资本，收益高得多。舒尔茨对1929—1957年美国教育投资对经济增长的关系作了定量研究，得出如下结论：各级教育投资的平均收益率为17%；教育投资增长的收益占劳动收入增长的比重为70%；教育投资增长的收益占国民收入增长的比重为33%。也就是说，人力资本投资是效益最佳的投资。

舒尔茨是从探索经济增长和社会丰裕的秘密而逐步踏上研究人力资本道路的。在舒尔茨之前，人力资本概念已存在很长时间。亚当·斯密曾提出一个国家全体居民的所有后天获得的有用能力都是资本的重要组成部分，

"在社会的固定资本中,可提供收入或利润的项目,除了物质资本外,还包括社会上一切人学得的有用才能。这种优越的技能,可以和职业上缩减劳动的机器工具作同样的看法,就是社会上的固定资本"。德国历史学派先驱李斯特进一步发展了这一观点,他在抨击古典学派将体力劳动看做是唯一生产力的观点时,提出"物质资本"与"精神资本"概念。他认为由物质财富的积累形成的资本是物质资本,由人类智力成果积累而成的资本是"精神资本"。但人力资本概念产生以后,由于金融资本和物质生产资料是当时生产中的决定性因素,人力资本并未引起人们足够的重视。舒尔茨的人力资本理论在扩展和丰富传统的资本理论的过程中,把最具活力的因素——劳动力质量纳入了资本范畴,从而带来了资本理论、增长理论和收入分配理论的革命性变化,使人在物质生产中的决定性作用得到复归,为人类经济社会的可持续发展提出了一条全新的思路。阿罗于1962年发表的《边干边学的经济含义》一文提出了"边干边学"的著名理论,则是上述理论的补充。1964年,贝克尔发表了《人力资本》,提出了较为系统的人力资本理论框架,进一步发展了人力资本理论,使之成为系统而完整的理论体系。

当然,人力资本理论也引起了诸多争议,人力资本中的"资本"一词与传统资本概念的区别没有得到应有的重视。有学者认为,资本泛化对现有的经济理论造成了混乱,使得投资、消费等概念之间的界限十分模糊,给诸多研究工作带来了困难。另外,将经济因素看作人类行为的唯一动因,过分夸大了经济利益在社会活动中的作用,与现实情况差异较大。英国的马克·布劳格在《经济学方法论》中指出人力资本研究框架是以方法论上的个人主义为特征的,也就是说,它认为所有社会现象都应追溯到它们的个人行为基础。在舒尔茨、贝克尔和明塞尔看来,人力资本的形成典型地是由个人根据他们自己的利益所采取的行动而引起的。布劳格说:"从其各种可能性说,人力资本研究框架绝不会覆灭,但它会逐渐衰落,为新的理论所吞并,这就是教师和学生、雇主和雇员,实质上也就是所有买主和卖主当他们的个人品性对完成交易十分重要,但有关这些品性的信息又处于不确定情形下时,他们相互选择的理论。"

20世纪80年代以后,以"知识经济"为背景的"新经济增长理论"在西方国家兴起,与舒尔茨采用新古典统计分析法不同,"新增长理论"采用了数学的方法,建立了以人力资本为核心的经济增长模型,克服了20世纪60年代人力资本理论的一些缺陷。当前,随着整个经济社会由传统经济向知识经济演进步伐的加快,人力资本理论的现实意义越来越突出,人力资本理论的完善与发展也需要更多学者的研究。

(马文彬)

参考文献:

[1][美]西奥多·W. 舒尔茨. 人力资本投资[M]. 北京:商务印书馆,1990.

[2][英]马克·布劳格著,吴雅杰等译. 20 世纪百名经济学巨匠[M].北京:中国经济出版社,1992.

[3][英]马克·布劳格. 经济学方法论[M]. 北京:北京大学出版社,1990.

[4][美]亚当·斯密. 国富论[M]. 北京:商务印书馆,1997.

对人的领导是最重要的中心工作

伦西斯·利克特，美国现代行为科学家。1903 年出生于美国怀俄明州，获得密执安大学文学学士学位；后至哥伦比亚大学攻读研究生课程，获得理学博士学位。后留校执教并从事科研工作。1946 年获得自由奖章；1955 年在伊利诺斯大学的市场专题讨论会上获得"保罗·D. 演说奖"；1961 年获得"詹姆斯·汉密尔顿学院管理奖"。他是在领导学和组织行为学领域卓有影响的密执安大学社会研究所的创始人和首任领导者。他的主要著作包括《管理的新模式》(1961 年)、《人的组织因素测量》(1971 年)、《人群组织：它的管理及价值》(1967 年)以及与简·吉布森·利克特合著的《管理冲突的新途径》(1976 年)等。

利克特对管理思想发展的贡献主要在领导理论、激励理论和组织理论等方面，着重于行为科学的理论研究，尤其对管理模式的人事方面有深刻研究。他在参加考证企业领导模式的"密执安研究"过程中，形成了行为科学理论中的"支持关系理论"。"对人的领导是最重要的中心工作"是利克特在 1961 年出版的《管理的新模式》一书中首先提出来的，该书系统阐述了"支持关系理论"和以工作集体为基本单元的新型组织结构，后来利克特又在此基础上于 1967 年提出了领导的四系统模型。

利克特认为，在所有的管理工作中，对人的领导是最重要的中心工作，其他工作都取决于它。之所以不同企业的生产率有差异就是因为各企业领导人所采用领导方式的不同。利克特和他的同事经过大量调查研究，认为在 20 世纪 60 年代，高效企业和政府部门由于环境的变化，正在创造一种不同于 20 世纪 50 年代管理系统的新的管理方式，其核心是如何有效地管理企业的人力资源。这种新型管理系统通常具有以下特征：（1）组织成员对待工作，对待组织的目标，对待上级经理采取积极和合作的态度；他们互相信任，与组织融为一体。（2）组织的领导者采用各种物质和精神鼓励的办法调动员工的积极性。首要是让员工认识到自我的重要性和价值。（3）组织中存在一个紧密而有效的社会系统。（4）对工作集体的成绩进行考核主要是用于自我导向，不是单纯用作实施监督控制的工具。参与式管理和集体决策要求所有成员分享考核的结果和其他资讯，否则很容易导致敌对态度的出现。在这种观察的基础上，利克特等认为员工导向的领导方式与高的群体生产率和高满意度成正相关，而生产导向的领导方式往往与低的生产率相关。

在这种管理系统中，组织成员的态度是至关重要的。利克特提出的"支持关系理论"就指出：领导以及其他类型的组织工作必须最大限度地保证组织的每个成员都能够按照自己的背景、价值准则和期望所形成的视角，从自己的亲身经历和体验中确认组织与其成员之间的关系是支持性的，组织里的每个人都受到重视，都有自己的价值。如果在组织中形成了这种"支持关系"，职工的态度就会很积极，各项激励措施就会充分发挥作用，组织内充满协作精神，工作效率当然很高。支持关系理论实际上要求让组织成员都认识到组织担负着重要使命和目标，每个人的工作对组织来说都是不可或缺、意义重大和富有挑战性的。只有这样才能使职工感到自己的存在价值，并激发参与感。在此基础上，利克特于1967年提出了领导的四系统模型，即把领导方式分成四类系统：剥削式的集权领导、仁慈式的集权领导、协商式的民主领导和参与式的民主领导。他认为只有第四系统——参与式的民主领导才能实现真正有效的领导，才能正确地为组织设定目标和有效地达到目标。

利克特的管理新模式将参与式管理作为企业比较有效的管理系统和制度，其实用性和优越性在现实一些绩效出众的企业中得到了验证。而在此基础上提出的领导系统理论也在实践中得到推广。多年以后，利克特在回顾领导理论发展时，断言他所主张的第四系统已经获得广泛应用和验证。大约在密执安大学对领导方式展开研究的同一时期，美国俄亥俄州立大学的研究者弗莱西曼和他的同事们也在进行关于领导方式的比较研究。他们总结了领导方式的关怀维度和定规维度，由此将领导方式分成了四种基本类型，认为理想的领导行为是高关怀高定规的。其后，美国德克萨斯大学的布莱克和穆顿提出了关于培养领导方式的管理方格论，划分了81种领导类型。但是这些领导行为模式把注意力集中在领导者与员工的关系上，却很少考虑这种关系发生的情境。后来的研究者针对这种忽略而提出了不同的权变模式。费德勒的权变理论强调要根据不同的情境选择与之相适应的领导方式;保罗·赫西和肯尼斯·布兰查德的领导生命周期理论认为,领导行为以情境中领导者提供给下属的关系(支持)与任务(指导)行为的数量多少为基础;同时,关系或任务行为的数量又是以追随者完成任务所需的准备程度为基础的。该模式指出领导者应该选择与下属的准备水平相匹配的风格。弗洛姆和加戈在1988年发展起来的时间驱动领导模式集中在管理者在决策过程中的领导角色上。

利克特在他的研究中也指出,管理过程极为复杂,有些领导方式在一定场合非常有效,在其他场合就未必有效。领导方式和领导行为的效果不仅仅取决于领导行为本身,还与被领导者的工作性质、生活经历、价值观念、人际关系以及他们对领导者的主观印象等一系列环境因素相关。所以,实行管理和领导是一个比较和适应的过程。有效的领导者总是根据被领导一方的思想和情感随时调整自己的行为方式。具体的领导方法不可能到处适用,但有普遍意义的一般领导原则还是存在。只是必须将这些原则与实际情况和实际对象结合起来,必须敏锐地觉察别人的情绪和期望。

目前,在领导行为有效性研究中,后期的研究基本上都是沿着权变的思路展开的,交易型、魅力型、转换型等最新的模式都是权变模式的拓展,只不过所强调的权变因素随着时代的变化、研究的深入、实践的不同而有所不同。现在研究者们从强调领导者个人的特质与行为,转向于越来越强调组织本身的特点(如组织结构与组织文化等)、领导者和下属的互动、领导者自身的能力与人格魅力(在能力上尤其强调领导者的"软性"领导能力)、具体的任务情境等因素的作用,适宜的领导风格也越来越与这些因素相关联。应该看到,情境永远是权变的,领导者应对不同情境使用不同的领导风格具有清醒的意识,要不断审察,没有一套普遍适用的"领导规则"。

(马文彬)

参考文献:

[1]孙耀君.西方管理学名著提要[M].南昌:江西人民出版社,1995.

[2]封新建,肖云.世界管理学名著速读手册[M].北京:企业管理出版社,2001.

企业愿意进行特殊培训
而不是一般培训

　　加里·贝克尔,美国著名经济学家,1930 年出生于美国宾夕法尼亚州波茨敦,1951 年获得普林斯顿大学学士学位,1953 年和 1955 年分别获得芝加哥大学文学硕士和哲学博士学位。他曾于 1967 年获得美国经济学协会著名的约翰·贝茨·克拉克奖,并于 1974 年担任了该会的副会长;1987 年任美国经济学协会会长;1989 年任蒙特·佩尔兰协会副会长;由于"他把微观经济分析的领域扩大到包括非市场行为的人类行为和相互作用的广阔领域",于 1992 年获诺贝尔经济学奖。主要代表论著有:《歧视经济学》(1957 年初版,1971 年再版)、《生育率的经济分析》(1960 年)、《人力资本》(1964 年初版,1975 年再版)、《时间配置论》(1965 年)、《婚姻理论》(1973,1974 年)、《对人类行为的经济学探讨》(1976 年)、《家庭论》(1981 年)和《教育、劳动力质量与经济》(1992 年)等。

　　贝克尔对经济学的贡献主要在于他将经济理论的领域扩大到以前属于其他社会科学如社会学、人口学和犯罪研究的人类行为方面。他最早地运用新古典经济学理论,对劳动力市场中的收入差异现象进行了分析,并通过对时间配置的分析,提出了新家庭经济学中的一些观点,对诸如婚姻、犯罪、人口出生率、教育子女等问题做出了权威性的解释。总之,贝克尔几乎使经济学的法则和理论渗透到人类行为的各个主要方面,被称为"帝国创建者的经济学家"。在人力资本研究方面,贝克尔从家庭和个人的角度出发,做了许多开创性研究工作,奠定了人力资本理论的微观经济学基础,并使之数学化,同时把人力资本观点发展为确定劳动收入分配的一般理论。"企业愿意进行特殊培训而不是一般培训"这一命题就是贝克尔在 1964 年《人力资本》一书的分析中提出的。

如果说舒尔茨对人力资本的研究可看作教育对经济作用的宏观分析的话,贝克尔则主要从微观进行分析。贝克尔在《人力资本》一书中,分析了正规教育的成本和收益问题,还重点讨论了在职培训的经济意义,也研究了人力资本投资与个人收入分配的关系。贝克尔首次用传统的微观均衡分析方法建立了人力资本投资均衡模型。贝克尔认为人力资本与物质资本投资一样,与个人未来收入之间是存在着紧密联系的,在假设每个家庭(或个人)都追求效用最大化的基础上,贝克尔证明了在人的生命周期的某个阶段,人力资本投资的均衡条件为:"人力资本投资的边际成本的当前价值等于未来收益的当前价值。"

在人力资本投资各种形式中,贝克尔重点考察在职培训,他认为,企业对职工进行培训会降低现期收益,并使现期支出增加。然而,如果这种培训可以大幅度提高企业的未来收益,或可以使企业的成本明显下降,企业将乐于提供这种培训。贝克尔划分了两种不同类型的培训方式:"一般培训"和"特殊培训"。贝克尔指出"一般培训在提供这种培训之外的许多企业都是有用的"。在竞争的劳动力市场上,任何一个企业所支付的工资率都是由其他企业的边际生产力所决定的,完全一般性培训将对许多企业有用,而且所有这些企业的边际产品都可以按同样的幅度增加,所以工资率和边际产品增量完全相同,而提供这种培训的企业也就得不到任何收益。参加培训的员工是唯一的受益者。理智的企业只有要求员工支付全部培训成本,才可能提供一般培训。在没有信贷约束和流动性约束的情况下,员工可以理性地选择培训水平以获得最大收益,而企业一般培训投资行为也可达到社会最优水平。一般培训对收入与年龄之间的关系有重要的影响。贝克尔指出:"受过培训的人在培训期间将得到较低的收入,因为在这段期间要为培训付出代价,而在以后的年龄中可得较高的收入。"

特殊培训则是指接受这种培训的职工只能通过掌握的特殊技能提高本企业的生产率而无益于其他企业。贝克尔认为在特殊培训的情况下,"企业必须支付培训费用,因为没有一个理智的雇员会对他没有好处的培训支付费用。企业将以利润更多的形式得到这种培训的收益,利润的增加来源于更高的生产率,无论收益多少——按适当的比例贴现——只有在收益至少等于成本时,企业才会提供培训,长期竞争的均衡要求收益的现值完全等于成本"。

贝克尔对一般培训进行了启发性的理论分析,为以后企业培训的研究提供了理论基础。但贝克尔理论中隐含的一个假设前提就是,员工经培训能够快速胜任相应的工作并发挥其最大作用。也就是说,潜在的雇主拥有员工培训的全部信息。卡茨等人则认为,这一假设是不现实的,他们修正了完全竞争市场上培训信息对称的假设,认为培训信息不对称性会影响企业进行一般培训的行为。另外,关于正规学校教育、保健等其他人力资本投资形式,贝克尔也都提出了自己独到的见解。

贝克尔始终坚持这样的信念:即经济学家的标准假设"经济人"能够解释人类行为的所有方面。正是基于这种信念,使贝克尔对经济学的发展作出了独特的贡献。在对人类行为进行研究的时候,贝克尔试图去揭示影响和决定人们行为方式的经济底蕴。他认为,自己所采用的研究方法适用于所有人类行为的研究。在阐述这种研究方法时,贝克尔解释说:它的核心是"追求最大化行为、市场均衡和稳定的偏好这一系列假定。这些假定在理论分析的过程中贯穿始终"。贝克尔认为,在最大化动机的背后,最终起作用的是自然选择原理。把经济理论与自然选择原理结合起来,就可以解释最大化行为的支配地位。在贝克尔看来,在许多人类非经济行为决策的场合,经济法则依然发挥着重要的作用。当预算既定时,人们的行为总是要追求效用最大,只是在非经济行为决策时,这一点表现得不那么直接明显罢了。尽管最终起决定作用的依然是自然选择的原理,然而隐含在其中的经济利益动机却是不容忽视的。

社会学家邓肯·麦克雷对贝克尔的方法论有深刻印象,但认为其主要弱点是其中的某些变量存在着测度困难,例如犯罪的非物质成本等等。许多评论家认为,尽管贝克尔使用的方法是聪明的,但终究是空洞的。有批评者指出,贝克尔本人所进行的真正的经验研究是很少的,甚至他所使用的一套分析技术是相当幼稚的。但是正如拉卡托斯曾经说到的,一种"进取的"科学理论体系区别于"衰退的"体系的地方在于它创造性地对所有信息和问题做出反应的能力,以及对迄今还未被考虑的领域提出有意义的新的假想的能力。从这个方面来衡量,贝克尔的方法确实可以认为是成功的。加里·贝克尔的方法为经济学辞典提供了新的语汇,他的理论尤其体现了一种在这个学科中堪称仅有的富有想象力的方法。在经济学这样一个特别强调稀缺性的领域中,这种想象力本身正是一种最稀缺的资源。不管人们如何评价他广阔的想象力驰骋,他在人力资本、家庭经济学以及犯罪与惩罚经济学方面所进行的研究,确实取得了坚实的成果。

（马文彬）

参考文献:

[1][美]加里·S. 贝克尔. 人力资本[M]. 北京:北京大学出版社,1986.

[2][美]加里·S. 贝克尔. 人类行为的经济分析[M]. 上海:上海三联书店,上海人民出版社,1995.

[3][英]J. R. 沙克尔顿,G. 洛克斯利. 当代十二位经济学家[M]. 北京:商务印书馆,1992.

报酬是重要的，但人们更关注报酬的公平性

约翰·斯达西·亚当斯，美国著名的行为科学家，行为科学公平理论的创始人。亚当斯的主要著作有：《工人关于工资不公平的内心冲突同其生产率的关系》（1962 年，与罗森鲍姆合写）、《工资不公平对工作质量的影响》（1964 年，与雅各布森合写）、《社会交换中的不公平》（1965 年）等。公平理论侧重于研究工资报酬分配的合理性、公平性及其对职工生产积极性的影响。

亚当斯对工资报酬分配的合理性、公平性等给职工积极性带来的影响进行了长期的调研。他从认识失调论出发，于 1965 年提出了公平理论，提出了"报酬是重要的，但人们更关注报酬的公平性"这一命题。公平理论认为，职工的工作动机，不仅受其所得报酬的绝对值的影响，而且还受到报酬的相对值的影响。所谓相对值是指个人所付出的劳动和其所得到的报酬与他人的进行横向比较所得到的结果，也指个人目前付出的劳动与自己过去的进行纵向比较所得到的结果。由于分配公平主要是指人们对分配结果的公平感受，所以亦被称为结果公平。

亚当斯公平理论认为公平是激励的动力。亚当斯认为，人能否受到激励，不但由他们得到了什么而定，还要由他们所得的与别人所得的相比是否公平而定。这种理论的心理学依据，就是人的知觉对于人的动机的影响很大。该理论指出，一个人不仅关心自己所得和所失的本身，而且还关心他们与别人所得和所失之间的关系。人们是以相对付出和相对报酬来全面衡量

自己的得失的。如果得失比例和他人的相比大致相当,人们的心理就会平静,他会认为这是公平合理的而心情舒畅;比别人高,则会令其兴奋,也会产生最有效的激励,但有时过高会带来心虚和不安全感的激增;低于别人,人就会有不安全感,产生不平静的心理,甚至满腹怨气,不努力工作,消极怠工。因此,分配合理性常是激发人在组织中工作动机的因素和动力。

亚当斯的调查和试验的结果表明,当员工感到不公平时,他们可能会采取以下几种做法:(1)通过自我解释(如曲解自己的或别人的收支比率),主观上造成一种公平的假象,进行自我安慰;(2)选择另一种比较基准(如另一个员工或自己历史上的另一个时期)进行比较,以便获得主观上的公平感;(3)采取行动改变别的员工的收支比率,如要求领导把别人的报酬降下来或增加别人的劳动投入等;(4)采取行动改变自己的收支比率,如要求领导给自己增加报酬或减少劳动投入等;(5)发牢骚,消极怠工,制造矛盾或另谋高就。

亚当斯的公平理论提出后,在西方企业界流行甚广,它所揭示的人们产生不公平感的原因及规律是客观存在的,消除人们的不公平感的确有助于积极性的调动。研究人员用公平理论解释与行为有关的各式各样的工作,诸如对办公室职位的分配、降低薪水和解雇等行为的反应。尽管早期的公平理论测试是在实验室中进行的,但更多的最新研究发现,在各种工作场合下寻求对公平理论的支持是成功的。为了试图提炼公平理论,并把该理论扩展到社会生活的方方面面(超出亚当斯所假定的工作背景),沃尔斯特和伯斯凯特建议把公平理论作为社会行为的一般理论,例如,他们用公平理论解释婚姻生活、浪漫关系和父母孩子关系等行为。

但是,公平理论本身存在着一定的缺陷,这使得该理论的实际应用只是停留在一般的分析上。首先,公平本身是一个相当复杂的问题。公平与否,都是人的主观感觉,在很大程度上取决于人对客观事物的认识水平、价值观念、行为准则等因素,缺少客观的衡量标准。由于公平理论是建筑在人的主观意识基础之上的,没有客观的平衡标准,因此其实际应用受到限制。其次,付出的劳动与获得的报酬不易计量。付出的劳动从内容上讲是相当广泛的,劳动量的大小及价值高低,不仅取决于劳动的时间、强度、环境,而且还要涉及劳动者的资历、经验、学识、技术水平、工作能力及效率等因素,以及在这些条件下所取得的成果等。同样,获得的报酬也是多种多样的,有物质方面的也有精神方面的。这两个指标都难以量化,缺乏可比性,这导致了公平理论难以在实际中得到应用。另外,公平理论强调的是个体之间的横向与纵向比较所产生的公平感与不公平感,它们受个人价值观念的影响很大。事实上,无论采取多么有效及完善的措施,也无法使每一个人总感到公平。显然,为了增强公平理论的应用性,还应当从整个群体角度去研究和建立新的公平。1977 年,美国组织行为学权威约翰·B.迈纳博士的一项关于对公平理论的重要研究——"关于组织行为科学理论的效度及实用性的评估"表明,公平理论效度属于高档,而实用性属于低档。

研究人员发现,如何使群体内的绝大多数人都感到公平,是管理者所追求的目标。这就引出了对公平的过程进行研究,也就是采用什么制度和方法来保证公平感的产生。不少研究证明,人们不但关心决策结果是否公正,而且非常关心决策过程的公正性。如果员工认为企业的决策程序是公正的,即使决策结果对自己不利,员工往往也会接受这些结果。20 世纪 70 年代中期开始,学术界开始重视对程序公正性的研究。与强调决策的公平理论相比,程序公正理论用来检验制定决策的过程的影响。1975 年,瑟保特和沃尔克研究了法律程序中的公平问题,提出了程序公平的概念,认为只要人们有对过程控制的权利,不管最终结果如何,人们的公平感都会得到显著增加。1980 年,莱文瑟尔等人把程序公平的观点应用到组织情境中。程序公平模式认为,当雇员认识到用来制定关于结果的分配方面的决策的程序是公平的时候,他们会受到更多的激励,会更卖力地工作。雇员受到激励,就会去实现决策制定过程中的公平以及决策自身的公平。

后来,格林伯格又提出互动公平的概念。互动公平可以分成两种:一种是"人际公平",主要指在执行程序或做出决定时,权威或上级对待下属是否有礼貌、是否考虑到对方的尊严、是否尊重对方等;另一种是"信息公平",主要指是否给当事人传达了应有的信息,即要给当事人提供一些解释,如为什么要用某种形式的程序或为什么要用特定的方式分配结果。

组织公平感的形成是管理者追求的目标,对员工之间良好的关系的建立、组织的发展有重要意义。公平感是一种主观感受,是每一个人价值计算标准下的一个主观结果,要想保证组织公平感的形成,就要在组织内部倡导公平、公开、公正的管理氛围,在信息不对称的情况下,企业需要借助规章制度的力量,尽量实现过程公平,同时加强同员工的沟通,减少不公平感的产生。而公平感的改善,将最终取决于个人价值的优化。

(马文彬)

参考文献:

[1][英]奈杰尔·尼科尔森. 布莱克韦尔组织行为学百科辞典(中文版)[M]. 北京:对外经济贸易大学出版社,2002.

[2]孙伟,黄培伦. 公平理论研究述评[J]. 科技管理研究,2004(4),102－104.

卓有成效的管理者善于用人之长

　　彼得·F. 德鲁克,美国著名管理学家,1909 年 11 月 19 日出生在奥地利维也纳,祖籍荷兰。1929 年后在伦敦开始做新闻记者,同时半工半读,于1931 年在德国法兰克福大学获得国际法学博士学位。1937 年移居美国,曾在一些银行、保险公司和跨国公司任经济学家与管理顾问,终生以教书、著书和咨询为业,被称为“大师中的大师”。他著述颇丰,主要著作有:《经济人的末日》(1939)、《工业人的未来》(1942)、《公司的概念》(1946)、《管理实践》(1954)、《为结果而管理》(1964)、《卓有成效的管理者》(1967)、《不连续的时代》(1967)、《管理:任务、责任和实践》(1973)、《旁观者》(1979)、《面向新经济》(1981)、《创新与企业家精神》(1985)、《管理的前沿》(1987)、《非营利机构的管理》(1990)、《后资本主义社会》(1993)、《剧变时代的管理》(1995)、《21 世纪的管理挑战》(1999)等。德鲁克在《哈佛商业评论》发表论文 30 篇以上,其中 6 篇获管理学论文最高奖——麦肯锡奖。“只要一提到彼得·德鲁克的名字,在企业的丛林中就会有无数双耳朵竖起来倾听。”为纪念其在管理领域的杰出贡献,他任教的克莱蒙特大学管理研究院以他的名字命名。2002 年,彼得·德鲁克获得了美国公民的最高荣誉——美国“总统自由勋章”,颁奖仪式上对德鲁克的评价是:“彼得·德鲁克大量的著述,使我们的国家极大地获益,并且深刻地影响和改变了我们的社会以及现代商业世界。美国上下将共同庆祝他的卓越成就。”

　　在德鲁克从记者到管理大师的职业生涯中,他以商学院教授、企业顾问、策划咨询等身份,广泛涉猎了经济学、心理学、数学、政治理论、历史及哲学等众多知识领域。他所具有的不断学习的精神、广博的知识基础、独特的思维方式使他能够达到常人所不能达到的思想高度,冷峻地俯瞰和分析组织及组织管理的变迁。德鲁克如此阐述管理的本质:"管理是一种实践,其本质不在于'知'而在于'行';其验证不在于逻辑,而在于成果;其唯一权威就是成就。"他所提出的影响最为深远的理论是"目标管理",在他看来:管理者的工作基本点就是完成任务以实现公司目标,指导和控制管理者的是行动目标而不是他的老板。相对于多数强调具体处事方式的管理学家,他认为,管理者的眼光、奉献精神和诚实决定了管理水平,其次才是方法。"卓有成效的管理者善于用人之长"这一命题是德鲁克在 1966 年出版的《卓有成效的管理者》一书中首次提出的。事实上,这是第一部讨论管理者工作有效性的著作。

企业为什么要有管理者,因为只有管理者扮演的角色是将企业分散的资源融合并创造产品。德鲁克认为在未来社会,在机器人代替人工情况下,工人会过剩、失业,但管理者不会。德鲁克研究"有效的管理者",可追溯到二战期间,多年之后,他才第一次将他所做的观察加以综合。德鲁克对这一论题进行了有计划的研究:我们为什么需要有效的管理者? 谁是管理者? 管理者工作中面临的有哪些现实问题? 有效性是可以学会的吗? 什么是有效的管理者所做而一般人所不做的,又有些什么是一般人常做而有效的管理者所不做的。

什么是管理者? 德鲁克认为,在一个现代的组织里,"管理者"并不仅限于 CEO、CFO、CTO 等,任何一个经过协调资源创造绩效的人都是管理者。在倡导知识经济的时代,管理者更多是以知识工作者的身份出现的。不论职位的高低,凡是身为管理者,就必须力求卓有成效。因为,虽然智力、想象力及知识都是我们重要的资源,但是,资源本身所能达成的是有限的,唯有"有效性"才能将这些资源转化成成果。德鲁克指出"有效性是可以学会的,而且也是必须学会的。有效性不是与生俱来的,而是一种学而后能的本领"。

德鲁克认为,成功的管理者,不是一开始就问"我想做什么?",而是要从"我需要做什么?"这一问题中找到正确的起点。然后接着问,"在那些我能发挥作用的事项中,哪一件或哪一些是我所擅长的?",他们从来都不勉为其难。同时还要确保其他相关工作也要井然有序。他们也并不害怕别人在某些方面会胜他们一筹。美国钢铁大王安德鲁·卡耐基的墓碑上镌刻着这样一段文字,"这里长眠着一位善用他人所长的人"。德鲁克由此对管理者给出了一个忠告,"不要在自己不擅长的领域充当专家"。去不断巩固和发挥自己的优势和长处,同时把你身边的人放在适合发挥他们长处的位置上。德鲁克指出,管理不应该是管理人,管理的任务应该是领导人,管理的目标是激发每一个人的潜能和知识。管理者是用来帮助人发挥长处的。一个高度发达的工业社会,经济上最迫切需要的,莫过于发挥知识员工的生产性,"卓有成效的管理者知道,他们的职责是使人的长处具有生产力"。成功的管理者应该是善于思考的人、善于行动的人、善于用人的人、善于高瞻远瞩的人。"为了实现目标,管理者必须懂得如何充分地使用一切现有的力量,包括周围同事的力量、上级的力量以及自己的力量。运用好这些力量可以给你带来真正的机会。"同时,"若想运用某人的长处,那你也得容忍他的短处"。

德鲁克通过自己的研究和观察,提出了管理者要做到有效性所需要的条件,他认为要成为有效的管理者必须养成五种思想习惯:(1)知道把时间用在什么地方;(2)重视对外的贡献;(3)善于利用长处;(4)集中精力于少数主要的领域;(5)善于做出有效的决策。

事实上,德鲁克之所以被誉为"现代管理学之父",除了在他以前还没有人对"管理"进行过系统的、可以形成一门完整学科的研究之外,另一个重要原因是,过去的研究着重于如何提高体力劳动者的生产率,而德鲁克所做的研究及取得的成果,重点转向了如何提高现代社会中知识工作者的生产率,特别是如何提高管理者的工作成效。德鲁克写道:"当一名管理者,并没有什么值得自豪的,因为管理者与其他千千万万人一样,都是做他自己应做的工作。即使已成为一位卓有成效的管理者,我们仍然还有更高的人生境界。"

在知识经济条件下,我们发现,信息挑战、知识工作者的生产率和自我管理形成了如下思想体系:每一个人都是管理者,同时也是知识工作者;在信息时代,每一个知识工作者和管理人员都要参与信息系统的设计,自主决定他们需要哪些信息;科学而富有成效的决策会提高知识工作者的生产效率;在生产之外,知识工作者还将面临人生这个伟大事业的管理。

(马文彬)

参考文献:

[1][美]彼得·F.德鲁克.卓有成效的管理者[M].北京:机械工业出版社,2005.

[2][美]彼得·F.德鲁克.管理实践[M].上海:上海译文出版社,1999.

[3][美]斯图尔特·克雷纳.管理大师50人——影响世界进程的管理大师[M].海口:海南出版社,2000.

知识员工将成为公司最重要的资产

　　预见未来的困难在于必须独辟蹊径。多数学者和咨询专家都安于成规。而彼得·F.德鲁克却是在这方面的遥遥领先者。他展望未来,许多预见已被证明是正确的。"知识员工将成为公司最重要的资产"这一命题是德鲁克在他1969年出版的《不连续的时代》中提出来的。该书是德鲁克对未来思考的巅峰之作。他在书中有力地勾勒出那种以大批量、密集劳动力为基础的生产方式的没落和以知识为基础的信息时代的到来。

　　事实上,德鲁克早在1959年就提出了知识劳动、知识工作者、知识社会和知识经济等全新概念。在《不连续的时代》一书中,德鲁克创造了"知识员工"个词。根据德鲁克的定义,知识员工属于那种"掌握和运用符号和概念,利用知识或信息工作的人"。这是一种有着全新思想、聪慧的操作者,是受过高级培训、极具智慧的管理专家,他时刻认识到自己对公司独有的价值和贡献。德鲁克彻底摒弃了那种认为管理者只是一个监督者或只会纸上谈兵的论调。管理者被赋予新生,成为担负起责任的个人。"知识工人不是什么体力劳动者,当然也就不能算无产阶级了;但他也算不上剥削阶级,因为他还要听命于他人。他获得薪金,对此的回报是根据自己的学识,行使个人分析判断能力和承担领导的职责。"德鲁克如是说。这段关于管理作用精髓的绝妙概括,直到今天才开始为人所接受。从这个概念出发,当前的很多中层经理、管理者和专业技术人员都属于知识员工。他们通过自己的创意、分析、判断、综合、设计给产品带来附加价值。德鲁克断言,下一个社会是知识社会,知识工作者是劳动力的主要群体。这个新的知识经济将会非常依赖知识工作者。知识工作者作为追求自主性、个性化、多样化和创新精神的群体,传统的人力资源管理方法已经无法有效地对其进行激励与管理。

　　德鲁克并不是突然意识到管理者的任务已经发生了根本性的变化。实际上,关于知识员工的基本思想,在 20 世纪 50 年代出版巨著的《管理实践》中就有所描述,德鲁克认为,人力资源与其他资源相比具有其与众不同的特征,即人力资源具有协作、整合、判断及想象的能力。只有管理者的价值观、动机和期望三者结合在一起,才能促成企业成功。德鲁克发表在《哈佛商业评论》上的《新型组织的出现》一文中指出:"20 年后的企业,尤其是大型企业,将无可选择地要以信息为基础。导致这种变化的原因有很多,其中一个是统计学意义上的,即员工队伍的重心从体力员工迅速转向知识型员工。"德鲁克认为,这些以知识为基础的企业组织,虽然也在生产和制造产品,但其组织形态和整个商业模式都将发生巨大变革。企业组织将更倾向于采用专家型的结构,"这些专家根据来自同事、客户和上级的大量信息,自主决策、自我管理","传统部门的职责将发生巨大变化,主要负责标准维护、人员培训和工作分配,而不具体处理事务。"这意味着组织权力的分散化,必然要求从传统的高度集权的"命令——控制型"组织结构转变为以知识员工为中心的扁平型的信息化组织结构。值得一提的是,德鲁克提出了利用知识再生产知识的观点。德鲁克从人类运用知识的历史考察中得到了他的结论。德鲁克指出,知识被应用于工具导致了工业革命,知识被应用于劳动产生了科学管理并引发了生产率革命。而后现代知识正在被应用于再生产知识,这一变化预示着以知识为基础的社会正在到来。德鲁克的这种知识社会观构成了他对社会结构变迁和组织管理问题分析的基础,也形成了他自己独特的知识(社会)论观点。

　　随着知识社会的发展,管理及管理者的含义都在发生变化。知识管理所要求的管理者,是善于获取知识和应用知识的人。要求最大限度地把掌握和利用知识作为提高组织竞争力的关键。用维娜·艾莉的话说就是:"知识管理者能极大地帮助人们更深刻地自我反思他们本身的知识处理。他们还能发展和完善支持技术和内部结构。他们能起到导游和导航员的作用,帮助人们获得知识来源,并促进他们相互之间的交流。"

　　今天,知识员工已逐步发展成为现代社会中的一个新兴阶层,成为企业组织中的一个特殊团体。知识管理、智力资本和其他等等已成为企业最时兴的潮流。我们有关知识员工的现代观点是技术时代的产物。知识很容易等同于计算机处理能力和企业数据库规模。德鲁克向我们提供了一种特征明显、更宽泛的观点。他将管理进化中知识员工的崛起看做是一条令人生畏的和有影响的原则。德鲁克生前发表的最后一篇论文是刊登在《哈佛商业评论》2005 年 1—2 月号上的《管理自我》。在文中，德鲁克再次强调，知识经济到来后的成功属于那些知道自身能力、价值和如何才能做得最好的人们。但是随着机会的如期来临，今天的企业却不能管理他们员工的职业生涯。知识员工必须有效地成为他们自己的"行政长官"。

经济、外交、历史、哲学、教育、宗教、艺术、政治评论、科技发展……德鲁克的知识已远远超出一个管理学家要求拥有的，也因此，他善于把管理问题置于社会的大环境中考察，举重若轻、从容不迫，当更多的人就管理说管理的时候，他站在社会和历史的高端，鸟瞰众生，静静地旁观，默默地思考，因此，他看到了未来，比任何人更早。

（马文彬）

参考文献：

[1][美]彼得·F. 德鲁克. 管理实践[M]. 上海：上海译文出版社，1999.

[2][美]彼得·F. 德鲁克. 后资本主义社会[M]. 上海：上海译文出版社，1999.

[3] Peter F. Drucker. The Age of Discontinuity [M]London：Heinemann，1969.

[4][美]维娜·艾莉. 知识的进化[M]. 珠海：珠海出版社，1998.

测试胜任力而非智力

戴维·麦克利兰,美国著名心理学教授。1917年生于纽约,1938年获得韦斯利安大学心理学学士,1939年获得密苏里大学心理学硕士,1941年获得耶鲁大学心理学博士学位。曾至韦斯利安大学、康涅狄格女子学院、布林·莫尔学院等校执教。1956年后就任哈佛大学心理学教授,兼任麦克伯公司董事长。经常赴欧洲、亚洲各国讲学并担任美国及外国政府机构的顾问。麦克利兰一生得过许多奖,1987年曾获得美国心理学学会杰出贡献科学家奖。主要著作有:《成就动机》(1953)、《有成就的社会》(1961)、《意识的根源》(1964)、《激励经济成就》(1969年,与戴维·温特合写)、《权利:内心体验》(1975),比较重要的论文有《成就动机是可以培养的》(1965),《渴求成就》(1966),《权力的两面性》(1970)、《测试胜任力而非智力》(1973)等。

在研究管理实践的文献方面,很少有学者能像麦克利兰那样有那么大的影响。在他的著作中,有四个直接与管理有关的主题。一个是创造了人类动机理论和一个支持性和启发性的实证基础,特别是提出了对成就、归属和权力的需要及领导动机模式。第二个主题是给动机改变下定义,建立这个理论的实证支持并在世界范围内激励、指导和坚持个人、社区组织和国家在这方面的应用项目。第三主题是测试和投射法的发展,如主题统觉测试、行为访谈和主题分析测试,这些都已在研究和应用中使用。第四个主题是工作能力的研究,以方法和应用的方式把人的能力和在许多职业中的工作表现联系起来,适用范围从科学家到社会工人,从秘书到经理,从教士到海军上将。"测试胜任力而非智力"这一命题就是麦克利兰在 1973 年的一篇论文中提出来的,很快就得到了学术界和企业界的响应。

20 世纪 70 年代,泰罗的理论基本被否定,而以智力测评、能力测评为中心的人才测评理论越来越受到人们的质疑,美国心理学界当时已有报告指出:传统的智力测评和人格测评在预测工作绩效方面有很大局限。麦克利兰创立的 Mcber & company 接到美国政府甄选 FSIO 的项目,经过大量深入的实证研究后,麦克利兰发现:传统的人才测评不仅不能预示工作绩效的高低和个人生涯的成功,而且其方法常常对妇女、社会低层人士、少数民族不尽公平,真正影响个人绩效的是诸如"成就动机","人级理解","团队影响力"等一些特征。基于此,麦克利兰提出胜任力的概念,并建立了冰山胜任能力模型,从品质和能力层面论证了个体与岗位工作绩效的关系。

在麦克利兰看来,胜任力是指与工作或工作绩效或生活中其他重要成果直接相似或相联系的知识、技能、能力、特质或动机。在他的冰山模型中,知识与技能属于表层的胜任力特征,表露于水面之上,很容易发现;社会角色、自我概念、人格特质和动机等,属于能力、态度与意识类深层的胜任力特征,隐藏在水下,很难发掘与描述。麦克利兰认为个体的态度、价值观和自我形象、动机和特质等潜在的深层次特征,将某一工作(或组织、文化)中表现优秀者和表现一般者区分开来。这些区别特征后来被称作胜任能力,认为胜任能力是决定工作绩效的持久品质和特征。例如,绩效出众者具有较强的判断能力,即能够发现问题,采取行动加以解决,并设定富有挑战性的目标。关于胜任力,麦克利兰总结了以下五个特点:(1)了解绩效的最好途径是观察人们实际上做了什么而取得成功(即胜任力),而不是依靠基于智力之类的潜在特质和特性的假定。(2)测量和预测绩效最好的办法是让人们表现出你想要测量的胜任力的关键方面,而不是实施一个测验来评估潜在的特质和特性。(3)胜任力是可以学习和发展的,与此相反,特质和特性是遗传获得的,并且很难改变。(4)胜任力是可见的、可理解的,人们可以理解并发展出达到绩效所必需的胜任力水平。(5)胜任力和有意义的生活结果联系在一起,这些有意义的生活结果描述了人们在现实世界里一定会表现的方式,而绝非是只有心理学家才能理解的深奥的心理特质或构造。

胜任力概念自提出以来,理论研究和应用随即风靡美、英、加等西方国家,并成为 20 世纪 80 年代一个前沿的管理理念,许多世界著名的公司,如 AT&T、IBM 等都建立了自己的胜任特征体系。从 20 世纪 90 年代至今,这一理念和方法在西方国家掀起应用的狂潮,许多以胜任特征建模服务为主要业务的咨询公司创建和构造了各种胜任特征模型数据和通用胜任特征字典。麦克利兰领导的项目小组在 20 世纪 70 年代为美国政府建立的 FSIO 胜任模型中有三种核心胜任特征:(1)跨文化的人际敏感性;(2)人的积极期望;(3)快速进入当地的政治网络。虽然经不断修改和开放,直到今天美国政府仍然将这三种胜任特征作为选拔 FSIO 的主要依据。在麦克利兰的研究成果基础上,其他管理研究者和实践者对胜任力的概念进行充实提升,形成了目前的基于胜任力的人力资源管理体系。

波业兹对 12 个工业行业的公共事业和私营企业 41 个管理职位的 2000名管理人员的胜任特征进行了全面分析,得出了管理人员胜任特征的通用模型,并且分析了不同部门,不同行业,不同管理水平的胜任特征模型的差异,提出管理者胜任特征模型包括六大类特征群(目标和行动管理、领导、人力资源管理、指导下属、关注他人、知识)以及 19 个子胜任特征。普拉哈拉德提出了团队核心胜任力,本质是使组织在环境中有竞争力,认为组织核心胜任力有三个可辨别的成分:(1)提供进入变化市场的潜能;(2)对终端产品的有意义的贡献;(3)对竞争者来说很难模仿的竞争优势。

胜任力的一个十分重要的作用在于建立基于胜任能力的职业发展体系。企业可以依据不同专业、层次的胜任素质模型建立本专业、本层次的职业发展通道,最终形成一个科学合理的各专业序列的职业发展通道体系。通过对现有任职人员的胜任能力评估,企业可以发现每一个个体的能力优势和弱项,从而找到组织整体的能力短板,然后有针对性地制定能力培养发展计划,以各种培养手段提高个体乃至组织整体的专业能力。

目前,胜任力的理论和应用研究正处于百花齐放的阶段。已有学者指出,未来的胜任力发展,不再是个体或组织的胜任力发展,而是一种网络化的发展,不仅辨别和发展个体胜任力,而且把个人胜任力以及组织胜任力作为招聘、挑选、评估、薪酬和职业政策的起点。当人的胜任力的获得和维持与商业战略的革新结合在一起时最有效,发展高级管理者、部门管理者和员工之间的网络化胜任力已经成为必然。高层管理通过战略管理辨别核心胜任力指导组织；部门管理通过胜任力管理激发和挑战员工、规范他们的才能；个体员工目的在于以卓越的方式完成某项职责的所需的个人专业能力和胜任力。

（马文彬）

参考文献：

［1］［英］马尔科姆·沃纳 主编. 管理大师手册［M］. 沈阳：辽宁教育出版社,2000.

［2］McClelland. Testing for competence rather than for intelligence［J］. American Psychologist, 1973(28).

［3］陈云川,雷轶. 胜任力研究与应用综述及发展趋向［J］. 科研管理,2004(6),141－144.

开发职业锚

　　埃德加·H. 施恩，美国麻省理工大学斯隆管理学院教授，著名的职业生涯管理研究者。1928 年 3 月 5 日生于瑞士苏黎世，1947 年获得芝加哥大学文学学士学位，1949 年获得斯坦福大学文学硕士学位，1952 年获得哈佛大学社会心理学哲学博士，1952—1956 年在美军中任军官，1956 年以后任麻省理工学院教授。1988 年被美国心理协会咨询部和美国培训与发展学会评为"年度咨询师"。其主要研究范围是管理者的职业发展和社会化过程，以及组织文化和领导。施恩的理论在美国社会心理学界和组织行为学界有着广泛而深入的影响。主要著作有：《职业动力论：使个人和组织的需要相匹配》、《组织文化和领导》、《过程咨询》、《职业锚：发现你真正的价值》、《组织心理学》等。

　　施恩的研究主要涉及四个方面：组织文化；组织的学习和变革；职业动力学和过程咨询。施恩在 1978 年出版的《职业动力论》（中译名为《职业的有效管理》）一书中率先从职业发展观出发，勾勒出了个人与组织相互作用的基本图式，为我们认识个人成长和发展、组织发展与变革、管理角色与管理功能等领域的一系列问题提供了有效的工具。该书由于首次提出了"开发职业锚"这一命题而成为职业生涯开发与管理的经典著作。

　　施恩通过研究个体的社会化过程和心理契约的形成，致力于寻求个体需要和组织要求的结合点。他认为个人的职业目标是自己收集个人活动信息的结果，而这种信息主要来源于两方面：实际工作经验和自我评价。个体依此来评价企业提供工作机会与自己职业设计的匹配程度，这种对话机制的建立是企业人力资源规划和开发系统中的中心环节，它关系到公司人力资源管理政策的成效。施恩对 44 名 MBA 学生进行了长达 10 ~ 12 年的纵向追踪研究,调查中发现尽管个人的工作经历不尽相同,但他们在解释自己职业决策时的原因却存在相似点。由此他提出了职业锚概念,即"自我认知的天赋与动机和坚信不疑的基本价值观的组合,它代表了你真实的内在",是一种指导、制约、稳定和整合个人职业决策的自我观。这种自我观包括三个部分:(1)自省的才干和能力(以各种作业环境中的实际成功为基础);(2)自省的动机和需要(以实际情境中的自我测试和自我诊断的机会以及他人的反馈为基础);(3)自省的态度和价值观(以自我与雇佣组织和工作环境的准则和价值观之间的实际遭遇为基础)。职业锚概念比价值观的涵义要宽泛,它强调了在实际工作中的形成过程,以及在这一过程中外界环境的反馈作用,强调了个体能力、动机和工作价值观的互动作用。在这一过程中,个体从一系列职业选择的偶然性,体现出从不适应、无法满足需要的工作环境向更和谐环境移动的必然性,在实践中不断地选择、认知、定位和强化,这就是"职业锚"的形象表现。

职业锚是个人经过搜索所确定的长期职业定位,是通过个人的职业经验逐步稳定、内化下来;当个人面临多种职业选择时,职业锚是其最不能放弃的自我职业意向。施恩提出了八种类型的职业锚:专业技术能力型、管理能力型、自主/独立型、安全/稳定型、创造型、服务型、纯挑战型、生活型。每种职业锚都对应着一些典型的职业,但是绝对不能仅从个人目前的职业来判断其职业锚。某种类型的职业锚可以有多种"外部"职业(具体的职业形式),而某种"外部"职业也可以对应有多种不同类型的职业锚。例如对于咨询师来说,既有可能是自主/独立型的职业锚,也可能是技术/职能型的职业锚。

在施恩提出职业锚理论之前,美国职业指导专家霍兰德曾经提出职业性向六边形理论。认为每个人的个性都可以划分为一定的类型,职业和个性一样也能划分成相应的类型。目前社会上的职业类型可以划分成六种:实际型、研究型、艺术型、社会型、事业型和传统型。职业锚和职业性向最大的不同在于:一个人的职业性向可能是6种不同类型的组合,但是一个人的职业锚却是单维度的,只能是8种职业锚类型中的一种。如果一个人无法确定自己的职业锚类型,那么很可能是他还没有足够的职业生活经验来建立自己对不同职业锚进行选择的优先权。

施恩认为,就一个人而言,只能有一个最主要的职业基准。当一个人不得不做出选择时,他决不会放弃的正是这项基准所代表的特点。因为职业岗位能同时使很多要求得以满足——在一家家长式风格公司里就职的培训部经理能同时满足专业技术能力、管理能力、自主能力、安全性需要,甚至还有生活方式的基准——很有可能,个人无法清楚地界定他们身上起决定因素的那个基准。然而,当这个基准完全淹没于其他基准的时候——譬如,当以专业技术能力为最主要基准的人被提升到总经理的岗位上,并因此再没有机会满足他的主要基准——他们仍旧可以表现得很好,但他们很有可能会感到他们的心其实并没有投入所从事的这个工作中。

在企业的职业管理中,一个重要的方面就是应该认识到影响员工满意度的因素存在着很强的、非物质性成分,而职业锚理论提供了理解这些因素的一条途径。巴斯认为,这些因素有助于企业采取有针对性的措施,提高职业管理的有效性。德尔则认为,可以根据每种职业锚类型员工的特征,决定职业支持措施的有效性。例如,评价中心技术适合于那些追求技术能力与个人发展的员工;职业咨询更适合于追求安全的员工;而提供不同的职业通路信息则更有利于追求个人职位发展和个人自由的群体等。

在个人的工作生命周期中,或在组织的事业发展过程中,职业锚都发挥着重要的作用。首先,职业锚是个人经过搜索所确定的长期职业定位,它清楚地反映出个人的职业追求与抱负;由于不同员工对职业成功有不同的解释,职业锚则为企业判断员工的职业成功提供了标准。其次,透过职业锚,组织获得了员工个人正确信息的反馈,从而可以有针对性地对员工发展设置可行、有效、通畅的职业通道;个人则因为组织有效的职业通道,自身的职业需要得以满足,必然会深化对组织的情感认同;于是,组织与个人双方相互深化了解,达到深度稳固的相互接纳。第三,由于职业锚是个人职业工作的长期贡献区,相对稳定地长期从事某项职业,必然增长工作经验,也使个人职业技能不断增强,直接产生提高工作效率的明显效益。

应该注意的是,这个概念倾向于识别个人内在的一种稳定的成长区,然而,它不意味着个人停止变化或成长。确切地说,职业锚是允许其他方面的成长和变化的稳定源。职业锚本身也会发生变化。但必须认识到,设计这个概念是为了解释,当我们在更多的生活经验的基础上发展了更深入的自我洞察时,我们的生命中成长着更加稳定的竞争。

(马文彬)

参考文献:

[1][美] E. H. 施恩. 职业的有效管理[M]. 北京:生活·读书·新知三联书店,1992.

[2][英]马尔科姆·沃纳主编. 管理大师手册[M]. 沈阳:辽宁教育出版社,2000.

一流的人才方可造就一流的企业

　　盛田昭夫,日本实业家,索尼公司的创始人。1921 年出生在日本名古屋的一个酿酒家族,1944 年毕业于大阪帝国大学。1946 年,他同索尼公司的另一位创始人井深大合伙创立了东京通信工业公司,1958 年 1 月企业正式以"索尼株式会社"命名。1960 年,索尼公司生产出世界第一台半导体电视机;1965 年,生产了第一台家庭录像机;1970 年,索尼公司成为日本第一家在纽约股票交易所上市的公司;1972 年,又成为日本第一家在美国建厂的公司;80 年代,索尼公司开始出售 Walkman 随身听微型收录机。从此,"日本制造"便成为高品质电器的代名词。在半个世纪的创业发展历程中,索尼始终站在科技进步与物质发展的最前端,堪称世界电子行业的领导者,甚至对许多国家几代人的生活方式产生了深远的影响。盛田昭夫在 1971 年成为索尼公司总裁,并在 1976 年出任会长。1982 年,英国皇家艺术院授予盛田昭夫"阿尔伯特勋章",这在英国乃至世界都是极大的荣誉,在历史上只有爱迪生、居里夫人等为人类科学事业作出巨大贡献的杰出人物才获此殊荣。盛田昭夫的主要著作有:《日本人可以说"不"》、《日本制造》、《学历无用论》等。

　　盛田和索尼公司的历史作为一种工业力量与日本的再生同步进行。"我们在自由的世界里可以做大事。在日本,我们通过把'日本制造'的形象从劣质产品转变到优质产品来证明这一点。"盛田说。当索尼首次企图入侵西方市场时,很难让人忘记日本产品被讥笑为质量最差的产品。克服这一障碍可说是一个巨大的商业成果。在描述他所谓的索尼"先锋精神"时,盛田说:"索尼是一个先驱者,并且从未企图追随其他人。在不断进步的过程中,索尼希望服务于整个世界。它将永远探索未知事物,索尼有一个尊重和鼓励人施展才能的原则,并总是试图发掘出人身上最优秀的东西。这是索尼公司极其重要的力量。"当松下公司等受它的激励追随着它时,索尼用一种令人震撼的步伐制造出一种又一种产品,进行着一项又一项的革新。"一流的人才方可造就一流的企业"这一命题正是盛田昭夫以人为本经营理念的直接体现。

"优秀企业的成功并无任何诀窍,使事业得以成功的,既不是什么理论,也不是什么计划,更不是什么政府的政策,如果说真有什么诀窍的话,那就是——人!"盛田昭夫的这段话,充分表达了他以人为本的经营理念。据此,他制定了"砌石墙"的企业用人制度。所谓"砌石墙"理论,是指石头是有棱有角,形状不规则,砌墙时要根据每块石头的不同形状来安排它们的合适的位置。企业用人也是这样,先录入新职员,然后再观察他们的不同特点,考虑如何发挥他们的最大专长,把他们放在最合适的工作岗位上。这样尽管各个"石头"形状不同,但他们有机地结合在一起,就可以发挥最大的效能。随着"石头"本身的变化和工作任务的变化,有时候还要不断变换"石头"的位置,以保持最合适的安排。盛田昭夫认为,应该鼓励员工的独创精神,不埋没每个人的个性和才能,这样企业才会充满活力。

盛田昭夫很重视员工的实际才能,不搞学历歧视。盛田昭夫曾开玩笑地说过,他真想把公司所有的人事档案全都烧掉,以便使整个公司绝没有学历上的任何歧视。他还在20世纪60年代写过一本书,书名就叫做《学历无用论》,书中他斥责了"唯文凭是用"的做法,而倡导"唯才有用"的原则。正是因为盛田昭夫不拘一格地选拔有真实才能的人,所以索尼公司才得以人才济济。

高明的企业家在于能够充分调动每个员工的积极性,充分发挥每个员工的能力。盛田昭夫常说:"从长远来看,可以这么说,无论领导人多有手段,取得多大的成功,企业的将来归根结底还是掌握在全体职员手中,更进一步说,主宰企业命运的,正是职员们。"盛田常常比较美国企业和日本企业的区别,他曾提到"美国管理者对他们的工人关心太少了"。所以在管理中,盛田昭夫既执法严明,又注意营造一种"大家庭"的意识,使企业的每个人视厂如家,与企业同舟共济,他说:"人并不是单纯为了钱而工作,如果你要发挥人的作用,钱并不是最有效的工具。而应该把他们融为一家,对待他们像对待家人那样。"这种感情投资收到了很好的效果。索尼公司在招聘员工时,都努力使被聘用的人了解公司的意图,把他们当作同事,而不是谋利的工具。索尼不给任何管理者以私人办公室,而是让管理人员与一般人员坐在一起,共同工作,共同休息。

在竞争异常激烈的日本企业界,每个公司都把人的素质看成企业的生命所在。索尼比其他公司更重视人。盛田昭夫如是说:"索尼尊重并鼓励个人才智的发挥。人人适才任用,相信个人发展能力,将潜在能力发挥到极致,这就是索尼最大的力量。"盛田把管理看做是责任的起止点:"如果我们正面对一次经济衰退,我们不应解雇雇员;公司应牺牲自己的一部分利益。这是管理的风险和责任。雇员并没有罪,为什么他们就应该受损失呢?"

盛田昭夫不仅是位伟大的发明家,他还具有商人的眼光韬略,两者完美的结合才创建出如此辉煌的成就。与其他靠科技发展起来的产业集团相比,索尼公司有其独特的经营理念。一般的营销观念认为占领市场就要满足消费者的需求,因此市场调查成为产品开发的主要依据。但盛田昭夫却认为应更看重新技术的发明和新产品的设计开发,用新产品去引导人的消费,成为市场的"先驱者"而不是"追随者"。

盛田昭夫拥有非凡的市场洞察力,在 1960 年代日本企业界尚满足于为美欧大企业贴牌生产时,他使索尼率先把"日本制造"的形象由廉价的模仿品提升为低成本高质量的代名词。盛田在公司一起步就提出了"品牌效应"和"品牌责任"两大全新的概念。这两种概念的核心就是:一提起品牌的名称就想到高质量的产品。这对当年的日本企业界和现今中国企业界都具有宝贵的示范意义。

盛田昭夫最富远见的观点,莫过于晚年提倡的"全球化考虑,本地化入手"的国际化策略,也就是说公司应该有一个跨越国界的共同价值观,为全球的顾客、雇员和股份持有者服务,而不应该看公司起源于何处——这个最高阶段的公司全球化经营的管理哲学不仅使索尼本身在全世界的业务广泛拓展,对提升日本电子工业的国际地位更是居功至伟。

(马文彬)

参考文献:

[1][日]盛田昭夫. 日本造:盛田昭夫和索尼公司[M]. 北京:生活·读书·新知三联书店,1988.

[2]李姗编译. 索尼之父:盛田昭夫经营谋略[M]. 西安:西北大学出版社,2002.

[3][美]斯图尔特·克雷纳. 管理大师 50 人——影响世界进程的管理大师[M]. 海口:海南出版社,2000.

造人先于造物

　　松下幸之助,日本著名企业家,松下电器的创始人。1894 年,松下幸之助出生于日本一户普通农民家庭,1918 年 3 月成立松下电气器具制作所,从而迈出创建巨大事业的第一步。1935 年,将公司改组为股份有限制,1957 年开始在全日本设立销售店,1961 年,辞去董事长职位,就任会长。松下还创立了 PHP 研究所,其宗旨是"透过经济繁荣来追求和平与幸福"。1962 年,美国《时代杂志》将松下幸之助作为封面人物。20 世纪 60 年代至 80 年代,松下幸之助先后四次荣获日本天皇颁发的勋章。尽管经历了二战后被指定为财阀濒临破产及 20 世纪 70 年代日本经济危机等艰难险阻,松下幸之助以其坚韧的意志和超凡的智慧使松下电器走过风雨仍然屹立于世界经济之林。帕斯卡尔和阿索斯在他们合著的《日本的管理艺术》一书中,赞誉松下幸之助是世界级的企业管理天才。松下幸之助同时又是一个畅销书作家,一生出版了60 余本著作,总发行量达 1000 多万册。影响较大的有《我的梦・日本的梦・21世纪的日本》,被学术界认为是剖析日本现实及展望未来的权威著作;松下电器公司成立 60 周年之际,出版了《实践经营哲学》一书。

　　松下认为:"松下电器公司是培育人才的公司,兼而制造电器产品。企业乃社会的公器,有它应负的使命。"为此,松下高度重视人才培养,在用人问题上避免渗透私人感情。正是由于松下重视人才的培养,并把人才的培育与促进企业发展有机地结合起来,极大地提高了工作效率,改善了产品,提高了工作质量,为企业创造了较好的效益。"造人先于造物"正是松下幸之助用人之道的直接反映。他认为,企业是由人组成的,必须强调发挥人的作用。松下指出:"公司要发挥全体职工的勤奋精神,必须使各自的生活和工作两方面都是安定的。因此,'高效率、高工资'是我们公司的理想,虽然不能立即达到,但要尽一切努力促其实现。"

松下的经营理念始终基于人类之繁荣幸福与世界和平。他曾说过："作为制造者和经销商，不能仅仅满足于自身的繁荣。这种繁荣是次要的，重要的是让全社会能够繁荣、富足。"松下认为，企业经营归根到底是为了共同幸福而进行活动，因此，必须深刻认识人的本质，并且根据这种认识去从事工作。这是松下企业经营哲学的基点。企业的使命和正确的经营理念是一致的。松下则认为利润不是企业的最终目的。企业最基本的使命是把物美价廉的产品充分地供应给社会。正是在这个意义上，松下一再强调，企业经营不是私事，而是公事。企业经营的秘诀，不过是顺应"天地自然的规律"去工作而已，这是松下的经验之谈。松下认为，就企业与社会的关系而言，不能只追求一个企业的繁荣，而是应通过企业的经营活动来带动整个社会走向繁荣，与社会共同发展。而企业能否为社会作出贡献，并使自己兴旺发达，关键在于人。因此，在松下看来，在企业经营中首要的是发现人才和培养人才。松下对自己作了这样的介绍："我这个人与其说是实干家，倒不如说是理想者。但一个理想者往往要在现实中失败。经常追求理想的我之所以能够在现实的工作中走向成功，原因主要是在于拥有人才和培育人才的缘故。"

松下公司重视人才、科研和智力开发。当有人问，松下公司最大的实力是什么？松下幸之助回答，是经营力，即经营者的能力。他指出："掌握了经营关键的人是企业的无价之宝。"所以，松下先生强调，在出产品前出人才，在制造产品前先培养人才。在这样的人才观指导下，松下幸之助提出了育才七把钥匙：一、强烈感到培育人才的重要性；二、要有尊重人类的基本精神；三、明确教诲经营理念和使命感；四、彻底教育员工企业必须获利；五、致力于改善劳动条件及员工福利；六、让员工拥有梦想；七、以正确的人才观为基础。松下认为，培育人才最重要的，并不在于方法和技巧，而是人与人之间健全人格的互相接触和影响。

关于使用什么样的人，松下企业有自己的观点。松下认为被挖来的人不一定全部是优秀的。所以松下在人才选拔上，强调还是不要以挖人为主，而应以从内部培养为主。松下公司经常从基层提拔年轻人，在提拔时一定本着"骑上马，送一程"的原则，不是只提升他的职位，还给予各种支持，帮他建立威信。松下公司要求提拔人才时最重要的一点是绝不可有私心，必须完全以这个人是否适合那份工作为依据。松下认为，树立了这种提拔风气，有利于青年的成长，会带动整个公司各个方面的进步。对于人才的标准，松下公司这样认为：不念初衷而虚心好学的人，不墨守成规而常有新观念的人，爱护公司和公司成为一体的人,不自私而能为团体着想的人,有自主经营能力的人,随时随地都有热忱的人,能得体支持上司的人,能忠于职守的人,有气概担当公司重任的人。

松下认为,一个人的能力是有限的,如果只靠一个人的智慧指挥一切,即使一时取得惊人的进展,也肯定会有行不通的一天。因此,松下公司把"集中智慧的全员经营"作为公司的经营方针。为了发挥全体职工的勤奋精神,松下电器公司采取精神和物质双管齐下的办法,激励职工。在精神方面,公司提倡"全员经营",宣传搞好经营是"职员自己的事",职工是松下电器公司的主人翁。在物质方面,既提倡员工为公司做出最大的付出,又为员工创造足够的休闲娱乐时间,使员工有足够的生活满意感。公司采取各种措施,引导职工把公司的事业看成是"自己的事业",从而燃烧起自己的热情,把创业精神用于工作。

松下非常强调培养一个人的人格,认为知识的传授只是教育的第二意义。给成长中的人知识,是给他们兵器,绝不是教育本身。教育的中心,是以培养一个人的人格为第一,至于知识、技术之类,可说是附属的教育。一个具有良好人格的人,工作环境条件好,就能自我激励,做到今天胜过昨天,明天胜过今天,即使在恶劣的环境或不景气的情况下,也能克服困难,承担压力,以积极的态度渡过难关,开辟胜利的新局面。

松下曾在公司内提出七个指导性精神:品质,公正,团队合作,努力工作,谦逊,社会意识,感恩心情。这是属于松下的领导艺术;从日常领悟出发,坚持不懈与员工沟通,由此强化公司凝聚力,并使其在每个工作环节中得以落实。这一点,是当年松下公司或者说日本企业集体振兴的原因之一。

有人这样说:"松下幸之助的伟大,就在于他以人类最高理想照耀其产业,创造出无穷的精神与物质的文明。"松下公司的成功不是因为垄断经营、技术领先或政府眷顾,而是因为他那种融合了东西方双重智慧的治理方式;有时是个深谙赚钱之术的资本家,有时是个身着和服、在深夜中忘却现实的冥想者。

(马文彬)

参考文献:

[1][日]松下幸之助. 松下经营哲学[M]. 天津:南开大学出版社,1986.

[2][美]斯图尔特·克雷纳. 管理大师50人——影响世界进程的管理大师[M]. 海口:海南出版社,2000.

智力资本是创造公司竞争
优势的来源

　　托马斯·A. 斯图尔特,《财富》杂志编辑委员会成员,《商业2.0》资深作家。他在《财富》上的栏目"前沿"已成为关于智力资本和知识管理最重要的论坛。斯图尔特在智力资本方面的探索,以及他在财富杂志上的里程碑般的文章,为他赢得了在这个课题上国际权威的声誉。他的著作已成为在智力资本方面探索的经典。主要著作有:《智力资本:组织的新财富》(1997)、《知识财富:智力资本和21世纪的组织》(2002)。

　　信息和知识是驱动新经济的主要原则,解释智力资本的显著增长成为企业管理者和学者共同研究的课题。智力资本,暗含在经济、管理、技术和社会发展方面,以先前我们并不知道和很大程度难以预见的方式存在。我们强调智力资本的重要性基于以下原因:信息技术的革命和信息社会;不断提升的知识重要性和基于知识的经济;人际关系活动的模式根本变革和网络社会以及创新作为决定主要竞争力的出现。斯图尔特在他的《智力资本》一书中对这种管理现象做出了最清晰、最有力的解读,提出了"智力资本是创造公司竞争优势的来源"这一命题。

　　早在1836年,西尼尔就将智力资本作为人力资本的同义词使用,他认为智力资本是人类所拥有的知识和技能。国内外普遍认为最早提出智力资本概念的是美国经济学家加尔布雷思。他于1969年首次提到智力资本概念,指出智力资本在本质上不仅仅是一种静态的无形资产,而且是一种思想形态的过程,是一种达到目的的方法。遗憾的是他没有给出智力资本完整的定义。给智力资本最早下定义的是托马斯·斯图尔特,他将智力资本定义为"公司中所有成员所知晓的能为企业在市场上获得竞争优势的事物之和"。他提出了智力资本的"H—S—C"结构,即企业的智力资本价值体现在企业的人力资本、结构资本和客户资本三者之中。

斯图尔特认为,人力资本是指公司内具有创新和更新资源的个人能力。有学者认为是"组织内个人所有的技能和知识的总量"。其实就是公司员工拥有的知识和技能。这些隐性的知识,是个人所受教育、经验,对工作和生活的态度以及遗传等因素的综合体。与个体相似,组织也具有其知识,这些知识是建立在个体知识之上的,但不依赖于单个的个体,同时反过来影响组织中个体的知识学习和行为表现。将员工的人力资本转化成组织资本,是人力资本转化成组织财富的基础。结构资本可以认为是"员工晚上不能带回去的知识",是属于组织所拥有的。结构资本包括流程资本和创新资本。流程资本包括基础建设、咨询系统、营运流程、企业文化、管理哲学、供应链关系等;而创新资本主要包含专利商标、著作版权、研究发展、商业机密等。人力资本只有经过结构资本的整合才能上升为有效的智力资本。如一个企业具有较强的人力资本,但其结构资本较弱,组织的人力资本得不到有效的运用,因而对应的智力资本较弱。客户资本主要是指企业与其生意往来的组织和个人如供应商和顾客之间的外部关系的价值。客户资本包括顾客关系、品牌商誉、销售联盟、顾客资源或关系的管理等,其主要显示企业与顾客间的关系,衡量方式包括顾客满意度、忠诚度、价格的敏感度,以及顾客长期的采购状况。

智力资本管理专家莱福·埃德文森指出:"尽管智力资本包括的领域是浩瀚的,只有人力资本的因素才能使其他因素贯穿起来,如果人力资本的界定不成功,那么无论公司应用的其他工艺多么精巧也将无济于事"。他强调智力资本中人力资本的重要性,认为人力资本管理不成功,智力资本的构造就不可行,也就不会为公司创造价值。

斯图尔特在后来的研究中提出了智力资本的相互作用原理,指出人力资本、结构资本和客户资本是相互作用的,它们不是完全独立地产生作用的,他们一起构成企业运作的支撑。组织智力资本理论从组织整体角度分析公司价值创造的主要因素,认为管理好不同类型的智力资本是公司竞争力的关键所在,智力资本中人的因素能够从根本上产生影响。为了让智力资本转化为竞争优势,你必须拥有这样的员工:他们愿意提供新想法、愿意与他人分享他们的知识、愿意互相学习并且可以创造顾客忠诚。为了让员工把自己的智力资本投入到公司中,需要经历许多观念改进,例如分享决策权、建立团队、建立久违的员工忠诚等。智力资本是三者的有机统一,而不是简单叠加,智力或知识资源只有通过三者的相互作用才能创造价值。

尽管在测量智力资本的方法上缺少一致,但是许多学者赞成智力资本的三分化模型,即人力资本、结构资本、关系或顾客资本。但 Rastogi 认为一般把智力资本分为人力、结构和关系资本是错误的,企业作为一个动态系统,随着内外因素、关系、事情和市场的变化每天都在变化,其实三者之间是动态地相互关联和相互作用。独立于人力资本和知识管理,结构资本和关系资本则不能有意义地存在和运行。结构资本基本上是人力资本扩展,表现为创新、企业流程和与顾客和供应商的关系。公司的顾客资本是市场营销人员(即人力资本)持续努力的结果。结构资本和顾客资本不会自动地存在、创造和维持。

在此,我们必须明确组织知识和智力资本的区别。事实上,智力资本是一种组织现象,是各种知识元素在特定企业中被有效整合后所表现出的能够用于创造财富的企业能力。对于组织来说,知识是一种资源,就像其他各种资源一样,他们可以被组织所利用作为投入要素,但也可能被组织完全忽视而成为被消费了的资源。事实上,某些知识为组织所拥有,并不意味着组织就会将其作为生产要素投入到组织的运作中去。各种知识元素是企业智力资本存在的前提,但并不能简单地等同于智力资本,而是以一种潜在的智力资本形态存在。从组织知识到智力资本,其关键的差别在于知识是否成为组织运作的"资本",是否在组织的价值创造中发挥了作用。因此,获取、构建和提升企业的智力资本,不仅是企业获取、创造知识的过程,更是围绕企业战略,使用企业知识元素的过程。智力资本的本质是通过比竞争对手或行业变革更快地开发和利用配置,并基于知识的竞争优势来创造价值。

目前,在智力资本研究领域,不同的学者从自组织理论、知识产权理论、博弈论、资本市场理论等视角对智力资本进行研究,但是仍存在学术研究的分隔问题,很少有学者关心自己学科领域之外的文章。对智力资本领域的挑战有两方面:在这个时髦的领域需要有众多的学者参与;要确保智力资本跨学科的交叉研究。这里的关键问题应是如何促使跨学科和跨部门的知识交流。智力资本研究者应从不同的学科、社会理论和方法进行事实上的相互交流。研究者和实践者的一个关键任务就是找到相互沟通各自研究方法和相互理解的渠道。

(马文彬)

参考文献:

[1][美]托马斯·A. 斯图尔特. "软"资产:从知识到智力资本[M]. 北京:中信出版社,2003.

[2][英]斯图尔特·克雷纳. 竞争的资本:人类历史上最具影响力的75本商业管理著作[M]. 北京:中国青年出版社,2002.

第四篇 运营与物流

零部件标准化可以提高生产效率

零部件标准化目的是让零部件可以互换,现在零部件标准化的思想已在我们所生存的社会中根深蒂固,使得我们在考虑这个问题的时候不会有丝毫犹豫。例如,我们不敢想象如果家用电器的零部件不能互换、工厂生产的产品零部件规格不统一,世界将变成怎样。

零部件标准化作为科学管理的重要组成部分之一,其实践可以追溯到 15 世纪和 16 世纪。莱恩在《文艺复兴时期的船舶和造船业者》一书中介绍 15 世纪和 16 世纪时威尼斯造船厂的管理经验时,便提及其标准化的实践。威尼斯兵工厂当时已认识到部件标准化在装配和操纵舰船方面的好处:既能提高生产速度和降低成本,又能快速灵敏地操纵舰船,加强舰队中各个舰船的协同配合。这种认识反映在兵工厂计划委员会发布的政策中。当时,要求所有的部件包括弓、箭、船舵、索具和甲板都必须统一,不允许每个工人师傅按自己的设计生产,以免在制造时造成浪费,或使舰只不统一。

在近代,世界各国的标准化迅速发展的主要原因和过程如下:

首先,标准化是提高生产率的要求。工业革命以后,由于竞争的驱使,各产业部门都在迫切地寻求提高生产率的途径。1798 年,伊莱·惠特尼提出了一项非凡的建议:在两年之内,他将以每支 13.40 美元的价格向军队提供 10000 支步枪。惠特尼在制造武器过程中运用了互换性原理,成批地制造了具有互换性的零部件,为大量生产开辟了一条新途径。在惠特尼之后,制造商开始在他们的产品中使用标准的零部件。工人可以在产品中安装任何正确制造的合适类型的零部件,而不是必须制造满足某种装配要求的定制的零部件。专业化劳动力分工,或者说是工人们只生产特定的零部件,使他们在特定的工作中变得更加熟练高效。1911 年科学管理之父弗雷德里克·泰罗发表了《科学管理原理》,把标准化的方法应用于制定"标准时间"和"作业研究",开创了科学管理的新时代。美国福特汽车公司在 1914—1920 年间,打破了按机群方式组织车间的传统方式,创造了汽车制造的连续生产流水线,采用标准化基础上的流水作业法,把生产过程的时间和空间组织统一起来,促进了大规模流水生产的发展,极大地提高了生产效率。

其次,标准化是扩大市场的需要。工业化初期,市场狭小,当时的工业标准只是对当地用户和有关工人生产能力的反映,使用范围有限。后来,由于运输业的发展,导致了市场和交换范围的扩大。由于不同地区生产的同一用途的材料和零部件互不统一,买主不得不经过休整以后才能使用,于是迫切要求在更广的范围内开展标准化。1901 年,第一个国家标准化组织——英国工程标准委员会应运而生。随后,世界各国纷纷成立国家标准化组织,1906年成立了国际电工委员会(IEC),1926 年又创立了国家标准化协会国际联合会(ISA)。

最后,标准化是调整产品结构,实现生产合理化的需要。两次世界大战以及战后的复兴,都对标准化提出迫切的要求。一战期间,由于物资奇缺,美国军工局提出严格的标准化,对产品品种规格加以限制,取得了显著的效果。战后经济恢复时期又出现了任意增加产品花色品种、严重影响生产率提高的问题。对此,美国商务部所属的简化应用局发动了一场全国性的生产简化运动。二战期间,由于军需品的互换性差、规格不统一,致使盟军的供给异常紧张,许多配件要从美国运往欧洲战场,造成了很大的损失。为此,军需部再度强调标准化并相应的发展了包括运筹学、价值分析、线形规划和统计质量管理等新技术。在战后重建的狂热中,产品品种、规格再度泛滥,许多国家都把制定标准互动和压缩不必要的品种列为重要任务。至此,伴随大机器工业产生的标准化,有保障互换性的手段发展成为保障国家资源的合理利用和提高生产力的重要手段。

标准化是指同一种产品、服务或流程下的不同个体之间是没有差异的,同一项目下的标准化产品是大批量生产的,例如家用电器。标准化既有许多好处也有一些缺点。

首先,标准化的产品意味着产品零件可以更换,从而在提高生产力的同时极大地降低了生产成本;而且与定制的零件相比,它的更换或维修更加方便。通常它的设计成本也更低。例如,通用汽车曾尝试将通过生产线的关键汽车部件都进行标准化生产,所有通用车型中的刹车、电力系统等内部零部件都是一样的,通过减少零部件的差异性,通用汽车公司节省了时间和费用,也提高了产品的质量和可靠性。

标准化的优缺点

优点	1.在存货和制造中需要处理的零件更少
	2.减少培训费用和时间
	3.采购、处理及检查程序更加常规化
	4.可按清单订购产品
	5.产品能长期并自动化生产
	6.所需零件的减少证明执行设计和改善质量控制程序时所花的费用是合算的
缺点	1.可能在设计仍有缺陷时就固定设计
	2.变动设计的高费用增加了改善设计的难度
	3.产品缺乏多样性导致对顾客吸引力的降低

标准化的另一个优点是减少培训员工的时间和费用,并减少设计工作岗位的时间。同样,工作安排、存货处理,以及采购和财务活动都更加常规化。

标准化也有不利之处,主要在于产品多样性程度的降低。这会限制一种产品或服务所能吸引的顾客的范围。顾客对一种产品可能是很勉强地接受,因为没有其他产品能够满足他们的需要。因此,这种做法会造成一种风险,即竞争对手会推出一种更好或更多样的产品,从而取得竞争优势。另外一个不利之处是制造商可能在设计不成熟时就将它固定,而一旦固定之后,就会有种种强制因素使设计难以修改。这方面人们熟悉的一个例子是电脑键盘的按键排列。研究表明另外一种按键排列顺序会更有效,但更换所有现存设备和再培训数百万的字码编程人员的费用远大于它所带来的效益。出现这种情况的部分原因是过早固定了产品设计。

因此,企业的设计者在做选择时,必须要权衡标准化的利弊,做出最佳选择。

参考文献:

[1] [美]罗杰·G.施罗德著,韩伯棠等译.运作管理:运作职能中的决策(第 4 版)[M].北京:北京大学出版社,2000,P4 – 5.

[2] 孙耀君.管理思想发展史[M].太原:山西经济出版社,1999,P16 – 20.

[3] 李春田.标准化概论(第 3 版)[M].北京:中国人民大学出版社,1995,P7 – 9.

[4] [美]William J. Stevenson 著,张群、张杰等译.生产与运作管理(第 6 版)[M].北京:机械工业出版社,2000,P98 – 99.

高质量产品并不意味更高成本

　　W.爱德华·戴明,全面质量管理的最著名和最有影响力的倡导者。1921 年他从怀俄明大学毕业后前往科罗拉多大学进修,1925 年修得数学与物理硕士学位,1928 年取得耶鲁大学的物理博士学位,曾利用在美国农业部的固氮研究所工作期间的一年休假到伦敦大学与 R. A. Fisher 做有关统计方面的研究。1950 年,戴明博士应聘赴日本讲学,而后几乎每年赴日继续指导,日本早期的经营者几乎都见过戴明博士且受教于他,并实践戴明博士的品质经营理念,奠定了日本 TQM 的基础,他也成为第一个被日本天皇授予杰出人才奖的美国人。戴明的全面治理管理理论和观点为全世界各地的学者所传颂,被称赞为 20 世纪后期最重要的管理大师。1980 年戴明被选入代顿的科技名人堂,1983 年被选为美国国家工程学院院士,并于 1991 年进入汽车名人堂。1987 年当时的美国总统里根给戴明颁发国家科技奖章,1988 年,美国国家科学院将杰出科学事业奖颁发给他。1990 年美国统计学会都市分会成立年度“戴明奖”,颁发给对改善品质和生产能力有贡献的人士。代表著作主要有:《商业研究中的样本设计》(1960)、《摆脱危机:质量、生产力和竞争形势》(1986)。

　　戴明的主要贡献之一便是证明了生产更高质量的产品要花更多的成本这个观点是错误的。他揭示出的真相恰恰相反:事实上,一道高质量工序比一道低质量工序所耗费的成本要少。因此,质量是低成本条件下的可预测的一致性和可靠度。而实现低成本生产的重要保证便是保证第一次生产就合格,削减了返工和修理所花费的不必要的劳动力和废料成本,从而大大节省了成本。

戴明认为要实现该目标,零缺陷是关键,必须要以对产品质量的统计过程控制为基础,要运用多个质量统计方法来度量各个领域的性能。通过质量控制的统计方法,可以不断减少产品质量的波动,通过持续改善减少产品质量的变异,从而实现真正的低成本条件下的可预测的一致性和可靠度。

戴明从战略和组织结构的高度强调质量管理中组织整体方法的重要性,因为仅仅依靠质量管理部门自身无法支撑和保持在整个企业范围内进行持续改进质量的努力。为此,他把质量管理定义为对一个稳定系统的连续改进。这样定义强调了两个方面的内容,第一个方面,从统计学的意义上来看,所有系统(包括行政、设计、生产和销售系统)都必须是稳定的,这就要求在整个公司的范围内对质量的特性进行测量和实施的监控。如果这些质量特性的测量值在一个确定的平均值周围稳定地变化,那么这个系统就是稳定的;戴明定义的第二个方面就是要对多个不同的系统进行连续的改进,以减少质量的变异和更好地满足顾客的需求。

戴明认为质量管理的核心是"零缺陷"和满足顾客需求,其主要质量管理观体现在戴明改进质量的 14 条管理原则:

1. 创造产品与服务改善的长远目标。最高管理层必须从短期目标的迷途中归返,转回到长远建设的正确方向。也就是把改进产品和服务作为恒久的目的来经营,这需要在所有领域加以改革和创新。

2. 采纳新的质量思想。绝对不能容忍粗劣的原料,不良的操作,以及有瑕疵的产品和松散的服务。

3. 停止依靠大批量的检验来达到质量标准。检验其实是等于准备有次品,检验出来已经是太迟,且成本高效益低。正确的做法,是改良生产过程。

4. 废除"价低者得"的做法。价格本身并无意义,只是相对于质量才有意义。因此,管理部门应重新界定原则,采购工作才会改变。公司一定要与供应商建立长远的关系,并减少供应商的数目。采购部门必须采用统计工具来判断供应商及其产品的质量。

5. 永不间断地改进生产及服务系统。在每一个活动中,必须降低浪费和提高质量,无论是采购、运输、工程、方法、维修、销售、分销、会计、认识、客服及生产制造。

6. 建立在职岗位培训制度。培训必须是有计划的,且必须是建立于可接受的工作标准上,必须使用统计方法来衡量培训工作是否有效。

7. 建立现代的督导方法。督导人员必须要让高层管理者知道需要改善的地方,管理者在了解之后必须采取行动。

戴明改进质量的 14 条管理原则

1	坚持不懈地改进产品和服务质量
2	采用新的质量思想
3	停止依靠大量检测达到高质量
4	停止只依据报价奖励合作企业的行为
5	持之以恒地改进生产和服务系统
6	建立在职培训制度
7	培养领导能力
8	消除畏惧心理
9	打破部门界限
10	取消针对工作人员制定的口号、勉励语和奋斗目标
11	取消数字定额
12	消除让员工为自己的才能感到自豪的障碍
13	设立生动活泼的教育和在职培训项目
14	采取行动使计划真正落实

8. 消除畏惧心理。所有同事必须有胆量去发问,提出问题或表达意见。

9. 打破部门界限。每一部门不应只顾虑独善其身,而需要发挥团队精神,才能有助于改善设计、服务、质量和成本。

10. 取消针对工作人员的计量化目标。激发员工提高生产率的指标、口号、海报等必须废除。很多配合的改变往往是在一般员工控制范围之外,因此这些宣传品只会导致反感。虽然无须为员工定下可计量的目标,但公司本身却要有这样的一个目标:永不间歇的改进。

11. 取消工作标准及数量化的定额。定额会把焦点放在数量,而非质量上。计件工作制更不好,因为它鼓励制造次品。

12. 消除妨碍基层员工工作畅顺的因素。任何导致员工失去工作尊严的因素必须消除,包括不清楚何为好的工作表现。

13. 建立严谨的教育及培训计划。由于质量和生产力的改善会导致部分工作岗位数目的改变,因此所有员工要不断接受训练及再培训。以前培训都应包括基本统计技巧的运用。

14. 采取行动使计划真正落实。创造一个每天都推动以上 13 项的高层管理结构。

戴明关于质量管理的"十四要点",是他针对美国企业领导提出来的,并集中体现在其著作《领导职责的十四条》中。20 世纪 80 年代,全面质量管理(TQM)开始在美国及全世界盛行,但其中的所有重要原则,都可以在戴明的"十四要点"里面找到类似或相同的诠释。"十四要点"成为上世纪全面质量管理的重要理论基础。

著名管理大师彼得·德鲁克说"戴明对日本和美国都产生了难以估量的影响,虽然在祖国屡遭拒绝,但他是一个特别爱国的美国人"。戴明的品质管理方法被日本企业奉为神明,大大提高了日本企业的品质。到了 20 世纪 70—80 年代,不只是产品品质而是整个日本企业打得美国公司在地上翻滚挣扎时,美国企业才发现戴明对他们来说是多么重要!这时,戴明开始协助美国企业进行品质管理。10 年后美国企业重新焕发了生机。

（孙俊华）

参考文献:

[1]苏伟伦主编. 戴明管理思想核心读本[M]. 北京:中国社会科学出版社,2003,P43 - 75.

[2]姜杰、张喜明、孙立宁主编. 管理学名著提要[J]. 济南:山东人民出版社,2003,P69 - 72.

[3][美]罗杰·G. 施罗德著,韩伯棠等译. 运作管理:运作职能中的决策(第 4 版)[M]. 北京:北京大学出版社,2000,P87 - 88.

[4][美]Mark M. Davis、Nicholas J. Aquilano、Richard B. Chase 著,汪蓉等译. 运营管理基础(第 4 版)[M]. 北京:机械工业出版社,2004,P152 - 154.

[5]郭咸纲著. 西方管理思想史(第 3 版)[M]. 北京:经济管理出版社,2004;P344 - 348.

质量是一种满足消费者的合用性

约瑟夫·朱兰,美国著名的质量管理专家。1900 年出生于罗马,于 1912 年移民美国。朱兰曾获明尼苏达大学电子工程学学士学位,后又获芝加哥洛约拉大学法学博士学位。朱兰曾从事过多种职业:工程师、企业管理者、政府官员、大学教授、劳动仲裁人、公司董事和管理顾问。在决定离开企业后,他取得了事实上的突破。他最后的工作岗位是西部电器公司的一名管理人员。40 岁时,他成为一名自由职业者。以后的 50 年中,他同戴明、石川馨和克罗斯比等人一样,成为质量观念的倡导者之一。在朱兰的职业生涯中,先后写过 12 本关于质量管理方面的书。这些著作是质量领域中影响深远的参考书。他的《质量管理手册》于 1951 年首次出版,至今仍是这一领域中重要的国际性参考著作。他曾给上千家企业开办研习班、培训班、提供咨询;同时他还创造了国际性的培训课程,并配有培训教材、录像带等辅导资料。他通过在世界各地的咨询和讲演,向企业家和政府提供建设性意见。他曾 30 余次获得奖章、名誉称号、名誉成员等荣誉。其中最显赫的是他曾获得日本的圣贤勋章。1981 年,裕仁天皇颁发这一奖项以表彰他对日本和美国的友谊所作出的贡献。1979 年朱兰成立了"朱兰学会",至今仍由他本人担任名誉主席。朱兰博士是世界著名的质量管理专家。他所倡导的质量管理理念和方法始终影响着世界企业界以及世界质量管理的发展。他的"质量计划、质量控制和质量改进"被称为"朱兰三部曲"。他最早把帕累托原理引入质量管理。《管理突破》及《质量计划》二书是他的经典之著。由朱兰博士主编的《质量控制手册》被称为当今世界质量控制和质量控制科学的名著,为奠定全面质量管理(TQM)理论基础和基本方法作出了卓越贡献。

朱兰在《质量控制手册》中指出："质量是一种合用性,而所谓'合用性'是指使产品在使用期间能满足使用者的需求"。为了便于进行质量管理,朱兰进一步将产品质量是满足顾客需要的适用性这一概念细化,包括五个方面的内容:(1)设计质量;(2)符合性质量;(3)实用性;(4)安全;(5)现场使用。在评价产品的适用性时,朱兰从产品的整个生命周期来考虑。

而产品质量的这种"合用性"的获得,必须要从三个方面着手:

(1)质量计划。对于建立有能力满足质量标准化的工作程序,质量计划是必要的。

(2)质量控制。未来掌握何时采取必要措施纠正质量问题,就必须实施质量控制。

(3)质量改进。质量改进有助于发现更好的管理工作方式。

朱兰博士认为产品要获得"合用性",产品质量不断改进和突破,这种改进和突破有一个"突破历程"。该历程包括以下 7 个环节:

(1)突破的势态。管理层必须证明突破的急切性,然后创造环境使这个突破得以实现。要去证明此需要,必须搜集资料说明问题的严重性,而最具说服力的资料莫如质量成本。为了获得充足资源去推行改革,必须把预期的效果用货币形式表达出来,以投资回报率的方式来展示。

(2)突出关键的少数项目。在众多纷纭的问题中,找出关键性的少数。利用帕累托法分析,突出关键的少数,再集中力量优先处理。

(3)寻求知识上的突破。成立两个不同的组织去领导和推动变革——其一可称为"指导委员会",另一个可称为"诊断小组"。指导委员会由来自不同部门的高层人员组成,负责制订变革计划、指出问题原因所在、授权作试点改革、协助克服抗拒的阻力及贯彻执行解决方法。诊断小组则由质量管理专业人士及部门经理组成,负责寻根问底、分析问题。

(4)进行分析。诊断小组研究问题的表症、提出假设,以及通过试验来找出真正原因。另一个重要任务是确定不良产品的出现属操作人员的责任还是管理人员的责任。若属于操作人员的责任,必须是同时满足以下 3 项条件:操作人员清楚地知道他们要做的是什么,有足够的资料数据表明了他们所做的效果,有能力改变他们的工作表现。

(5)决定如何克服变革的抗拒。变革中的关键任务是必须明了变革对他们的重要性。单是靠逻辑性的论据是绝对不够的,必须让他们参与决策及制定变革的内容。

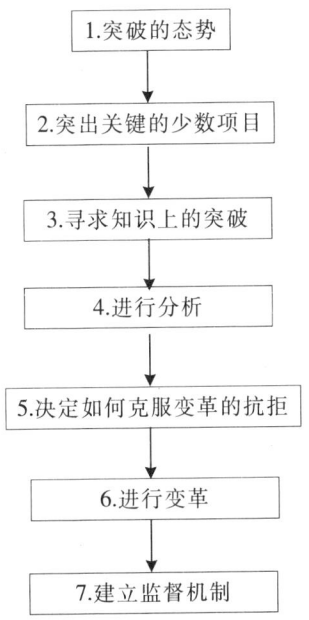

（6）进行变革。所有要变革的部门必须要通力合作,这是需要说服工夫的。每一个部门都要清楚地知道问题的严重性、不同的解决方案、变革的成本、预期的效果,以及估计变革对员工的冲击和影响。必须给予足够时间去酝酿及反省,并提出适当的训练。

（7）建立监督系统。变革推行过程中,必须有适当的监督系统定期反映进度及有关的突发情况。正规的跟进工作异常重要,足以监察整个过程及解决突发问题。

朱兰博士提出,为了获得产品的适用性,需要进行一系列活动。也就是说,产品质量是在市场调查、开发、设计、计划、采购、生产、控制、检验、销售、服务、反馈等全过程中形成的,同时又在这个全过程的不断循环中螺旋式提高,所以也称为质量进展螺旋。

与朱兰同时期的质量管理大师 W. 爱德华·戴明认为,质量是低成本条件下可预测的一致性和可靠度,而引起效率低下和不良质量的原因在于公司的管理系统而不是职员,部门建立的责任就是不断调整管理系统以取得预期的成果。与戴明强调统计过程控制和质量管理统计方法不同,朱兰强调质量来源与顾客的需求及其适用性。而随后的质量管理大师菲利普·克劳斯比认为任何水平的质量缺陷都不应该存在,质量就是无费用和符合要求。而降

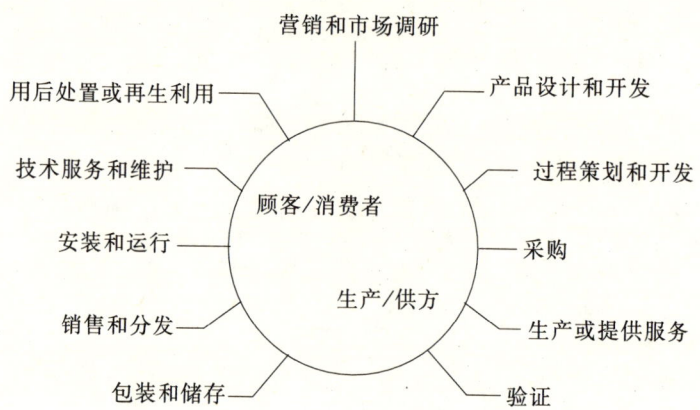

朱兰的质量进展螺旋图

低高质量所带来的高成本就必须要做到"零缺陷",从而免除事后的纠正、返修和售后服务等成本。与朱兰和戴明观点不同的是,克劳斯比认为要达到"零缺陷",需要培养员工具备更佳的工作态度。

（孙俊华）

参考文献:

[1]郭咸纲著.西方管理思想史(第 3 版)[M].北京:经济管理出版社,2004:P344-348.

[2]姜杰、张喜明、孙立宁主编.管理学名著提要[J].济南:山东人民出版社,2003:P72-75.

[3]郑称德.运作管理[J].南京:南京大学出版社,2003:P32-42.

挑战浪费，创造零库存

大野内一，1912 年出生于中国大连。1932 年毕业于名古屋高等工业学校机械科，同年进入丰田纺织公司，1949 年任该公司机械厂厂长；后来历任丰田纺织公司和丰田合成公司会长。1954 年，出任丰田汽车董事，1964 年任常务董事，1970 年任专务董事。1975 年开始担任丰田汽车公司副社长，1973 年荣获蓝绶带奖章。1990 年 5 月 28 日去世。作为生产管理大师，大野内一以日本本土思想为基础，一手创造了超越福特生产方式的丰田生产方式（TPS）。他构建了新式的经营思想，并以此指导产业实践，被称为"日本复活之父"和"生产管理教父"，他是从生产现场走出来的实践管理学宗师。

及时生产的管理理念产生于上世纪 70 年代。当时日本制造业在石油危机的冲击下，发动了一场向浪费挑战的生产管理变革。以日本丰田汽车制造公司为代表的制造业企业，首先发展并形成了一种以消除生产制造过程中的一切浪费为宗旨的及时生产系统，在这个系统里，生产过程中的物料流动时间和供应商的交货时间都经过了仔细安排，在作业过程中每一步，下一批待加工物料都恰好在前一批作业刚结束时到达，因此称为"及时"。

JIT 的起源归因于日本的环境，由于缺乏空间和自然资源，日本人对浪费产生了反感。丰田公司认为，凡是超过生产产品所必需的最少量的设备、材料、零件和工作时间的部分都是浪费。大野内一对于浪费有其独特的见解，他认为以下七种情况都是应予排除的浪费：（1）废品和次品；（2）超额制造和提前生产；（3）由于计划不周、停工待料、设备故障等原因造成的生产停顿和等待；（4）多余的操作；（5）多余的搬运；（6）库存积压；（7）产品有多余的功能。大野内一将"超额制造和提前生产"视为一种浪费，因为提前生产就会造成积压,超额制造则是生产了多余的东西。这与把"超额完成任务和提前完成任务"认为是先进行为的传统观念是截然相反的。

基于此,大野内一在 1988 年将丰田的生产系统界定为"绝对消除浪费",丰田公司强调"只在需要的时候,按需要的量,生产所需的产品"。这包括三层含义:(1)生产根据市场需求而定,有一件需求,就生产一件,决不过度生产;(2)上游工序的生产量根据下游工序的需要决定;(3)原材料只有需要的时候才由供应商供货。这样,整个生产线就形成了一条涓涓细流,平滑而又均衡。这样做最大的好处就是整个生产线几乎没有库存或库存很小,所以 JIT 也被称为"零库存生产方式"。

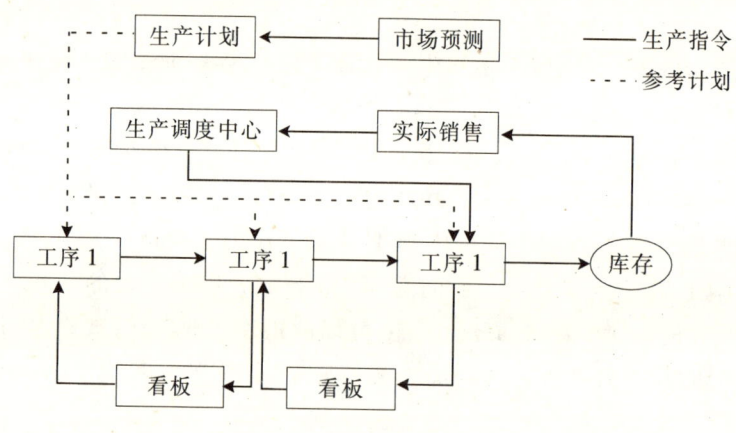

拉式生产系统示意图

JIT 系统与传统生产系统最大的不同点就是采用了拉式生产系统取代了传统的推式生产系统。传统的推式生产系统,当某个工作岗位或工序的工作完成后,产出物就被"推"到下一个工作岗位或工序,或者在最终作业阶段,产成品被推进仓库。在上个工序没有完工之前,下一个工序只能等待物料或组建加工。拉式生产系统则与之相反,对动作转移到控制取决于下一个工序,每个工序只有在自己需要时才把上一道工序产出"拉"出来;最终产品产出则由顾客需求"拉"出。

JIT 的拉式生产系统采用的是看板管理方式。看板的作用是传递信息,其种类包括生产看板、运输看板、外协看板和临时看板等。生产看板就是一道生产指令,运输看板则是取货、送货的运输指令,外协看板是企业向协作厂索取协作件的订单,它适用于与本企业有固定协作关系的供应厂商之间,临时看板主要有补废用的废品看板、进行设备维修和需要加班生产时需要的看板等。看板的使用规则是:(1)看板必须跟随事物,与工作一起转移;(2)每一种看板都有它自己的运行路线,只在规定的路线内运转,循环运行,不能跑出规定的路线;(3)看板必须对所需工作提供完整的信息,例如工作名称、代码、材质、单批数量、工序代号、工序名称和需要的时间等;(4)不合格品不得使用看板。

为了达到消灭浪费、零库存生产的目标,JIT 系统除了拉式生产系统外,还要求从产品到过程再到生产计划控制等各个方面都要采用符合 JIT 基本思想的运作方式,为此 JIT 将运作管理的 5P——People(员工)、Plants(工厂)、Parts(部件)和 Processes(过程)、Planning & Control System(计划控制系统)都集成到能提供高质量产品和服务的流水线生产中,以便能够在原材料、在制品和产成品保持最小库存的情况下进行快速高质量的生产:(1)产品设计是保证 JIT 生产快速、简易以及高质量的源头,JIT 的产品设计必须具备模块化、标准化和稳健设计三个特征。(2)JIT 生产过程设计从五个方面着手:首先,强调 U 型对象专业化布局,以减少排队、运输和准备时间;其次,通过减少库存,使生产系统问题不断暴露出来,一旦出现问题就予以解决;第三,进行小批量生产,减少库存、增加生产柔性;第四,减少不同产品之间的换产时间;第五,通过自动检查机制检测缺陷。(3)通过培训提高员工素质,以适应 JIT 生产过程中的快速换产、质量检测等要求。培训内容主要包括多种机器设备的操作技术、统计过程控制、质量改进和问题解决的方法,形成 JIT 文化氛围。(4)加强生产计划和控制,除了使用拉式系统外,将供应商视为外部工厂和生产队伍的一部分,要求供应商接受看板管理,能够准时、保证质量、小批量地向生产系统供货,并要做到提高送货柔性和快速反应。

JIT 与传统的生产方式相比,到底有什么优越性呢? 1990 年美国 MIT 学者发表了一个国际汽车生产共同研究报告,对此做了详细的比较研究。该研究用了 5 年时间,花费了 3500 万美元的巨资,组织日、美和欧洲各国 50 多位专家,在对世界 17 个国家的 90 个汽车制造厂进行广泛调查的基础上,发表了一份关于汽车工业生产经营方式的大型实证性研究报告。根据这一研究结果,与大量生产方式相比,日本的 JIT 的优越性在于:(1)所需人力资源,无论是在产品开发、生产系统,还是工厂的其他部门,与大量生产方式下的工厂相比,均能减少 1/2;(2)新产品开发周期,可以缩短 1/2 或 2/3;(3)生产过程中的在制品库存可以减至 1/10;(4)工厂占用空间可减少 1/2;(5)产品质量可提高 3 倍。JIT 给汽车生产带来的变革是有目共睹的,随着市场环境的多样化和市场竞争的白热化,JIT 的应变能力以及对质量、成本、生产周期的有效控制,对其他制造业也产生了巨大的影响。JIT 作为一种追求生产的合理性和高效性,能够适应各种需求的高质量产品的生产技术和管理技术,其基本原理和诸多方法,对其他制造行业的企业也都具有积极的意义。JIT 的核心,即关于生产计划、控制以及库存管理的基本思想,对丰富和发展现代生产管理理论具有重要的作用。

（孙俊华）

参考文献:

[1]郑称德编著. 运作管理[J]. 南京:南京大学出版社,2003,P266 - 275.

[2]潘家韶、曹德弼编著. 现代生产管理学[M]. 北京:清华大学出版社,2003,P238 - 244.

[3][美]威廉·A. 莱文森、雷蒙特·A. 莱理克著,王永贵译. 精益企业——最小化浪费的综合办法[M]. 大连:东北财经大学出版社,2005,P17 - 21.

[4]陈荣秋、马士华. 生产运作管理[M]. 北京:机械工业出版社,2004,P320 - 328.

[5][美]威廉 J. 史蒂文森著,张群、张杰等译. 生产与运作管理[M]. 北京:机械工业出版社,2000,P391 - 409.

物流成本是一座冰山

　　西泽修，日本早稻田大学教授，物流成本学说权威，著名的物流管理学家，以"物流冰山"说和物流是"第三利润源"等学说而闻名。代表作有《物流——降低成本的关键》和《物流会计知识》等。

　　西泽修在20世纪70年代提出了物流成本理论的核心——物流成本冰山理论，或称为"物流冰山"说。他在研究物流成本时发现，现行的财务会计制度和会计核算方法都不能全面反映物流成本的真实情况，甚至存在着很大的虚假性。因为在一般情况下，企业的会计科目中，只把企业外包物流成本列入物流成本，外包物流成本具体包括支付给外部企业的运输成本、仓储成本、保管成本、搬运装卸成本、包装成本、流通加工成本、配送成本、物流信息管理成本等，这些外包物流成本一般只是很小的一部分。而高额的企业内部物流成本，包括基础设施建设费、企业利用自己的车辆运输、利用自己的库存保管货物、由自己的工人进行包装、装卸等费用，却都没有列入到会计科目中的物流费用内。因此在会计核算上反映和归集的物流成本只是外包物流费用，这些远远不是物流成本的全部，西泽修把这种情况比做"物流冰山"（如图所示）。

　　冰山的特点是大部分沉在水面之下，而露在水面上的仅仅是冰山的一角。物流成本正像是一座冰山，因为提起物流成本大家只看到露出海面的冰山的一角，就是列入了成本中的外包物流成本，而企业向外部支付的物流费用是很小的一部分；真正占据物流成本大头的是企业内部发生的各种物流成本，而这些内部物流成本却是潜藏在海水下面的，冰山主体是看不见的，海水中的冰山才是物流费用的主要部分。对于物流冰山而言，企业外包物流成本

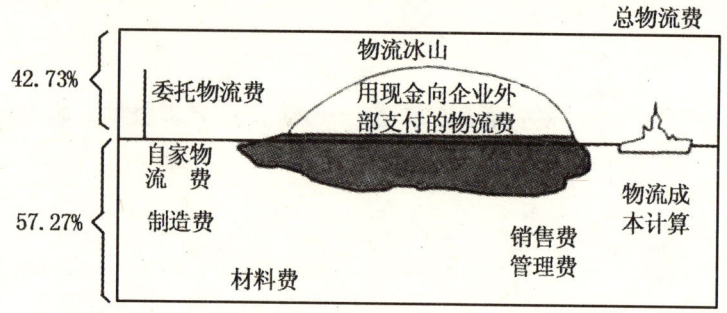

西泽修的物流成本冰山说

是浮在水面上的,是可知的;内部物流成本则是水面下的冰山,相互交错,不宜归集。

"物流冰山"说之所以成立,有三个方面的原因:

(1)物流成本的计算范围太大。包括:原材料物流,工厂内物流,从工厂到仓库、配送中心的物流,从配送中心到商店的物流等。这么大的范围,涉及的单位非常多,牵涉的面也特别广,很容易漏掉其中的某一部分。漏掉哪部分,计算哪部分,物流费用的大小相距甚远。

(2)运输、保管、包装、装卸、流通加工以及信息等各物流环节中,以哪几个环节作为物流成本的计算对象问题。如果只计算运输和保管费用,不计算其他费用,与运输、保管、装卸、包装、流通加工以及信息等全部费用的计算,两者的费用计算结果差别相当大。

(3)把哪几种费用列入物流成本中去的问题。比如,向外部支付的运输费、保管费、装卸费等费用一般都容易列入物流成本;可是本企业内部发生的物流费用,如:与物流相关的人工费、物流设施建设费、设备购置费,以及折旧费、维修费、电费、燃料费等是否也列入物流成本中去等都与物流费用的大小直接相关。因而我们说物流费用确实犹如一座海里的冰山,露出水面的仅是冰山的一角。

西泽修教授关于物流成本的研究显示,我们对于物流领域的方方面面都是不清楚的,我们对于物流冰山隐藏在水下部分的认识是一片空白,对企业庞大物流费用的无知,导致了人们对它的轻视和失控,进而造成了巨大的浪费。因此,如果把决算表中所记载的物流费用只认为是公司外部支付的部分,把它误解为"冰山全貌",忽略物流成本管理,企业就会面临险境。只有对物流成本进行全面计算,企业才能够解释清楚混在有关费用中的物流部分成本。

具体来讲,企业生产的产品从工厂运到分销商处乃至到用户处的物流成本,都是应当计算在成本中的;购买原材料所支付的物流费用是计算在原材料成本中的;自运运输费用和自用保管费用是计入到营业费用中的;另外,与物流有关的利息和其他利息一起是计入财务费用之中的。如果把这些来自制造成本、原材料、营业费用和财务费用之中的有关物流部分费用划分开来,并单独加以汇总计算,企业就会对物流费用的全部情况有进一步的了解,并会为其巨大的差额而感到惊讶。

从另一方面来说,冰山水下部分正是物流尚待开发的领域,也是物流管理的潜力所在。正是由于物流存在着巨大的挖掘潜力,西泽修在"物流冰山"说的基础之上又提出了物流是"第三利润源"理论,认为通过物流费用管理可以大幅提升企业的绩效。

与此相似的是,美国著名的管理大师彼得·德鲁克于 1962 年在美国《财富》杂志上发表了一篇名为"经济的黑暗大陆"的论文,首次把物流领域称为"经济的黑暗大陆"。德鲁克认为对于物流领域的这片"黑暗大陆"人们尚未认识、尚未了解,这片黑暗大陆需要通过我们的理论研究和实践探索去照亮,去发掘深藏于其中的宝藏。以中美的物流费用作为比较来看,2000 年我国物流费用总额达到 17880 亿元,约占当年 GDP 总额的 20%;而同时期美国的物流成本为 9700 亿美元,只相当于其 GDP 总额的 9.5%,创下历史最低水平。如果我国物流费用可以控制到一个较低的水平,那么全年可以节约几千亿元的物流费用。

但是,在企业物流管理的实际中,物流成本中有不少是承担物流的部门无法控制的。如保管费用中就包括了由于过多进货或过多生产而造成积压的库存费用,以及紧急运输等例外发货的费用。从销售方向看,物流成本没有对额外的服务和标准服务加以区别。比如,物流成本中往往包含着促销费用。

因此,如果要根据物流冰山理论,要把隐藏在水面下的物流成本全部核算出来是不可能的。而传统的会计体系不仅不能提供足够的物流成本分摊数据,而且也没有这个必要。

理论研究与实际管理毕竟是有所区别的,在企业物流管理中,不可能为了建立物流独立核算体系而破坏其他若干成熟的财务会计核算体系,实际上真正需要纳入管理的是有影响的数据。

（孙俊华）

参考文献：

[1]杨茅甄等.现代物流理论与实务[M].上海：上海人民出版社，2003，P11－17.

[2]邓凤翔.现代物流成本管理[M].北京：经济管理出版社，2003，P15－17.

物流是"第三利润源泉"

西泽修认为,从历史发展来看,人类历史上曾经有过两个大量提供利润的领域。第一个是原材料资源领域,第二个是人力资源领域。在前两个利润源潜力越来越小,利润开拓越来越困难的情况下,物流领域的潜力被人重视,按时间来说,物流费用的节约排为"第三个利润源泉"。

西泽修教授在他的著作《物流——降低成本的关键》中谈到,企业的利润源泉随着时代的发展和企业经营重点的转移而变化。日本1950年因朝鲜战争受到美国的经济援助和技术支持,很快实现了企业机械化、自动化生产。当时日本正处于工业化大生产时期,企业的经营重点放在了降低制造成本上,这便是日本二次世界大战后企业经营的第一利润源泉。然而,依靠自动化生产手段制造出来的大量产品,引起了市场泛滥,产生了对大量销售的需求。于是,1955年从美国引进了市场营销技术,日本迎来了市场营销时代。这一时期,企业顺应日本政府经济高速增长政策,把增加销售额作为企业的经营重点。这便是日本二次世界大战后企业经营的第二个利润源泉。

西泽修认为,在原材料资源领域,起初是掠夺大自然提供的廉价原材料、燃料,其后则是依靠科技进步,节约原材料消耗、原材料节约利用、原材料综合利用、原材料回收利用、原材料资源再生乃至大量人工合成原材料资源而获取,如此所取得的利润,习惯称之为"第一个利润源泉"。

而在人力资源领域,最初是利用廉价劳动,其后则是依靠科技进步采用机械化、自动化、信息化的办法来提高劳动生产率,降低人力消耗从而降低成本,增加利润,这个领域习惯称作"第二个利润源泉"。

但是随着时间的推移和技术的进步,这两个利润源潜力越来越小,利润开拓越来越困难。

　　而西泽修在研究物流成本时发现,现行的财务会计制度和会计核算方法都不能全面反映物流成本的真实情况,甚至存在着很大的虚假性。基于此,西泽修在 20 世纪 70 年代提出了物流成本理论的核心——物流成本冰山理论,或称为"物流冰山"说。西泽修认为,物流成本正像一座冰山,因为提起物流成本大家只看到露出海面的冰山的一角,就是列入了成本中的外包物流成本,而企业向外部支付的物流费用是很小的一部分;真正占据物流成本大头的是企业内部发生的各种物流成本,而这些内部物流成本却潜藏在海水下面,冰山主体是看不见的,海水中的冰山才是物流费用的主要部分。对于物流冰山而言,企业外包物流成本是浮在水面上的,是可知的;内部物流成本则是水面下的冰山,相互交错,不宜归集。

　　西泽修教授关于物流成本的研究显示,我们对于物流领域的方方面面都是不清楚的,我们对于物流冰山隐藏在水下部分的认识是一片空白,对企业庞大物流费用的无知,导致了人们对它的轻视和失控,进而造成了巨大的浪费。

　　而从另一个角度来说,冰山水下部分正是物流尚待开发的领域,也是物流管理的潜力所在。正是由于物流存在着巨大的挖掘潜力,西泽修在"物流冰山"说的基础之上又提出了物流是"第三利润源泉"理论,认为通过物流费用管理可以大幅提升企业的绩效。

　　西泽修教授在书中还谈到,当时他提出"第三利润源泉",是受一个再度公演的著名电影《第三个男人》的启示,因为"第三"隐有"未知"的含义,所以才把降低物流成本说成"未知的第三利润源泉"。

　　这三个利润源注重于生产力的不同方面的要素:第一个利润源泉所挖掘的对象是生产力中的劳动对象,第二个利润源泉挖掘的对象是生产力中的劳动者,第三个利润源泉则主要挖掘生产力要素中劳动手段的潜力,与此同时又挖掘劳动对象和劳动者的潜力,因而更具有全面性。第三个利润源泉的有效性已经在第一次石油危机中、在东南亚经济危机中和发达国家的经济发展实践中得到证实。

　　西泽修教授的"第三利润源泉"说,不仅推动了当时日本物流的发展,也对我国和亚太地区的物流发展产生了重要影响。1965 年起,日本政府开始重视物流,1970 年开始,产业界大举向物流进军,日本又进入了物流发展时代。这一时期,降低制造成本已经有限,增加销售额也已经走到尽头,切望寻求新的利润源,物流成本的降低使"第三利润源泉"的提法恰恰符合当时企业经营的需要,因而"第三利润源泉"说一提出,就备受关注,广为流传。

西泽修的物流费用的节约是"第三个利润源泉"说的价值体现在以下几个方面:

1. 对于生产企业而言,物流在企业生产成本中占有较高的比例,大约在10%～35%之间,起着"成本中心"的作用。通过生产企业供应物流、生产物流、销售物流的优化和改善,通过供应链的建立和优化,在使企业更加能动地、柔性地实现市场响应的同时,有效降低运输、配送、分销、装卸、搬运、仓储和生产过程中的物流费用,从而降低成本,增加利润。

2. 对于社会物流服务企业而言,社会物流服务企业通过生产企业物流的"外包",采用生产企业不具备的专业化、大规模、灵活反应的物流手段,保证生产企业核心竞争能力的充分发挥,从而提高客户的盈利能力,这是"第三个利润源泉"的主体。社会物流服务企业通过本身专业物流的核心生产力,可以向客户提供基本的、定制的、增值的物流服务,从而取得让渡性的或者增值性的利润,从而使自己成为"利润中心",这也是"第三个利润源泉"的一个重要方面。

3. 对于国民经济而言,现代物流可以保证和促成国民经济总体资源的优化配置和平衡,可以降低国民经济运行的总成本,从而使国民经济运行水平和效益得以提高,成为国民经济的"第三个利润源泉"。

(孙俊华)

参考文献:

[1]杨茅甄等. 现代物流理论与实务[M]. 上海:上海人民出版社,2003,P11－17.

[2]王之泰."第三个利润源"及其对我国经济发展的意义[J]. 中国经贸导刊,2001(6),P14－15.

质量是达到目标要求和尽量减少产品变异

田口玄一,是著名的质量专家,他以预防为主、正本清源的哲学方法,把数理统计、经济学应用到质量管理工程中,发展出独特的质量控制技术。1942—1945 年服务于日本海军水路部天文科,接着在公共卫生与福利部以及教育部的统计数学研究所工作。1950 年他加入日本电话与电报公司新成立的电子通讯实验室,在此他训练工程师使用有效的技巧来提升研发活动的生产力。田口于 1951 年出版其第一本书介绍直交表。1957—1958 年,田口为一般工程师出版《实验设计》一书。1964 年,田口博士成为日本东京青山学院大学的教授直到 1982 年。在 1966 年田口及一些共同作者发表 Management by Total Results,在此阶段虽然田口方法的应用已传至台湾与印度,但对于西方国家而言依旧是相当陌生。至此,田口方法的应用仍停留在生产的过程,一直到 1970 年代之后,田口方法才被使用到产品设计中。在 1970 年代早期,田口发展了品质损失函数的概念,并再修订其《实验设计》一书。直到 1970 年代晚期,田口在日本已是名声大噪,且已于 1951 年和 1953 年获得戴明品质文献奖,1960 年获得戴明个人奖。1982 年,田口担任日本标准协会的顾问。1983 年田口担任美国供货商协会执行总裁。1984 年田口再度获得戴明品质文献奖。田口曾获得国际技术协会的 Willard F Rockwell Meda (1986)、美国工程科学技术名人纪念馆(1988)、日本政府的 Ingigo Ribbon Award(1989)、美国自动化名人纪念馆(1994)、美国品质学会的 Shewart Award (1996)、日本统计学会的 JSS Award(1996)、美国汽车名人纪念馆(1997)、美国制造工程师学会的 Albert M Sargent Progress Award(1998)等,目前为美国品质学会和机械工程师学会的荣誉会员。

田口玄一在多年研究和实践的基础上,创造性地提出了关于质量的定义:"所谓质量,是指产品上市后给社会带来的损失。但是功能本身所产生的损失除外。"田口认为质量管理涉及整个生产职能,共有以下5个要点:(1)在竞争性市场环境下,不断提高产品质量、削减成本是企业的生存之道;(2)衡量成品质量的一个重要标准是产品对社会造成的一切损失;(3)改变产前实验的程序。从一次改变一个因素到同时变化多个因素,提高产品和流程的质量;(4)改变质量定义。由"达到产品规格"改为"达到目标要求和尽量减少产品变异";(5)通过检查各种因素,或参数,对产品性能特色的非线性影响,可以减少产品性能的变化。任何对目标要求的偏离都会导致质量的下降。

田口将品质分为两类,第一类是顾客要的,这包括机能本身、外观、产品种类、售价等相关议题;第二类是顾客不要的,例如社会损失、失效、缺点、污染、机能变异等。第一类的品质与顾客个人的所得收入与价值观有关,这方面的品质问题不是工程师所能决定的,它取决于公司的产品策略。因此公司需决定市场区隔的大小、决定产品规格等。第二类的品质问题正是工程师所要改善的,它对于市场占有率有着重要的影响,并可提升出口市场的竞争力。

田口认为过去在讨论产品机能的相关议题时很少着墨讨论如何预防失效、如何降低变异,为了解决如何预防失效、如何降低变异、如何降低成本等问题,把数理统计、经济学应用到质量管理工程中,发展出独特的质量控制技术,比如头脑风暴法、OA方法等,创立了"质量工程学",又叫"田口方法"。

田口博士认为所有第二类型的品质问题都是起因于底下三种杂音因子:(1)环境使用状况,(2)退化与磨损,(3)个别的差异(即制造的不良)。非常重要的观念就是,生产或制造工程师无法解决来自使用状况与退化等杂音的问题,他们只能改善来自制造不良的问题;然而产品设计工程师却可以改善所有来自上述三种杂音因子的问题。所以在研发阶段,训练产品设计工程师如何衡量产品机能的稳健性,是很重要的。也就是说,传统产品研发的测试与评估方式需要做改变,我们需要训练设计工程师如何评估产品机能性(相对于下游的使用状况),而这种训练对于达成竞争力而言是一最急迫的投资。在日本已有许多世界级的公司大量投资这方面的训练。

田口博士认为他的方法是一种工程的方法,而工程与科学之间有很大的差别存在。科学是追求能够说明自然现象的法则,以找出唯一的正确法则为目的而努力。在工程的领域里,拥有同样机能的产品可用各种方法来设计与制造。目前有很多工程方面的书描述如何设计一种产品以执行产品机能,但这些书就是不谈如何在各种使用状况下最小化机能失效、如何借由改善稳健性来降低制造成本、如何最小化污染等问题。这些问题对于一企业的竞争力有着重要影响，对此田口方法将扮演相当重要的角色。田口博士认为他的方法可用来改善研发部门的效率。

自1980年田口访问美国之后，越来越多的美国工厂实施了田口方法。虽然有很多的美国统计学者对田口方法持反面的意见，多数的批评来自于田口方法缺乏严谨的理论背景做为支撑。然而，由于该方法在业界有不少成功的实绩案例，因此很多大型企业（包括 Xerox、Ford、ITT 等）开始聚精会神地利用田口方法在各项的产品改良与制程改善上。

在整个工业革命的过程中，田口博士说过去是着重在机器的管理，但现在计算机已可帮人类做许多事情，因此信息管理显得相当重要。对于他所发展的方法，除可以实验的方式进行之外，也可利用计算机仿真进行分析。

（孙俊华）

参考文献：

[1][美]Mark M. Davis、Nicholas J. Aquilano、Richard B. Chase 著，汪蓉等译. 运营管理基础(第4版)[M]. 北京：机械工业出版社，2004，P155.

[2]郑称德. 运作管理[J]. 南京：南京大学出版社，2003，P33 - 34.

[3][美]Jay Heizer、Barry Render. 生产与作业管理教程[M]. 北京：华夏出版社，1999，P46 - 48.

通过零缺陷管理实现一次成功

　　菲利普·克劳斯比,1926 年 6 月 18 日出生于西弗吉尼亚州的惠灵。克劳斯比被誉为当代"伟大的管理思想家"、"零缺陷之父"、"世界质量先生",致力于"质量管理"哲学的发展和应用,引发了全球源于生产制造业、继而扩大到工商业所有领域的质量运动,创造了其独有的词汇,其中"零缺陷"、"符合要求"、"预防"以及"不符合要求的代价"、"可靠的组织"等均出自克劳斯比的笔端。代表作有《质量免费》和《质量没有眼泪》。

　　他说自己成功的秘诀就是"有用的和可靠的"。做任何事情如果没有用,就不去做;做无用功就是浪费;答应过的事就要去做,而且绝不能打折扣,就是可靠的;对人来讲,是可靠的人,对企业来讲,是可靠的组织。只有可靠的、讲信用的人或组织,才能赢得客户、赢得市场。因为,质量就是说到做到。同时,做任何事的时候,要把事做对,不要做错,这样才不会去修修补补、浪费时间和钱财。因为第一次就把事情做对就是最省钱的。预防是第一位的,而不是事后检验。"通过预防缺陷可以使你致富"是他的名言。的确,管理的好坏不在漂亮的形式,而是要用最冷酷的东西——钱来衡量。质量对公司财政上的显著贡献,就是把浪费掉的钱又变成了利润,而相对来说,这部分得来最为轻松;只要你愿意去做,马上就能见效。

　　克罗斯比认为,质量管理的最高境界是创造可靠的组织,这是将保证我们在 21 世纪获得成功的唯一方式。可靠的组织是这样一种组织:"每种和任何一种业务都已正确无误地完成,同客户、供应商和职员的关系相当成功。"

　　克劳斯比认为:由于不良质量所造成的成本远远大于传统定义的成本,因此,任何水平的质量缺陷都不应该存在,质量就是无费用(质量免费)。而要降低高质量所带来的高成本,关键是"一次成功",因为如果一次就做到"零缺陷",就可以免除事后的纠正、返修和售后故障维修带来的成本。克劳斯比认为,可以按照以下十四个步骤来实施零缺陷管理计划,从而实现"一次成功"。并且,无论采用的是什么质量管理思想,都可以用这些步骤作为质量管理和质量改进的基础,因为它强调部门的承诺、员工参与质量改进工作、制定质量的测量标准、质量改进和降低成本。

零缺陷管理的十四个步骤

步骤	内 容
第一步	管理部门认可
第二步	组建质量改进小组
第三步	建立质量测量标准
第四步	评价质量成本
第五步	增强质量意识
第六步	采取纠正措施
第七步	成立零缺陷活动的专门委员会
第八步	对管理者进行培训
第九步	设立零缺陷日
第十步	制定质量目标
第十一步	消除产生问题的原因
第十二步	认可
第十三步	设立质量委员会
第十四步	重新执行一次零缺陷计划

第一步,管理部门认可。首先让高级管理部门理解预防问题的发生为什么能够改进质量并同时降低成本。然后要制定质量策略,要求每个人都必须准确地按照工作的要求去做。否则就应该修改这个工作要求,使之真正反映我们和顾客的需要。管理部门应该形成这样一个共识,即改进质量是提高利

润的一个使用方法。

第二步,组建质量改进小组。从公司的每个部门中选出一个人组成一个质量改进小组,这就是说,每个部门应该指定一个人,使其承诺本部门参与质量改进工作。

第三步,建立质量策略标准。公司中的每一个部门都制定本部门的质量测量标准,利用这些标准可以确定在哪些方面需要采取纠正措施以及衡量随后的进展情况。

第四步,评价质量成本。为了消除任何可能的偏见,管理部门应该坚决改变过去的会计方法以便反映真实的质量成本。

第五步,增强质量意识。公司所有的员工要通过他们的领导了解质量改进活动。通过交流让他们认识到质量差对顾客、成本、公司的竞争力和他们的工作将会产生什么样的影响。

第六步,采取纠正措施。在第五步对质量问题进行讨论之后,将由基层管理者和操作工人提出纠正措施。如果这些纠正措施需要得到上级主管部门的同意,就应该向上报批,否则,应尽可能地在最基层解决问题。

第七步,成立零缺陷活动的专门委员会。从质量改进小组中抽出三到四名成员组成一个专门委员会,他们负责对零缺陷思想进行研究,并要找到就开展零缺陷活动与全体员工进行交流的方式,向全体员工讲清楚我们为什么要做到一次成功。

第八步,对管理者进行培训。应制订一个正式计划对各层次管理者进行零缺陷思想方面的教育,这些管理者是否理解了零缺陷思想要看他们能否将这些思想向别人讲清楚。

第九步,设立零缺陷日。应该把某一天定为向全体员工进行零缺陷教育的宣传日,通过这项活动使全体员工在理解零缺陷思想方面达成共识。

第十步,制定质量目标。管理者应该要求每个员工都要制定出 30 天、60 天和 90 天的质量目标。这些目标应该具体并且可以度量。

第十一步,消除产生问题的原因。首先要求每个职工在一张简明的表格上填写影响他们一次成功的种种原因。不过我们不要把这项工作仅仅看作是一种建议方式,这项工作的目的是要消除产生问题的原因。然后指定一个合适的工作小组去研究提出的每一个问题,并提出解决方案。

第十二步,认可。为了积极做好和加强第十一步的工作,必须要有认可过程。认可采用多种形式,如举行竞赛活动、聚餐、发一些纪念品等。

第十三步,设立质量委员会。应该由质量方面的专业人员和来自公司各部门的质量小组负责人组成一个质量委员会,定期地召开会议以便互相交流思想,相互相通报各自的情况。

第十四步,重新执行一次零缺陷计划。一般来说,执行一次零缺陷计划需要一年到十八个月的时间。到了计划完成时,由于人员的调整和情况的变化,有关如何执行零缺陷计划方面的知识和经验可能已被遗忘或丢失。因此,应该从组建新的质量改进小组开始重新启动零缺陷计划。

克劳斯比的零缺陷观点与戴明的联系改进的思想之间存在着许多的相似之处:(1)他们都强调产品质量和服务质量的重要性;(2)对于错误,重在预防而不是纠正;(3)提高质量可以降低成本;(4)也一致同意质量主要是管理人员的责任;(5)恰当管理员工比投资技术更重要。德明的质量管理哲学归纳为十四条;克罗斯比也提出了十四步质量改进方案。

尽管如此,两者的质量管理思想仍旧存在着本质的区别:克劳斯比1979年在《质量免费》一书中提出了"零缺陷"的观点,认为实现质量目标的核心是塑造敬业精神,优质工作应得到表彰,在有高层领导参加的仪式上给予奖励。管理人员要一丝不苟地确保零缺陷精神持续并光大。克罗斯比的十四步质量改进方案涉及理解质量成本、把它作为一项管理工具、培训主管、树立零缺陷标准。而戴明从上世纪30年代开始搞质量管理,50年代应邀到日本,培训实业家采用统计方法提高产品质量。戴明的质量管理思想的理论基础是自然误差理论,他看重的是分析和改进企业的运作体制,对"改善工作态度是提高质量的关键"的提法不屑一顾。

（孙俊华）

参考文献:

[1]郑称德编著.运作管理[M].南京:南京大学出版社,2003,P32-33.

[2][美]罗杰·G.施罗德著,韩伯棠译.运作管理:运作职能中的决策(第四版)[M].北京:北京大学出版社,2000,P91-95.

[3][美]Mark M. Davis、Nicholas J. Aquilano、Richard B. Chase 著,汪蓉等译.运营管理基础(第4版)[M].北京:机械工业出版社,2004,P152-155.

库存中总有少量产品占用大量资金

　　威尔弗莱多·帕累托,意大利经济学家、社会学家。早年学习自然科学。1868 年在都灵大学获工程博士学位。1889 年前后转向研究经济学。1893 年任瑞士洛桑大学政治经济学教授。1906 年后致力于社会学研究。帕累托的社会学思想主要有:①行动理论,主要涉及人的行动的非逻辑方面。②精英理论,主要探讨社会分层和社会统治问题。③社会系统理论,主要研究社会的动态均衡问题,认为任何社会系统主要特征是:经济生产力水平、政治权力的分布状态、意识形态的性质、不平等的模式,社会系统是动态均衡的过程。帕累托的社会学思想成为 20 世纪 50 年代西方社会学中占主导地位的结构功能主义的理论来源之一。著有《政治经济学讲义》、《社会主义体系》、《政治经济学教程》、《社会学通论》等。

　　帕累托在 1906 年观察到在任何一组物体中总有一些少量的物体在整体中占据了重要的比例。同时,他注意到在经济生活中少数人赚走了社会的大部分收入。同样他也观察到在一个公司的少数几个产品却占据了大部分的销售额,在志愿者组织里少数人却做了大部分的工作。这就是所谓的帕累托法则,或 20/80 法则,即 20% 的原因带来了 80% 的结果,存在着"关键的少数,无关紧要的多数"。例如,20% 的产品赢得了 80% 的利润,20% 的客户提供了 80% 的订单,20% 的员工创造了 80% 的财富,20% 的供应商造成了 80% 延迟交货。

　　帕累托法则告诉管理者,不同的因素在同一活动中起着不同的作用,在资源有限的情况下,要把注意力放在起着关键性作用因素上。这就要求管理者在对各种因素进行统计分类的基础上,找出主要问题,从而将管理资源和管理工作的重点放在主要关节点,对其进行重点控制和管理。这种分类方法被称为 ABC 分类法或帕累托分析法,它是根据事物在技术或经济方面的主要特征,进行分类排队,分清重点和一般,从而有区别地确定管理方式的一种分析方法。由于它把被分析的对象分成 A、B、C 三类(在实际运用中可以分为更多的种类),所以又称为 ABC 分析法。

1951 年,管理学家戴克将其应用于库存管理,命名为 ABC 法。帕累托分析法最早是用于库存管理。虽然企业生产所需的物料种类繁多,但是这些物料的重要程度、价格高低、资金占用各不相同。但其中有些物料品种虽然不多,但占用资金很多;有些物料虽然品种很多,数量也很大,但占用资金却不多。因此,针对库存物料的不同情况和特点,实施重点的分类控制和管理,尽可能减少库存占用资金,加速资金周转,对提高企业的整体经济效益具有极其重要的意义。ABC 分类库存管理法正是在帕累托法则的指导下,企业通过对物料进行科学分类,以找出占用大量资金的少数物料,并对其加强控制和管理,同时找出占用少量资金的大多数物料,施以较松的控制和管理。ABC 分类库存管理法,又称物料的重点管理法,是指对企业品种繁多的物料,按其重要程度、消耗数量、价值大小、资金占用等情况,进行分类排队,将其分为 ABC 三类,然后分别采用不同的管理方法,做到抓住重点兼顾一般。

库存物料 ABC 分类标准表

类别	数量(品种/使用量)占总量	金额占总金额	盘点问题	允许盘点误差
A	5% ~10%	70% ~80%	每个月一次	1%
B	10% ~20%	10% ~20%	每季度一次	2%
C	70% ~80%	5% ~10%	半年一次	3%

A 类物料。一般而言,人们把占用了 70% ~80% 的价值,品种数量仅占 5% ~10% 的物料划为 A 类,其具有消耗量大、比较贵重、重要性强且占地面积较多等特点。这类物资品种不多,而占用资金较多,应定为物料管理的重点对象,一般应进行严格的连续控制方式。包括应有完整、精确的记录,最高的作业优先权,管理人员应经常检查,小心精确的确定订货量和订货点等,对来料期限、库存盘点、领发料等要严格要求。A 类库存一般应该减少库存量和采购次数,实行定期定购方式,随时检查库存情况,一旦库存量下降到一定水平(订货点),就要及时订货,每次订货量以补充目标库存水平为限。对定购批量及安全存量及时进行计算,进出库要有详细记录而且要定期检查库存

量,使安全库存量尽可能低些。

B 类物料。一般把占用了 10% ~ 20% 的价值,品种数量占 10% ~ 20% 的物料划为 B 类,其品种数量较多,占用资金也较多。其特点和重要程度介于 A 类和 C 类物料之间,企业要根据物料管理的能力和水平,采用不同方法对其实施正常控制,包括良好的记录与常规检查,定购批量和安全库存量可以根据历史数据与经验确定,进出库要有记录。只有在紧急情况下,才赋予较高优先级,可按经济批量订货。

C 类物料。一般将占用了 5% ~ 10% 的价值,品种数量却占 70% ~ 80% 的物料划为 C 类,这类物料品种数量很多,但占用的资金不多,且易于采购。由于该类占用的资金不多,品种繁多,一般采用比较粗放和简单的定量控制方式,可以适当加大定购批量和安全库存,采用三堆管理法:第一堆供日常领用;第二堆表示订货点库存量,第二堆用完后需要立即发出订货;第三堆表示安全库存量,是供应紧急情况下使用的。对这类物资,也可实行定量定购方式,适当加大保险储备量,以防止缺料现象的发生。

ABC 分类法的应用大致可以分 5 个步骤:(1)收集数据,针对不同的分析对象和分析内容,收集有关数据。(2)统计汇总。(3)编制 ABC 分析表。(4)ABC 分析图。(5)确定重点管理方式。

在戴克将 ABC 法应用于库存管理之后,1951—1956 年,朱兰将 ABC 法引入质量管理,用于质量问题的分析,被称为排列图。1963 年,德鲁克将这一方法推广到全部社会现象,使 ABC 法成为企业提高效益的普遍应用的管理方法。ABC 分类法应用的领域逐渐地也就扩展到了质量管理、成本管理、营销管理以及其他更广的管理领域之中,ABC 分类法成为了社会和管理活动中被广为接受的规律和方法。

(孙俊华)

参考文献:

[1]罗杰·G. 施罗德著、韩伯棠等译. 运作管理——运作职能中的决策(第 4 版)[M]. 北京:北京大学出版社/科文(香港)出版有限公司,2000,P558 - 559.

[2]王关义. 现代生产管理[M]. 北京:经济管理出版社,2005,P194 - 197.

[3][美]Jay Heizer、Barry Render. 生产与作业管理教程[M]. 北京:华夏出版社,1999,P278 - 282.

全面质量控制实现客户满意
和经济成本的最佳结合

阿曼德·V. 费根堡姆,出生于纽约市。他先后就读于联合学院和麻省理工学院,1951 年毕业于麻省理工学院,获得工程博士学位。1942 年至 1968 年在通用电气公司工作,1958 年至 1968 年任通用电气公司全球生产运作和质量控制主管。1988 年费根堡姆被美国商务部长任命为美国马尔康姆·鲍德里奇国家质量奖项目的首届理事会成员。1992 年费根堡姆入选美国国家工程学院,他发展了"全面质量控制"观点。费根堡姆是全面质量控制的创始人,被称为"全面质量控制之父"。他主张用系统或者说全面的方法管理质量,在质量过程中要求所有职能部门参与,而不局限于生产部门。这一观点要求在产品形成的早期就建立质量,而不是在既成事实后再做质量的检验和控制。代表作《全面质量控制》。

在费根堡姆的学说里,他努力摒弃当时最受关注的质量控制的技术方法,而将质量控制作为一种管理方法。他强调管理的观点并认为人际关系是质量控制活动的基本问题。基于质量是组织中每个成员的责任的认识,费根堡姆强调部门之间的交流,特别是对于产品设计控制、来料控制和生产控制等方面。和朱兰一样,他推崇质量成本框架,并强调仔细度量和报告这些成本,所以一些特殊的方法如统计和预防维护,只能被视为全面质量控制程序的一部分。

费根堡姆 1956 年提出了全面质量控制的概念,并于 1961 年在《全面质量控制》一书中正式推出了全面质量控制这一思想:为了生产具有合理成本和较高质量的产品,以适应市场的要求,只注意个别部门的活动是不够的,需要对覆盖所有职能部门的质量活动进行策划。费根堡姆在他的著作中强调当今全面的质量计划在组织和企业中是最有力的工具。要让质量计划发挥作用,组织管理者必须承担责任,这些责任包括让领导者做出承诺并为组织发展作出应有的贡献。

费根堡姆将全面质量控制定义为"一个协调组织中人们的质量保持和质量改进努力的有效体系,该体系是为了用最经济的水平生产出客户完全满意的产品"。在费根堡姆看来,全面质量管理是为了能够在最经济的水平上并在考虑到充分满足顾客要求的条件下进行市场研究、设计、制造和售后服务,把企业内各部门的研制质量、维持质量和提高质量的活动构成为一种一体的有效的体系。

他指出质量并非意味着"最佳",而是"客户使用和售价的最佳"。在质量控制里"控制"一词代表一种管理工具,包括制定质量标准、按标准评价符合性、不符合标准时采取的行动和策划标准的改进等等。因此,全面质量管理强调两个方面的思想:一是预防为主、不断改进的思想,即制定和实施质量标准;二是为顾客服务的思想,即达到顾客满意,而全过程的质量管理就意味着全面质量管理要"始于识别顾客的需要,终于满足顾客的需要"。

全面质量管理的基本原理与其他概念的基本差别在于,它强调为了取得真正的经济效益,管理必须始于识别顾客的质量要求,终于顾客对他手中的产品感到满意。全面质量管理就是为了实现这一目标而指导人、机器、信息的协调活动,为此企业要进行新设计的控制、进厂原材料资源的控制、产品生产和库存的控制以及针对顾客需求开展专题研究,真正实现全过程质量控制。

费根堡姆的全面质量控制思想可以总结为以下几个方面:

(1)在"质量控制"这一短语中,"质量"一词并不具有绝对意义上的"最好"的一般含义。质量是指"最适合于一定顾客的要求",这些要求包括产品的实际用途和产品的售价两个方面。

(2)在"质量控制"这一短语中,"控制"一词表示一种管理手段,包括四个步骤:制定质量标准、评价标准的执行情况、偏离标准时采取纠正措施和安排改善标准的计划。

(3)影响产品质量的因素可以划分为两大类:一是技术方面的,即机器、材料和工艺;二是人员方面的,即操作者、班组长和公司的其他人员。在这两类因素中,人的因素的影响显得更为重要。

(4)全面质量管理是提供优质产品所永远需要的优良的产品设计,加工方法以及认真的产品维修服务等活动的一种重要手段。

（5）质量管理的基本原理适用于任何制造过程，由于企业行业、规模的不同，方法的使用上略有不同，但基本原理仍然是相同的。方法上的差别可概括为：在大量生产中，质量管理的重点在产品，在单件小批生产中，重点在控制工序。

（6）质量管理贯穿在工业生产过程的所有阶段。首先是向用户发送产品，并且进行安装和现场维修。

（7）要有效地控制影响产品质量的因素，就必须在生产或服务过程中的所有主要阶段加以控制。这些控制就叫质量管理工作，按其性质可分为四类：新设计控制、进厂原材料资源控制、产品生产和库存控制与专题研究。

（8）建立质量体系是开展质量管理工作的一种最有效的方法与手段。

（9）质量成本是衡量和优化全面质量管理活动的一种手段。

（10）在组织方面，全面质量管理是上层管理部门的工具，用来委派产品质量方面的职权和职责，以达到既可免除上层管理部门的琐事，又可达到上层管理部门确保质量成果令人满意的手段的目的。

（11）原则上，总经理应当成为公司质量管理工作的"总设计师"，同时，他和公司其他主要职能部门还应促进公司在效率、现代化、质量控制等方面的发挥。

（12）从人际关系的观点来看，质量管理组织包括两个方面：a. 为有关的全体人员和部门提供产品的质量信息和沟通渠道；b. 为有关的雇员和部门参与整个质量管理工作提供手段。

（13）质量管理工作必须有上层管理部门的全力支持。如果上层管理部门的支持不够热情，那么，向公司内其他人宣传得再多也不可能取得真正的效果。

（14）在全面质量管理工作中，无论何时、何处都会用到数理统计方法，但是，数理统计方法只是全面质量管理中的一个内容，它不等于全面质量管理。

（15）应该认真地在公司的范围内逐步开展全面质量管理活动。明智的做法是，选择一两个质量课题加以解决并取得成功，然后按这种方式一步一步地实施质量管理计划。

（16）全面质量管理工作的一个重要特征是，从根源处控制质量。例如，通过由操作者自己衡量成绩来促进和树立他对产品质量的责任感和关心，就是全面质量管理工作的积极成果。

企业质量管理的实践证明,通过实施全面质量控制,可以达到以下利益:提高产品质量,改善产品设计,加速生产流程,鼓舞员工的士气和增强质量意识,改进产品售后服务,提高市场的接受程度,降低经营质量成本,减少经营亏损,降低现场维修成本和减少责任事故。

(孙俊华)

参考文献:

[1]郑称德编著.运作管理[M].南京:南京大学出版社,2003,P32 - 33.

[2]王关义.现代生产管理[M].北京:经济管理出版社,2005,P212 - 213.

[3][美]Mark M. Davis、Nicholas J. Aquilano、Richard B. Chase 著,汪蓉等译.运营管理基础(第4版)[M].北京:机械工业出版社,2004,P155.

全面质量控制所要做的就是
理所当然的和必须要做的

　　石川馨,日本著名质量管理专家、日本式质量管理集大成者。1915 年出生于日本一个显赫的工业家庭,1939 年毕业于东京大学工程系,主修应用化学。1947 年进入东京大学继续深造,其间因感到分离和揭示离散数据的困难而对统计技术产生浓厚兴趣。1949 年应日本科学驾驭工程师学会的邀请加入质量管理研究小组,领导质量控制与统计方法的运用,领导各学术机构以及工业组织对质量控制原理的应用。20 世纪 50 年代,石川馨提出了"下一道工序就是你的顾客"的口号,目的是为了解决各部门之间的一些矛盾并鼓励各部门之间的相互合作。1960 年,石川馨的《质量控制》一书获"戴明奖"、日本 Keizai "新闻奖"和"工业标准化奖"。1971 年,其质量控制教育项目获美国质量控制协会"格兰特奖章"。1969 年石川馨加入国际标准委员会,1977 年开始任主席,同时进一步推动质量管理的标准化发展,1981 年加入世界各地邀请举办的日本质量管理技术问题研讨会并提出建议,1989 年去世。其代表著作有:《质量管理入门》、《质量控制》、《质量控制指南》和《日本的全面质量管理方法》。

　　石川馨认为,有效的质量管理应该是以下几点的综合:(1)对产品/服务质量本身的控制;(2)对成本、价格以及利润的总和监控;(3)对可靠供应渠道和分销系统的监控。

　　石川馨曾指出,实施质量控制就是开发、设计和提供最有价值的最经济的最实用的能使顾客满意的产品与服务,如果一个企业希望在产品和服务市场有竞争力,那么它除了加强质量管理外别无选择。他强调,全面质量控制所要做的就是理所当然的和必须要做的。他还指出,全面质量管理绝不是快速药,相反它是一种缓慢作用的草药治疗,它必须在长期的坚持中才能对公司的机构产生潜移默化的改善作用。

石川馨认为全面质量管理必须以全体员工的贡献为基础,没有谁能独立地达到顾客对质量的要求。全面质量管理不仅仅是单纯的一套工具或专业化的技巧,它还关系到质量教育、培训或改变员工的行为,从而使他们能够坚持不懈的努力提高质量和消除浪费。他的思想还包括相互之间的尊重和对每一个资源所贡献的价值的认识。因此,全面质量控制是指从事一项特定目标与特定目标的手段密不可分的工作,而绩效管理和评价则很大程度上取决于高层管理者将组织目标有效部署到各层次的能力。

石川馨极力提倡在全公司质量控制中运用统计技术,他把这些技术分为初级、中级和高级三个层次,并指出90%到95%的问题都可以用初级的办法来解决,并不需要什么特殊知识。石川馨创造了用于查明质量问题可能所在和设立相应检验点的方法的因果分析图,也叫石川图或鱼骨图。石川图是一种提高质量的最基本、最重要的方法,它由石川馨1943年提出,并代表了一种问题求解的方法。它主要用于将由头脑风暴会议产生的信息加以组织,寻找引发问题的潜在原因。分析过程中,所有可能的情况都必须检查清楚,直到建立适当的因果关系。石川图提出一个对生产过程和其周围环境综合的观点,试图可以帮助管理人员分析他们所负责的生产过程存在的问题。他认为,在一个生产或服务环境中,问题的产生原因可能是与以下的任何一个因素有关,即:方法、原材料、人力资源、设备以及环境。石川图不仅仅能够用于分析这些因素独立作用时的影响,还能用于建立各种因素之间的相互作用时的内在联系。如果这种技术能与头脑风暴法成功地结合,就可以鼓励不同的人员投入和参与发掘问题的根源。

在石川馨提出全面质量管理概念的早期,就非常清楚地认识到,对质量控制原理的培训不能仅仅局限于管理阶层或工程人员,而应该向下扩展到每一个雇员。因此基层监督人员和各个雇员都参与到质量控制中来是很重要的,他们比其他任何人与各种生产关系都更密切。高级管理人员在正确决策中所需要的适合信息都是由他们得到的,所以高级管理人员的工作绩效只能以他们是否成功地调动所有雇员的能力来衡量。石川馨认为一个公司中的高级管理人员、基层监督人员和其他雇员自发组织起来研究如何提高工作的有效性的团队是一个质量控制圈。

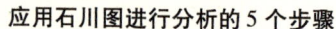

应用石川图进行分析的 5 个步骤

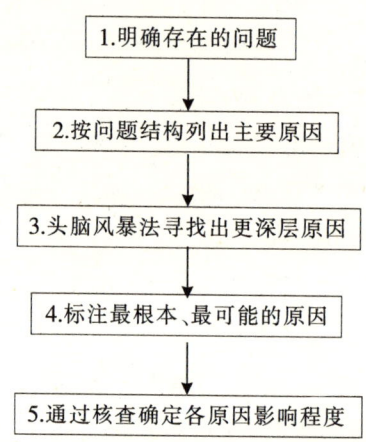

1.明确存在的问题

2.按问题结构列出主要原因

3.头脑风暴法寻找出更深层原因

4.标注最根本、最可能的原因

5.通过核查确定各原因影响程度

　　自愿是质量控制圈的中心思想,它不像特定的项目小组,雇员可以决定是否加入质量控制圈,而不受上级的强制。质量控制圈在质量提高上与一般团队的工作的不同在于:(1)质量控制圈只解决本部门或雇员权利范围内的问题,而其他团队去处理问题求解和组织问题的控制;(2)质量控制圈使用的是由下向上的方法,而一般团队工作则是从某个项目出发,采用由上向下的分析方法;(3)质量控制圈可以让雇员自由地决定在哪一方面提高质量,而针对某个项目的团队工作的任务则是由上级特别指派;(4)多个质量控制圈组成一个连续的过程,而其他一般性的工作团队当项目结束后即宣告解散;(5)质量控制圈不需要对上级管理人员作正式的报告,而一般的项目小组则必须定期向上级进行汇报。石川馨认为,质量控制圈发挥作用的主要前提,在于激励员工为了最终对产品增值过程作出贡献。因此,他认识到组中员工的必要性,让雇员在管理自己的工作环境上自主决策。更重要的是,他运用每个雇员发挥他们在创造和革新方面的最好能力,并鼓励、采纳和运用他们的想法。

　　石川馨是公认的对全面质量控制概念或质量管理发展有主要贡献的人

物,其主要贡献包括,对全面质量管理在日本的发展所起的重要作用、他所创的石川图(因果分析图或鱼骨图)以及他所提倡的质量控制圈。

（孙俊华）

参考文献

[1]姜杰、张喜明、孙立宁主编.管理学名著提要[M].济南:山东人民出版社,2003,P75 - 79.

[2]郑称德.运作管理[M].南京:南京大学出版社,2003,P34.

[3][美]Jay Heizer、Barry Render.生产与作业管理教程[M].北京:华夏出版社,1999,P49 - 50.

6σ 管理是一项追求近乎完美的质量管理方法

杰克·韦尔奇,前通用电气(GE)公司总裁,在执掌 GE 的 20 年里,使得 GE 的股票市值从 120 亿美元上升到 1700 亿美元,被称为"全球第一 CEO"。杰克·韦尔奇长期受业界关注的原因,除了其辉煌成就之外便是 GE 那套成功的管理制度和哲学,这其中提及最多的就是 6σ 理论。

需说明的是,作为 6σ 管理的代表人物的杰克·韦尔奇,并不是该理论的创造者,GE 并不是第一个实行 6σ 管理的公司,事实上摩托罗拉才是第一个。1986 年摩托罗拉公司通信部门的高级工程师比尔·史密斯向公司提出了一个 6σ 管理方案,当时摩托罗拉公司 CEO 鲍勃·高尔文以一位大公司最高领导的远见卓识,全力推进这一方案的实施。在短短的 5 年时间里,摩托罗拉公司运用 6σ 管理使其产品质量提高了 10 倍,并在 1988 年荣获极负盛名的波多里奇国家质量奖,1989 年获日本对制造业设立的日经奖。但是 6σ 管理得以在美国乃至全球范围内推广,最终还得归功于 GE 公司的杰克·韦尔奇。由于其坚强领导和丰富实践,GE 公司从 1995 年开始推行 6σ 管理,1997 年开始获利,到 2001 年销售收入达 1259 亿美元,GE 公司以骄人的业绩跻身世界 500 强第 6 位。由于 GE 的巨大成功,才使 6σ 成为业界纷起效仿的管理变革,也正是 GE 才把 6σ 上升为一种高度有效的企业流程设计、改造和优化的管理方法,继而成为追求管理卓越性的跨国公司最为重要的战略举措。因此,人们将杰克·韦尔奇作为 6σ 管理理论的代表人物。

6σ 管理是一项以数据为基础,追求几乎完美的质量管理方法。σ 是一个希腊字母,中文译音西格玛,统计学用来表示标准误差,即数据的分散程度。对于连续可计量的质量特性而言,在工序稳定的情况下,它总是围绕在目标值正态分布中心左右波动。而 σ 正是对质量特性值对分布中心偏离程度的一种度量,当 σ 较小时表明偏离程度较小,当 σ 较大时偏离程度较大。在生产实际中,常常用 σ 作为度量产品质量好坏的一个统计尺度,任何一个工作程序或工艺过程都可以用几个 σ 来表示。如人们常会说,这一质量特性的质量水平为 3σ,就意味着其合格率为 93.32%。而 6 个 σ 可解释为每 100 万个机会中有 3.4 个出错的机会,即合格率是 99.99966%,打个形象的比喻,就是当人们阅读一本 30 万字的书时,只允许有一个印刷错误。

6σ 管理方法的重点是将所有的工作作为一个流程,采用量化的方法分析流程中影响质量的因素,找出关键的因素加以改进,从而达到更高的客户满意度。6σ 管理追求的就是"一开始就把任何事都做好"这样一种理念,实际上就是要求"不出任何差错",这就是在时间的深度和空间的广度上杜绝了一切差错的可能,真正做到了这一点,那么人们所享受的质量水平就达到了"完美无缺"的境地了。

作为全面质量管理的深化和提升,6σ 管理方法在管理实践中体现出以下六大特点:

(1)真正关注顾客。在 6σ 管理中,以顾客为关注焦点,并以此为确定项目的依据。6σ 管理无论是改进模式还是设计模式都是以顾客满意和过程增值为追求目的,也就是以提高顾客满意和增加过程增值为选择项目标准。

(2)以数据和事实驱动管理。6σ 管理把"以数据和事实为管理依据"的概念提升到一个新的、更有力的水平。6σ 管理从分辨什么指标对测量经营业绩最为关键开始,然后收集数据并分析关键变量。这时候问题能够被更加有效地发现、分析和解决——永久地解决。

(3)针对流程采取相应措施。无论把重点放在产品和服务的设计、业绩的测量、效率和顾客满意度的提高上还是业务经营上,6σ 管理都把过程视为成功的关键载体。6σ 管理活动的最显著的突破之一就是使领导者和管理者确信掌握流程是构建向顾客传递价值的竞争优势的途径。

(4)预防性管理。预防管理意味着对那些常常被忽略的经营活动进行管理,制定有雄心的目标并经常进行评审,设定清楚的优先级,重视问题的预防而非事后补救,询问做事的理由而不是因为是管理而盲目遵循。6σ 综合利用工具和方法,以动态的、积极的、预防性管理风格取代被动的管理习惯。

(5)无边界合作。6σ 管理大力倡导无边界的通力合作,它通常把部门间的相互支持放在首位,这种跨部门的相互协作甚至扩大到它的供应商和分销商。韦尔奇认为:妨碍速度的最大原因是阻碍交流的看不见的壁垒。打破壁垒,从一切地方学习更好的方法。追求无边界企业的目标,不仅依靠速度,还要善于学习他人,同时在公司内超越地域、业务,形成与公司的技巧融合的学习文化。无边界公司还打破了不同岗位之间的隔阂。因此 6σ 管理能创造出一种能真正支持团队合作的管理结构和环境。

(6)力求完美但容忍失败。公司要追求完美、接近 6σ 水平,就必须推行新的观念和方法,而这往往包含着风险。如果人们看到了接近完美的可能方法,但又害怕随之而来的错误,他们将永远不会尝试。而 6σ 理论所包含的业绩改进方法中,包括大量的风险管理方法,通过这些方法,挫折或风险的范围会有所限制。

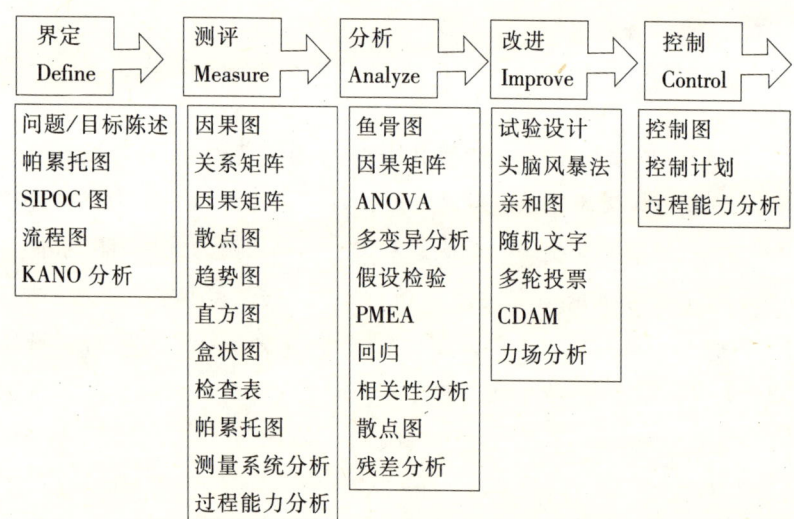

6σ 管理理论实际上是一种从全面质量管理理论演变而来的理论。正如国际质量科学研究院院士刘源张所说,"质量管理需要一种新的理念和更有号召力的质量改进方式,正是在这种情况下,6σ 应运而生"。但是,全面质量管理由于涉及所有人和事、覆盖公司所有资源而失去聚集点和冲力,而 6σ 管理却更具有针对性,它追求以客户为中心。资源的有限性决定了我们必须分清主次,将重点放在客户最关心、对企业影响最大的客户质量关键点。6σ 管理方法不仅包括以生产制造为重点的质量管理,更重要的是它着重于所有业务领域的几乎所有过程。

（孙俊华）

参考文献:

[1]郭咸纲著.西方管理思想史(第 3 版)[M].北京:经济管理出版社,2004,P384 - 388.

[2]岑咏霆编.质量管理教程[M].上海:复旦大学出版社,2005,P245 - 266.

[3]郑称德.运作管理[M].南京:南京大学出版社,2003,P54 - 62.

[4][美]George Eckes 著,侯纪伟、孙文庆译.持久的六西格玛——文化变革与技术变革的平衡[M].北京:中国人民大学出版社,2004.

第五篇 研究与开发

创新是一种创造性破坏过程

约瑟夫·阿洛伊斯·熊彼特(Schumppeter,Joseph Alois;1883—1950),奥地利籍经济学家和社会学家,哈佛大学经济学终身教授;曾任经济计量学会、美国经济学会会长。熊彼特的主要贡献在于开创性地提出了创新理论,为该理论体系的发展奠定了坚实的基础。此外,熊彼特还在动态经济增长理论与经济周期理论、发展经济学、制度经济学以及社会学等方面作出了重要贡献。主要著作有《经济发展理论》(1912),《经济思想和方法》(1914),《经济周期》(1939),《资本主义、社会主义和民主》(1942),《经济周期:资本主义过程的理论、历史和统计分析》、《10 位伟大经济学家》(1951),《经济分析史》(1954)等。

1942 年,在《资本主义、社会主义与民主》一书中,熊彼特又把创新解释为是一个"不断地破坏旧结构、不断地创造新结构"的过程,是一个"创造性破坏的过程"。熊彼特强调发明与创新的不同。发明是一种构思,而创新是一种实践,是新产品、新工艺、新方法和新制度的商业化应用。熊彼特不但阐明了创新的概念,还用创新理论解释资本主义的快速发展。他认为,创新是资本主义经济快速发展的根本动力,在这种意义上,他也认为,创新是资本主义区别于以前的社会形态的本质特征。熊彼特以创新理论独辟蹊径解释资本主义,被称为是少数几个影响20世纪的经济学家,但由于他的理论和当时的西方主流经济学不同,在当时没有受到足够的重视,只是到了20世纪60年代以后,随着世界范围内的新技术革命和市场取向改革的兴起,创新理论的研究才出现复兴。此后,不少经济学家进一步发展了创新理论。经合组织经济顾问克里斯托夫·弗里曼1974年出版了《工业创新经济学》,1982年出版了《失业和技术创新》。弗里曼以熊彼特的理论为基础,在把技术创新看作是经济增长的同时,更强调技术创新与国家政策之间的关系;弗里曼在研究日本、东南亚国家和地区工业经济迅速发展而欧美的增长相对减慢这一涉及国家竞争力的基本事实后,提出了国家创新体系的概念,首次将创新看作是一种国家和政府行为。

熊彼特是最早把创新引入经济学的人,创新理论在其1912年出版的《经济发展理论》一书中被首次提出来。在熊彼特创立以创新为核心的经济发展理论之后的相当一段时间内,其描述资本主义经济发展规律性和解释世界经济不均衡增长的理论,并没有引起西方经济学界的重视。随着新技术革命的蓬勃兴起,人们越来越认识到技术进步对经济发展的显著作用。熊彼特的创新理论重新又受到广泛重视,并得到进一步的发展;其理论在西方经济学的许多流派中都产生了重大影响。熊彼特以创新理论为核心,研究了资本主义经济发展的实质、动力与机制,探讨了经济增长和经济发展的模式和周期波动,预测了经济发展的长期趋势,提出了独特的经济发展理论体系。

熊彼特的研究方法一方面直接来源于瓦尔拉的一般均衡分析,同时也受到了马克思的很大影响。熊彼特认为瓦尔拉的一般均衡理论是经济理论方面的杰出成就,但熊彼特并不满足于瓦尔拉的静态均衡分析,而是用动态方法创立了动态的经济发展理论。熊彼特认为经济发展不是由外部推动的,而是来自资本主义经济内部,即是创新的结果;而资本主义的灭亡和社会主义的胜利,正是由于创新的减退和消失。

熊彼特认为,创新就是把生产要素和生产条件的新组合引入生产体系,即建立一种新的生产函数,其目的是为了获取潜在的利润。所谓生产函数,是在一定时间内,在技术条件不变的情况下生产要素的投入同产出或劳动的最大产出之间的数量关系,它表示产出是投入的函数。每一种生产函数都假定一个已知的技术水平,如果技术水平不同,生产函数也不同。这种创新或生产要素的新组合包括五种情况:一是引进新的产品,即产品创新;二是采用一种新的生产方法,即工艺创新或生产技术创新;三是开辟一个新的市场,即市场创新;四是获得一种原料或半成品的新的供给来源,即开发新的资源;五是实行一种新的企业组织形式,即组织管理创新。

熊彼特的创新概念主要属于技术创新范畴,也涉及了管理创新、组织创新等,但他强调的是把技术与经济结合起来,因而他所说的创新是一个经济学的概念,是指经济上引入某种新的东西,不能等同于技术上的发明,只有当新的技术发明被应用于经济活动时,才能成为创新。他把发明与创新分开,强调第一个将发明引入生产体系的行为才是创新。熊彼特认为企业家活动的动力来源于对垄断利润或超额利润的追逐,其目的或结果是实现新组合或创新;创新的承担者(主体)只能是企业家,企业家的创新活动是经济兴起和发展的主要原因。

熊彼特认为,经济会由于创新而增长,但这种增长呈现周期性。创新能够导致经济增长,是因为创新者不但为自己赢得利润,而且为其他企业开辟了道路,起了示范。创新一旦出现,往往会引起其他企业模仿。普遍的模仿,会引发更大的创新浪潮,于是经济走向高涨。当较多的企业模仿同一创新后,创新浪潮便消逝,经济出现停滞。如果经济要再度增长,就必须有新一轮的创新。只有不断创新,才能保证经济持续增长。资本主义经济增长的过程是通过繁荣、衰退、萧条和复苏的周期过程而实现的,而创新是决定这种周期的主要因素。经济危机是创新过程中不可避免的周期性的经济现象,繁荣之后,便是衰退,衰退和萧条就是危机,摆脱经济危机只有通过创新。

熊彼特认为,经济发展是一种质变或生产方法的新组合,它与经济增长的最大区别在于经济发展是一个动态的过程,它是内部自行发生变化的结果。用熊彼特的话来说,创新就是实现生产方法的新组合,创新就是经济发展。因此,创新、新组合、经济发展实际上是一个意思或同义语。在熊彼特看来,创新是一种创造性的破坏。他注意到,创新的过程,是不断破坏旧的结构,不断创造新的结构的过程,是一个创造性的破坏过程。一批又一批企业在创新浪潮中被淘汰,一批又一批新的企业在创新浪潮中崛起,具有创新能力和活力的企业不断发展,生产要素在创新过程中实现优化组合,经济就会不断发展。持续创新,持续破坏,持续优化,持续发展。这就是创新的经济发展逻辑。

熊彼特的创新理论从其概念到涉及的经济增长、社会发展、经济周期等，无一不是将科学技术与经济社会联系起来。熊彼特所说的创新，涉及科学技术的重大发展和技术变革，但它并不是纯经济和技术的概念，而是具有广泛的含义。它既包括技术变革、生产方法的变革内容，同时更具有经济制度形态的转变特征。熊彼特的创新理论突出了企业家的作用。在他看来，没有企业家就没有创新。这些是熊彼特经济发展理论的特色。熊彼特的创新理论对西方经济学的许多流派产生了重大影响，有些被发展成为新的分支学科，如技术创新经济学、制度创新经济学等。熊彼特把创新理论置于他的经济发展理论的核心地位，直接地、明确地把创新活动作为经济增长的原动力。后来，他又根据苏联经济学家尼古拉·康得拉齐耶夫的长波理论，研究了创新在资本主义经济发展的长周期中所起的作用，勾画了技术创新经济学理论的大致框架。熊彼特以创新理论为核心，研究了资本主义经济发展的实质、动力与机制，探讨了经济发展的模式和周期波动，预测了经济发展的长期趋势，提出了独特的经济发展理论体系。熊彼特的研究方法、理论和观点对后来的发展经济学产生了深远的影响，因此可称为发展经济学的早期先驱者之一。熊彼特认为，创新是一经济概念，与技术上的新发明有着不同的内涵。发明是新技术的发现，而创新则是将发明应用到经济活动中去。企业家则是在创新活动中起主导作用。总之，熊彼特的创新理论强调生产技术的变革和生产方法的变革在经济发展中的核心作用，把这种创新和生产要素的新组合看作资本主义的最根本特征，并把创新赋予企业家来完成。于是，熊彼特将技术进步、企业家活动和社会发展联系在一起。熊彼特运用创新概念，从政治、经济、社会、技术等的发展历史来说明资本主义的特征和经济发展的过程，从而将历史的发展与理论的探讨融为一体。熊彼特的创新理论是技术与经济相结合的理论。

熊彼特的创新理论并非十分完善。他强调创新就是生产要素在生产过程中的新组合，包括生产的新产品、新方法、原材料新来源、新市场和生产新组织。实际上，他把创新局限在生产过程中的新变化，突出了新技术的商业应用。这种创新就具有一定的局限性，或仅是经济学意义上的创新，虽然它含着科学技术是经济发展的主要动力的意思。熊彼特的创新理论中不完善的地方,为后来技术创新和制度创新理论的进一步研究所补充和发展。

（刘兴国）

参考文献：

[1][美]约瑟夫·阿洛伊斯·熊彼特.经济发展理论[M].北京:商务印书馆,1990.

[2]陈小玉.从熊彼特的创新理论看马克思的资本创新思想——兼谈现代企业活劳动相对减少而价值量不断增加之谜[J].特区经济,2006(01):348—349.

[3]雷宇,李生校.熊彼特创新理论中的企业家生成机制[J].绍兴文理学院学报(自科版),2005(04):68—72.

[4]裴森森.熊彼特创新理论与新发展观[J].盐城工学院学报(社会科学版),2005(04):30—33.

[5]侯彬,邝小文.熊彼特的创新理论及其意义[J].科学社会主义,2005(02):87—89.

[6]唐岳驹.熊彼特和他的"创新理论"[J].世界经济,1981(09):78—79.

产品生命周期是企业研发的重要基础

雷蒙德·弗农,美国著名经济学家、政治家,哈佛大学肯尼迪学院教授,马歇尔计划小组成员,国际货币基金组织和关税与贸易总协定的核心参与者,美国政府政策顾问;长期从事国际贸易与经济政策研究,在国际经济发展、跨国公司、国际贸易与全球化发展方面发表了大量研究成果。1966 年首次提出产品生命周期理论。主要著作有:Sovereignty at Bay（1973）, Big Business and the State：Changing Relations in Western Europe（1974）; Storm Over the Multinationals：The Real Issues（1977）; Two Hungry Giants：The United States and Japan in the Quest for Oil and Ores（1983）; Beyond Globalism：Remaking American Foreign Economic Policy（1989）; and Iron Triangles and Revolving Doors（1991）。

美国经济学家、哈佛大学教授雷蒙德·弗农和刘易斯·威尔士一直都被认同为产品生命周期理论的创始人。其中一个重要的标志就是,1966 年 5 月,弗农在美国《经济学季刊》上发表了《产品周期中的国际贸易与国际投资》一文。弗农在该论文中首次提出了产品生命周期的概念,并深入地分析了产品生命周期对国际贸易的重要影响。费农认为,产品生命是指市场上的营销生命,产品和人的生命一样,要经历形成、成长、成熟、衰退这样的周期,而这个周期在不同技术水平的国家里,发生的时间和过程是不一样的,其间存在一个较大的差距和时差;正是这一时差,表现为不同国家在技术上的差距,它反映了同一产品在不同国家市场上的竞争地位的差异,从而决定了国际贸易和国际投资的变化,为了便于区分,费农把这些国家依次分成创新国(一般为最发达国家)、一般发达国家、发展中国家。

弗农提出国际产品生命周期理论后,威尔士和赫什等人对这一理论进行了完善与补充。1967 年赫什根据弗农的产品生命周期理论,对世界不同类型国家的工业竞争潜力做了比较研究,进一步将产品生命周期理论动态化。莫迪格里亚尼对生命周期理论的发展作出了重要的贡献,其 1985 年获得诺贝尔奖的重要原因之一就是对投资生命周期理论的深入研究。此外,金德尔伯格提出了国家生命周期理论,美国俄亥俄州立大学心理学教授卡曼创立了领导生命周期理论、阿迪兹创立了企业生命周期理论等。

产品生命周期理论从其产生看,最初只是被用来研究国际贸易问题;但很快这一理论就被广泛的运用于其他一些领域。其中一个重要的方面就是,产品生命周期理论被全面地应用到新产品开发领域,用以指导新产品的开发与产品营销策略的安排。在产品研发领域,我们习惯于使用产品生命周期的如下定义,即产品生命周期指的是一个产品从投入市场被市场接受开始到最终被市场淘汰退出市场为止所经历的全部时间。根据这一定义,理论界对产品生命周期的阶段作了具体的划分;一般来说,常见的、被普遍接受的划分方法是根据产品销售增长速度将产品生命周期划分为四个不同的阶段,即投入期、成长期、成熟期与衰退期。在投入期,新产品刚刚上市,销售增长速度非常缓慢;一般来说,投入期的销售增长率低于 10%;在这一阶段,由于引进产品的费用太高,通常都会出现一定数量的亏损,但此时没有或只有极少的竞争者。当产品销售的增长速度超过 10% 时,产品生命周期就到了成长期;产品经过一段时间的试销,在消费者群体中已有一定的知名度,销售出现快速增长,企业逐渐开始盈利,利润迅速增加;由于市场及利润成长迅速,容易吸引大量竞争者进入市场。随着产品销售的不断增长,市场容量空间将被逐步填满,销售的增长速度将趋向于减缓;当销售增长速度再次回落到 10% 以下时,产品就进入到了成熟期;此时市场基本趋于饱和,产品已被大多数潜在购买者所接受,利润在达到顶点后逐渐下滑;成熟期的市场竞争非常激烈,公司为保持产品地位需投入大量的营销费用。或迟或早,产品生命周期将进入到衰退期;衰退期的产品销售增长速度为 -10% 以上,利润也大幅度滑落甚至亏损;大量企业开始先后退出市场,竞争者也越来越少。

作为新产品开发的一个重要基础,产品生命周期理论为企业新产品开发工作提供了重要的决策依据,而且可以帮助企业在时间、人力与物力等方面做好新产品开发工作的安排。综合而言,产品生命周期理论对新产品开发工作的作用主要体现在以下三个方面。

　　首先,产品生命周期理论的研究,有助于强化企业对新产品开发工作的重视。虽然产品的生命周期主要取决于产品本身的基本属性,但消费购买力水平、消费心理、商品供求状况以及科学技术水平对产品的生命周期也具有重要的影响作用,尤其是现代科学技术水平的快速发展,导致现代产品生命周期呈现出明显的不断缩短的趋势。在 20 世纪的 80 年代,产品的平均生命周期还有 5~6 年的时间,但技术的进步已经使得很多产品生命周期的平均时间缩短到不足 2 年,而且这个时间还有进一步缩短的趋势。由于产品生命周期的不断缩短,企业必须密切关注市场的变化,及时根据产品生命周期变化的新趋势,加强新产品开发工作,不断推出新产品。当代市场经济环境中,企业对新产品开发工作的重视程度,对新产品开发的投入力度,在很大程度上决定了企业经营的成败。对当代产品生命周期理论的研究,促使企业主动将产品生命周期理论与其他理论与方法相结合,大量应用能够有效缩短新产品开发周期的并行工程、同步开发等技术策略,以追求能够在尽可能短的时间内完成新产品的开发。

　　其次,它可以帮助企业安排更新换代产品的合适的开发时机。一般来说,新产品开发需要投入大量的资金、时间与人力,企业在新产品开发决策之前,必须就这些问题作出合适的安排。根据产品生命周期理论的相关内容,在产品的投入期、成长期,企业需要投入大量的时间与资金进行产品的推广,没有足够的时间与资金来进行新产品的开发工作;同时,考虑到产品生产的经验,为了进一步完善产品的设计与生产技术,企业需要通过现有产品的投入试销来对产品的性能与技术进行检验,从而获得必要的经验。只有在进入到成熟期以后,企业通过前期的经营积累了必要的经验与资金,研发人员也能够有充分的时间来进行新产品的研发工作;而且在产品进入到成熟期以后,由于产品或迟或早将过渡到衰退期,企业为了继续维持竞争优势,必须进行更新换代产品的开发工作。新产品的开发需要一段比较长的时间才可能取得实质性的成功,所以企业必须为新产品开发预留足够的时间;因此,为了确保企业在进入到衰退期以后,能够有成熟的新产品及时投入市场,企业最迟必须在现有产品刚进入成熟期就开始进行新产品的开发。所以,在现有产品的成长晚期与成熟早期,是更新换代产品开发的有利时机。

　　最后,对于仿制企业来说,产品生命周期理论对其仿制时机的选择也具有重要的积极意义。仿制也是企业进行产品创新的一种方式,产品生命周期理论对仿制问题也进行了研究。产品生命周期理论认为,对仿制企业来说,最为合适的仿制时机应该是产品生命周期中的成长初期。在成长初期,产品已经被市场所接受,产品的性能与技术等基本上已经被市场证明是合适的,企业在仿制产品时,在技术上容易取得成功。而且成长期市场需求的快速增长也为竞争企业的进入提供了足够的市场需求空间,因而仿制企业的进入虽然会在一定程度上加强竞争的强度,但由于产品的供不应求,新进入者并不容易引起现有经营者的关注与竞争抵制,仿制产品在销售上也容易取得成功。

虽然产品生命周期理论在实践中已经被广泛接受,但也经常因为其理论局限而受到理论研究人士的批评。首先,产品生命周期各阶段的起止点划分标准不易确认;其次,并非所有的产品生命周期曲线都是标准的 S 型;而且我们也无法确定产品生命周期曲线到底是适合单一产品项目层次还是一个产品集合层次;此外,该曲线只考虑了销售和时间的关系,并没有涉及成本及价格等其他因素对生命周期曲线趋势的影响。不过总体来说,产品生命周期理论的这些局限性并不足以否定该理论对新产品开发工作的积极意义。

(刘兴国)

参考文献:

[1] Raymond Vernon. International Investment and International Trade in the Product Cycle[J]. Quarterly Journal of Economics, May 1966:190 – 207.

[2]黄文馨. 产品生命周期的研究[J]. 商业研究,2003(17):17 – 19.

[3]王怡,顾耀欣. 产品生命周期理论及其启示[J]. 现代管理科学,2002(8):45 – 46.

[4]马扬,尹登泽,王淮学. 创新产品生命周期论及其适用性[J]. 安徽科技,2000(7):36.

[5]聂品. 现代国际领域产品生命周期研究——对弗农(Vernon)学说的一种拓展[D]. 浙江大学,2003.

新产品开发的质量保证：QFD

　　赤尾洋二,日本著名质量管理学家,质量管理世界权威学者,国际质量科学院院士,质量功能展开理论创始人,国际上设有以其名字命名的国际质量管理奖—Akao Prize(赤尾奖)。曾任日本质量管理学会会长,日本科学技术联盟质量机能展开研究会委员长、QC 委员会委员长,日本全国 QC 小组本部副总代表,日本全国质量月实行委员会委员长,戴明奖实施委员会副委员长,《质量》和《质量管理》杂志主编,国际质量科学院院士,国际质量功能展开组织(ICQFD)主席,美国质量功能展开(QFD)研究会首席顾问。获得日经质量管理文献奖,戴明奖个人奖,Vision Award,Best on Quality Award,特别功绩金奖和业绩奖等。

　　赤尾洋二 1972 在 Standardization and Quality Control 期刊上发表了《Development of New Products and Quality Assurance—A System for Quality Deployment》一文正式提出了质量功能展开的概念。1978 年,赤尾洋二与 Shigeru Mizuno 共同编著了一本 QFD 的日文专著,此书后来由 Glenn Mazur 翻译成英文,成为了 QFD 的经典著作之一。1983 年,赤尾洋二在《Quality Progress》上发表了 QFD 论文,同年剑桥研究院(现 Kaizen Institute)邀请其至芝加哥举行有关 QFD 的研讨会,将 QFD 技术与理念介绍给美国人。

　　1972 年,在赤尾洋二的主持下,三菱重工神户造船厂首先使用了 QFD 技术,取得了显著的改进效果。美国尔后引入 QFD 技术,并在本国汽车工业和国防工业中进行推广。通过美国理论研究与实践检验的共同努力,进一步提高与完善了 QFD 技术。目前,质量功能展开已经在全球几十个国家得到应用,成为企业新产品开发的一个重要技术手段,而且已经成为世界上许多著名公司进行产品开发、取得竞争优势的一个强有力的工具。日本与欧美等国的许多大公司,例如丰田公司、IBM 公司、DEC 公司、HP 公司、麦道公司、波音公司以及美国三大汽车公司等等,都先后采用了 QFD 技术。

QFD 的提出早于并行工程,在并行工程技术提出并获得广泛的推广之后,QFD 成为并行工程中重要的质量管理工具。并行工程 QFD 的核心就是产品各开发阶段并行进行,通过信息的流动减少物理过程的反复,保证整个产品开发的质量。QFD 的实施要求用户、设计人员、营销人员、加工人员、生产管理人员,甚至供应商的参与,由上述人员组成产品开发小组,共同完成新产品开发。这与传统的产品开发相比,无论在组织上,还是在技术信息交流上都有很大差别。特别是在跨国和跨地区公司日益普及情况下,需要采用新的产品开发管理模式及应用新的信息技术,来保证产品开发的一次成功;QFD 技术的优势使其成为了在当前复杂环境中进行新产品开发质量管理的重要手段。

QFD 通过定义做什么及如何做,使新产品具有令顾客满意的、稳定一致的性能;通过明确地定义完成任务所需的工作目标,有助于将顾客定义的质量客观地注入到产品中,从而实现以市场为导向的质量管理思想。即从顾客需求确认到产品输出确定,再到过程要素分析以及输入条件的要求。QFD 最早被日本提出的时候有 27 个阶段,被美国引进后简化为四个阶段,即设计、细节、工序和生产。这四个阶段有助于把来自顾客对产品的要求传送到设计小组和生产操作者手中。每个阶段都有一个矩阵,包括纵列的要求和横列的方式,在各个阶段,方式是重要的,它需要新技术,或冒较大的风险才能过渡到下一阶段。根据下一道工序就是上一道工序的"顾客"的原理,从产品设计到生产的各个过程均可建立质量屋,且各阶段的质量屋在内容上有内在联系。从具体的工作程序看,质量功能展开有以下几个步骤:顾客需求展开;关键顾客需求确定;技术要求展开;质量表编制;关键质量特性确定。

QFD 利用多层次演绎分析方式,将顾客需求转化为新产品开发设计过程中的一系列工程特性,以市场为导向,以顾客需求为依据;从全面质量管理的视角出发来对企业新产品开发工作进行控制,其所强调的质量要素中包括理化特性,以及外观要素、机械要素、人的要素、时间要素、经济要素、生产要素和市场及环境要素等。QFD 将这些要素组合成一个复杂的有机系统,明确新产品从设计开发到最终报废全过程中各步骤的质量功能要求,并通过相关工作确保各质量功能得以真正实现。QFD 提供了一种将顾客需求转化为对应于新产品开发和生产每一阶段适当技术要求的途径,是一种旨在开发设计阶段就对新产品实施全过程、全方位质量保证的系统方法。它从用户的基本需求出发,将其转化为设计语言。QFD 在纵向层面上按照产品部件、零件进行展开或按照工序进行展开;在横向层面上则分别进行质量展开、技术展开、成本展开和可靠性展开。QFD 在形式上以大量系统展开表和矩阵图为特征,集合价值工程(VE)和潜在失效模式与后果分析(FMEA)的思路,将生产中可能出现的问题尽量提前予以揭示,并采取相应的措施来预防或解决这些可能出现的问题。它从市场调查开始,分别经过纵向与横向展开,从质量、成本、可靠性等全方位对新产品开发工作实施保证,以期达到多元设计、多元改善和多元质量保证的目的。

除了生产研发领域之外,QFD 作为一种强有力的质量控制工具,在更多的领域获得了广泛的运用。应用 QFD 所能获得的直接收益就是缩短周期、降低成本和提高质量。更重要的是,它改变了传统质量管理思想,使企业质量控制方式从传统的后期反应模式转变为早期预防模式。QFD 能帮助企业冲破部门间的壁垒,使企业上下成为团结协作的整体;因为开展 QFD 绝不是质量部门、开发部门或制造部门某一个部门能够独立完成的,它需要发挥集体的智慧和团队精神。QFD 作为最重要的现代产品开发管理方法之一,被认为是当代日本式质量管理最显著的特点,已经成为世界上许多著名公司定量地实现顾客满意和取得竞争优势的一个重要工具。此外,QFD 也被作为一种策划工具,广泛的应用于非生产领域,如服务业,软件业等。随着研究的不断深入与拓展,QFD 近几年也被广泛应用于知识管理领域和管理质量问题的研究。

(刘兴国)

参考文献:

[1]Yoji Akao,Glenn H. Mazur. The leading edge in QFD:past,present and future[J], International Journal of Quality and Reliability Management, Vol. 20 No1,2003:20 - 35.

[2]苏朝墩. 专访 QFD 发明人——质量大师赤尾洋二[J]. 质量月刊,2003,39(11):17 - 19.

[3]刘鸿恩,张列平. 质量功能展开理论与方法研究进展综述[J]. 系统工程,2000(2):1 - 6.

[4]刘鸿恩,张列平. 质量功能展开:评述与展望[J]. 工业工程与管理,2000(5):10 - 14.

[5]陈富民,李宗斌,林志航. 质量功能配置(QFD)的研究及发展[J]. 成组技术与生产现代化,2001(4):36 - 38.

把创造当作一门精确科学

　　根里奇·阿奇舒勒,前苏联工程师和科学家,发明问题解决理论(TRIZ)的创始人,一生致力于创新方法研究。主要著作有《把创造当作一门精确科学》(1979)、《发明家的突然出现:TRIZ》(1996)、《40原则:技术创新的TRIZ关键》(1997)、《创新的算法:TRIZ,系统创新与技术创造力》(1999)、《经典TRIZ工具》(1999)。

　　发明问题解决理论(TRIZ)是由前苏联发明家 G. S. Altshuler 在 1946 年提出的,TRIZ 是发明问题解决理论的俄语缩写。TRIZ 理论有时候也被翻译为创造性解决问题理论。G. S. Altshuler 及其领导的一批研究人员经过不断的研究,归纳和总结了人类进行发明创造、解决技术难题过程中所遵循的科学原理与法则。1946 年, G. S. Altshuler 开始了发明问题解决理论的研究工作。当时他在前苏联里海海军专利局工作,在处理世界各国著名的发明专利过程中,他总是考虑这样一个问题:当人们进行发明创造、解决技术难题时,是否有可遵循的科学方法和法则,从而能迅速地实现新的发明创造或解决技术难题呢? G. S. Altshuler 发现任何领域的产品改进、技术的变革、创新和生物系统一样,都存在产生、生长、成熟、衰老、灭亡的过程,是有规律可循的。人们如果掌握了这些规律,就能能动地进行产品设计并能预测产品的未来发展趋势。以后数十年中, G. S. Altshuler 穷其毕生的精力致力于 TRIZ 理论的研究和完善。

　　TRIZ 理论认为,任何领域的产品改进、技术变革和创新都是有规律可循的。如果人们掌握了这些规律,就能主动地进行产品设计并预测产品未来发展的趋势。在 G. S. Altshuler 的领导下,前苏联的数十家研究机构、大学、企业组成了 TRIZ 的研究团体,分析了世界近 250 万份高水平的发明专利,总结出各种技术发展进化遵循的规律模式,以及解决各种技术矛盾和物理矛盾的创新原理和法则,建立一个由解决技术问题,实现创新开发的各种方法、算法组成的综合理论体系,并综合多学科领域的原理和法则,建立起 TRIZ 理论体系。G. S. Altshuler 研究了消除冲突的方法,提出了消除冲突的发明原理,建立了消除冲突的基于知识的逻辑方法,这些方法包括发明原理、发明问题解决算法及标准解。应用该方法学已解决了前苏联、美国、欧洲、日本等许多国家企业成千上万的新产品开发中的难题。

TRIZ 理论的核心是技术进化原理。按这一原理,技术系统一直处于进化之中,解决冲突是其进化的推动力。进化速度随技术系统一般冲突的解决而降低,使其产生突变的唯一方法是解决阻碍其进化的深层次冲突。在利用 TRIZ 解决问题的过程中,设计者首先将产品设计表达为 TRIZ 问题,然后利用 TRIZ 工具,如发明原理、标准解等,求出该 TRIZ 问题的普适解或模拟解;最后再把该解转化为领域的解或特解。

TRIZ 理论包括以下基本内容:①产品进化理论。TRIZ 理论提出产品多种进化模式和多条技术进化路线,这些模式和路线可帮助设计者较快地取得设计上的突破,并且可以预测产品未来发展的趋势,产品创新的方向,实现产品自主更新换代的发展战略。②分析工具。包括产品的功能分析、理想解的确定、可用资源分析和冲突区域的确定以及原理、预测和效应三种知识工具的应用。③冲突的解决理论。主要研究技术冲突和物理冲突,引导设计者按照标准参数确定冲突,挑选能够解决特定冲突的原理。TRIZ 理论提供了 39 × 39 条标准冲突和 40 条原理及矩阵表可供使用。④物质—场分析。提出了功能的物质—场的描述方法和模型。其原理是,所有的功能都可以分解为由两种物质和一种场组成。产品是一种功能的实现,因此可以用物质—场分析产品的功能。TRIZ 理论提供了 5 种类型 76 种标准解,可以根据系统的特定问题,将标准解变为特定解即新的概念、效应。设计者需要归纳总结(或采用已有的数据库)有关物理学、化学、几何学等多学科的原理,并根据产品设计中的功能要求选择相应的原理,或利用效应控制及关联,将一个或多个原理组合实现功能,完成新功能的实现或改进已有的功能;这需要设计者要有这方面的培训和实践经验。

TRIZ 作为发明问题解决的一种方法,并不是针对某个具体机构、机械或过程,而是要建立解决问题的模型及指明问题解决对策的探索方向。TRIZ 原理和算法也不局限于任何特定的应用领域。TRIZ 是指导人们创造性解决问题并提供科学的方法、法则,TRIZ 可以广泛应用于包括新产品开发在内的各个领域创造性问题的解决。相对于传统的创新方法,比如试错法、头脑风暴法等,TRIZ 理论具有鲜明的特点和优势。它成功地揭示了创造发明的内在规律和原理,着力于澄清和强调系统中存在的矛盾,而不是逃避矛盾。TRIZ 理论的目标是完全解决矛盾,获得最终理想解,而不是采取折中或者妥协的做法;而且它是基于技术发展演化规律研究整个设计与开发过程,而不再是随机的行为。实践证明,运用 TRIZ 理论,可大大加快人们创造发明的进程而且能得到高质量的创新产品。它能够帮助我们系统地分析问题,快速发现问题本质或矛盾;它能够准确确定问题探索方向,不会错过各种可能;而且它能够帮助我们突破思维障碍,打破思维定式,以新的视角分析问题,进行逻辑性和非逻辑性的系统思维;此外,TRIZ 理论还能根据技术进化规律预测未来发展趋势,帮助我们开发富有竞争力的新产品。

在前苏联,TRIZ 方法曾经一直被作为大学工程技术专业的必修科目,且广泛应用于企业工程领域中。20 世纪 80 年代以前,TRIZ 理论一直对外保密;20 世纪 80 年代中期开始,前苏联的大批 TRIZ 研究者移居美国等西方国家,TRIZ 理论开始传播到西方国家,受到企业界的极大重视,TRIZ 理论的研究与实践得以在全球产品开发领域迅速普及和发展。西北欧、美国、日本、台湾等地出现了以 TRIZ 为基础的研究、咨询机构和公司,一些国家的大学也将 TRIZ 理论列为工程设计方法学课程。经过半个多世纪的发展,如今 TRIZ 理论和方法已经发展成为一套解决新产品开发实际问题的成熟的理论和方法体系。TRIZ 理论的工程实用性强,经过实践的检验,如今它已在全世界广泛应用,创造出成千上万项重大发明,为众多知名企业取得了重大的经济效益和社会效益。

(刘兴国)

参考文献:

[1]罗振璧. 创新设计与管理(四):现代 TRIZ 理论[J]. 世界制造技术与装备市场,2006(01):91 - 98.

[2]高常青等. TRIZ 理论在产品概念设计中的应用[J]. 组合机床与自动化加工技术,2005,(10):82 - 84,87.

[3]何川等. TRIZ 的研究与应用[J]. 机械工程师,2004(07):3 - 6.

[4]张志远等. TRIZ 理论研究综述[J]. 重庆工商大学学报(自然科学版),2004(01):101 - 105.

[5]牛占文等. 发明创造的科学方法论——TRIZ[J]. 中国机械工程,1999(1):92 - 97,7.

利用价值工程，提高产品的功能

　　劳伦斯·麦尔斯，美国人，通用电气公司设计工程师，价值分析技术的创始人，美国价值工程协会的第一任主席。因为其在价值工程领域的突出贡献，麦尔斯先后获得过美国海军卓越服务奖（1958），南非突出服务奖（1979），德国工程师协会荣誉奖章（1981）、巴西政府奖（1983），日本帝国奖章（1985）。其著作有《价值分析与价值工程技术》（1961）。

　　价值工程最初被称为价值分析，现在看来，价值分析和价值工程的观念想法基本上是一样的。若要严格划分，则价值工程侧重于生产准备阶段之前，价值分析则侧重于生产准备阶段之后。但自从1951年以后，这一方法更多地被称为价值工程。麦尔斯和后续的研究者都认为，价值工程是一种运用集体智慧和有组织的活动，着重对产品（或服务）进行功能分析，使之以最低的总成本（寿命周期成本），可靠地实现产品（或服务）必要的功能，从而提高产品（或服务）价值的科学的技术经济分析方法。通过对价值分析或价值工程的使用，企业能够显著地降低成本和提高产品的功能。尤其是在新产品的设计与开发阶段，价值分析所能够取得的经济效果更为明显。

　　二战期间，美国军火工业获得很大发展，但随之出现了原材料供应紧张问题。当时在通用电气任采购科长的麦尔斯负责寻找解决短缺物资的技术方案，他根据实际经验，加上对供应工作的研究，提出"如果得不到所需的材料和物品，可以想办法获得它的功能"的设想。麦尔斯最终通过采用石纸取代石棉的方式，顺利地解决了通用电气所遇到的石棉紧缺问题，而且同时有效地降低了生产成本；并且将这种材料替代的思路推广到公司的各个部门。

1947 年,麦尔斯以《价值分析方法》为题在美国《机械师》杂志上发表了这套方法;其后麦尔斯对它进行了相关研究并将之体系化后,命名为价值分析。麦尔斯最初的思想是:"我得不到某种产品或材料,但可设法获得它的功能。关键的问题是如何用现有的材料、设备和人力来实现这种功能。"此后,麦尔斯在产品设计和降低成本的研究工作中,把解决采购材料问题的思路,用于改进产品设计,彻底理解用户所要求的功能,进一步把设计新产品的问题转换为用最低成本向用户提供所需功能的问题,由此总结形成了这样一套较为系统的、以最小成本耗费提供必要功能、获得最优价值的科学方法。1954 年美国国防部将通用电气公司的价值分析观念加以导入,在海军部门广泛采用,并且重新命名为价值工程。1971 年美国把价值工程与系统分析、电子计算机在管理中的应用、管理数学、网络技术和行为科学等并列为现代六大管理技术。目前,欧洲、日本和韩国等先进的工业化国家都已广泛采用,其经济效益十分显著。

价值工程是一种依靠集体智慧所进行的有组织、有领导的系统活动。利用价值工程来提高产品的价值,既涉及整个生产过程,也涉及非生产过程;一般来说,要求生产部门、财务部门、研发部门、市场部门的共同参与。价值工程既需要对产品的成本进行分析,也需要对产品的功能进行研究;既需要分析产品的设计过程,也需要分析产品的生产制造过程,以及产品的使用过程;既需要对企业自身产品进行分析,也需要分析外部竞争产品。所以,企业价值工程活动必须收集与所分析产品有关的全面的信息。内部信息的收集,需要企业相关部门来提供帮助;外部信息的收集,迈尔斯认为,必须坚持有偿原则与系统原则。任何一个部门或个人都不可能独立完成价值工程活动,而必须通过相关部门的合作来进行。

价值工程是以产品功能提高作为基本出发点和核心目标的;其实质是把技术和经济、功能和成本、企业利益和用户要求结合起来进行定量分析,以提高产品价值为目的,以分析必要功能为核心,以降低成本为途径。价值工程侧重于从产品的研究开发阶段开展工作,因为在这一阶段,产品设计尚未定型,而且对将来产品的生产成本具有决定性的影响;产品研发阶段的价值工程活动一方面可以促进产品功能的提高,同时也有助于最大限度地降低产品的生命周期成本。所以,对新产品开发而言,价值工程具有更为重要的意义。

价值工程把功能分析作为自己独特的研究方法,从功能结构的角度来抽象化的研究产品问题,既有助于设计人员提出更多的功能实现方案,也有利于把技术问题和经济问题紧密结合,从经济视角来考虑技术问题的解决。价值工程并不是简单地追求企业制造成本的最低化,而是要求以最低的生命周期成本实现用户所需要的功能,使用户和企业都得到最大的经济利益。也就是说,价值工程并不是单纯谋求成本费用的降低,而是强调以满足用户的功能要求为基本前提,在保证产品适当的功能水平和质量的条件下,以最低的生命周期成本使产品实现必要功能。价值工程的传统步骤包括用户功能分析、产品功能分析、功能—成本分析、价值指数分析、创新、评价方案、方案建议、方案实施和奖励等。与企业成本管理不同的是,价值工程虽然也追求成本的降低,但不是通过一般性措施来降低成本,而是通过对产品现有功能的系统分析,找出产品中所存在的问题;然后利用头脑风暴法、物元分析法等方法,提出大量可以解决问题的方案;最后通过方案评价的方法,找出能够更好实现功能的方案,从而达到在确保不降低功能水平的前提下降低成本的目的。2001—2003 财政年度期间,加州运输部共开展了 96 项价值工程活动,在项目性能提升 11% 的同时,降低费用达 4.39 亿美元。

由于现代企业所处的社会—技术—经济系统是复杂性系统,甚至一个企业本身都具有系统复杂性,因此相应的价值工程系统不可避免地受到系统复杂性的制约。传统价值工程工作内容和模式只构成价值工程系统的一部分,即狭义价值工程应用系统;传统价值工程由于在思维、方法、工作步骤上的局限性,使得价值工程实践受到了很大制约,也无法适应企业以及企业所处的外部环境的变革。现代价值工程的运用已经从产品、工艺、营销与管理扩展到组织、程序与活动等领域;即使是在传统的产品开发领域,价值工程也在积极地与并行工程等先进技术与方法结合运用。价值工程虽然起源于材料替代研究,但这一原理很快就扩散到各个领域。在工程建设和生产发展方面,价值工程可应用到对一项工程建设或者一项成套技术项目的分析,也可以应用于企业生产的每一件产品、部件或每一台设备,在原材料采用方面也可应用价值工程进行分析,譬如工程价值分析、产品价值分析、技术价值分析、设备价值分析、原材料价值分析、工艺价值分析、零件价值分析和工序价值分析等。在组织经营管理方面,价值工程不仅是一种提高工程和产品价值的技术方法,也是一项指导决策和进行有效管理的科学方法,体现了现代经营思想。

工程施工和产品生产中的经营管理也可采用这种科学思想和技术,例如经营品种价值分析、施工方案价值分析、质量价值分析、产品价值分析、管理方法价值分析与作业组织价值分析等。

（刘兴国）

参考文献：

[1] Lawrence D. Miles. Techniques of Value Analysis and Engineering [M]. McGraw Hill Co. ,1961.

[2]陈洁. 关于价值工程的价值分析[J]. 价值工程,2006(01):63 – 65.

[3]张凤忠,张桂良. 浅谈价值工程[J]. 黑龙江交通科技,2005(07):95.

[4]张峰. 产品设计中的价值工程活动[J]. 林业建设,1998(4):35 – 38.

[5]刘维新. 价值工程的有效推广和应用[J]. 价值工程,1986(01):28 – 29.

产业创新能力是企业持续发展的根本

克里斯托弗·弗里曼,英国著名经济学家,技术创新经济学派的代表人物。英国科技政策研究专家,OECD 经济顾问。弗里曼是第一位系统提出产业创新理论的人。1987 年,在产业创新理论的基础上,他和丹麦的 Bengt－Ake Lundvall 率先提出了国家创新系统的概念,并指出国家创新的核心是产业创新。首次提出技术经济典范概念,并对"小国挤压"理论和长波理论的发展作出了重要贡献。1965 年创立英国苏塞克斯大学科学政策研究小组(SP-RU)并担任该小组首任主任至 1983 年,现为该小组名誉教授。主要研究领域为技术改变理论、一般技术扩散及未来应用、世界经济的结构变革和东亚拉美经济的追赶努力。先后获得过 Bernal 奖(1987)、Schumpeter 奖(1988)、du Futuroscope 国际奖(1993)和世界技术网络政策奖(2001)。主要著有《人人有工作或大众失业:21 世纪计算机化的技术变革》、《工业创新经济学》、《当时间已经逝去:从工业革命到信息革命》等。

产业创新理论的系统提出大约是在 20 世纪的 70 年代,弗里曼对产业创新理论的提出和发展作出了最显著的贡献。弗里曼认为产业创新包括技术和技能创新、产品创新、流程创新、管理创新(含组织创新)和市场创新的广泛内容。他从历史变迁的角度,对电力、钢铁、石油、化学、合成纤维、汽车、电子和计算机等许多产业的创新作了实证研究,得到了一个重要的结论:不同的产业,产业创新的内容是不相同的。如化学产业主要是流程创新;仪器仪表产业主要是产品创新;电力产业主要是市场创新。弗里曼认为产业创新是一个系统的概念,系统因素是产业创新成功的决定因素。1987 年,弗里曼在产业创新理论的基础上进一步提出了国家创新系统的概念。1990 年,波特在其创新理论中对产业创新和国家创新理论的思想进行了进一步的论述。一个国家、一个区域乃至一个企业的发展都离不开产业创新的作用。产业创新在很大程度上决定着区域综合经济实力的强弱和人民生活水平的高低。产业创新能力是一家企业持续发展的基本要素。一个企业如果缺乏产业创新能力,一旦产业衰退或产业环境变得不利于企业时,企业就会因产业的衰退而衰退,甚至成为衰退产业的陪葬品。

产业创新研究综合运用产业经济学、区域经济学、管理学、生物学、社会学等理论和方法,探讨和研究产业创新的内涵、原理、战略、组织、机制、政策、评价等内容,建立起产业创新的系统管理理论体系。产业创新是一项复杂的系统工程,是企业成长途中的重大转折。

产业创新是技术创新、产品创新和市场创新的系统集成。现有的研究成果认为,产业创新可以分为技术创新、产品创新、市场创新和产业融合四个阶段。技术创新是产业创新的重要前提条件,但不是必要条件。技术创新能力强的不一定就具有较强的产业创新能力。丰田公司在 20 世纪 30 年代前是专门生产纺织机的企业,30 年代开始试制汽车,公司本身并没有制造汽车的技术,但由于丰田公司强大的产业创新能力,他们通过模仿,在一年内就生产出了第一辆汽车,并迅速地将汽车产业发展成为公司的支柱性产业。弗里曼把技术创新区分为增量创新、基本创新、新技术体系和技术经济模式的变革四种类型。增量创新是工程师和其他直接参与生产活动人员的发明和提出改进意见的结果,或者是用户首创或建议的结果;这一类创新对于改进各种生产要素的使用效率非常重要,也是产业创新的一个重要动力来源。基本创新是不连续事件,通常是专门的研发机构的成果。基本创新在各个部门和各个时期的分布不均匀,常常是会形成新产品、新工艺和新组合,并带来经济结构的变革,是重要的产业创新活动之一。技术体系的变革对若干产业产生重大影响,同时导致全新产业出现的、影响深远的技术进步;其变革以增量创新和基本创新的一种组合为基础,使整个产业体系产生组织和管理方面的创新。技术经济模式的变革包含了多组基本创新和增量创新,而且最终可能包括若干新技术体系的变革。它的一个极其重要的特征是对整个产业具有渗透效应；技术经济模式指的是相互关联的产品、工艺、组织和管理创新的结合。上述四种类型的技术创新在产业创新中的作用强度是依次增强的，增强创新一般是对产品质量的改进或样式的增多，也即形成产品差异化的过程。基本创新一般诱发出新的产品以及新的产业。技术体系的变革会产生新产业门类、技术革命不但会形成大量的新兴产业群，而且还会使原有产业升级、分化、重组并可能形成新的产业部门。

产业创新具有连锁反应。一个产业的创新会引致相关产业的创新。按斋藤优的 N·R 创新理论，就是对产业创新的连锁反应的一个具体研究。N·R创新理论认为，洗衣机的开发自然要引发洗涤剂的开发；核能的开发和利用创造了对安全性和废物处理产业的开发需求。就像粮食问题的解决会引发衣料问题的解决、住宅问题的解决那样，$N_1 \rightarrow N_2 \rightarrow N_3$……连锁式地对产业创新产生影响。此外，一个产业创新会成为另一产业创新的供给因素，$N_1 \rightarrow N_2 \rightarrow N_3 \rightarrow N_4$……表现为需求—供给的螺旋式发展效应。一般来说，随着技术的不断进化以及产业的不断演进，技术和产业的关联越来越广，产业间的关联也越来越强。譬如，现代汽车产业就是多种产业关联和融合的产物。目前，汽车产业创新中技术创新、工艺创新和产品创新几乎是同步发展的；汽车产业的产业创新正在广泛吸收越来越多产业创新的成果。一般来说，技术—产业关联的强弱是产业融合程度的决定因素。如果一个产业的核心技术具有对其他产业很强的关联，则这一产业与其他产业融合的程度也就较高，产业创新的空间也就较大，其生命周期就较长；反之，则产业就容易衰退或被替代。

美国麻省理工学院斯隆管理学院的阿特拜克教授以他的实证研究，为我们描述了产业创新的一种动力学模型。阿特拜克指出，"理解产业创新和变化的动态过程是生存和成功的根本"。他把研究限定在某一产业的一次根本创新的全过程，探讨了这一过程的三个不同阶段中产品创新和工艺创新的发展变化，以及产品和工艺创新之间的重要关系，提出了产业创新的动态过程模型。阿特拜克认为，每次新的创新浪潮都有其流动阶段、转换阶段和特性阶段，每个创新浪潮中，产品创新率或早或迟达到顶点，再随着产品创新衰退经历着起伏的工艺创新。阿特拜克的产业创新模型只不过是众多技术创新理论中的一种，他在实证研究上得出的模型和结论为企业家管理创新提供了实用的思想指南。

（刘兴国）

参考文献：

［1］James M. Utterback. 高建、李明译，把握创新［M］. 清华大学出版社，1999 年.

［2］石奇. 产业创新全球化：问题、理论与区域整合［J］. 产业经济研究，2006（01）：38 − 44.

［3］罗积争，吴解生. 产业创新：从企业创新到国家创新之间的桥梁［J］. 经济问题探索，2005（4）：112 − 115.

［4］张正治. 企业的产业创新能力［J］. 企业改革与管理，2002（5）：10 − 11.

［5］王艾青. 技术创新、制度创新与产业创新的关系分析. 当代经济研究，2005（08）：33 − 36.

中间技术更有效率

舒马赫,德国籍英国经济学家,中间规模与中间技术理论的奠基人,地球环境友好与用户友好技术的倡导者。中间技术是舒马赫提出的一个新概念,也是他在经济学上的主要贡献之一。二战以后,舒马赫出任英国控制委员会经济顾问,为德国经济重建作出过重大贡献。1950—1970年舒马赫先后担任英国国家煤业局首席经济顾问和首席统计学家,致力于企业技术发展问题研究。此外,舒马赫还先后担任过缅甸与赞比亚政府经济顾问和印度计划委员会顾问,并且自1955年开始从事于佛教经济学的研究。舒马赫的主要著作有:《Small Is Beautiful》(1973),《Good Work》和《A Guide for the Perplexed》。

所谓中间技术,是指介于初级与高级、原始与现代之间的一种技术,它能够适应比较简单的环境,设备与生产方法简单、容易掌握,对原材料的依赖性很小,对市场的适应性很强,人员容易培训,组织管理比较简单。中间技术一词最早见于舒马赫的《Small is Beautiful:A Study of Economics as if People Mattered》一书,按照舒马赫的解释,该技术应是"一种比本土技术更为有效的技术,但它比成熟的、资本密集型的现代工业技术更为便宜"。舒马赫在《Small is Beautiful》一书中明确地提出支持中小企业发展的观点,指出如果现代技术是1000英镑技术,传统技术是1英镑技术,那么介于两者之间的,就是100英镑的中间技术。舒马赫认为,大企业追逐的是现代技术,但现代技术不仅昂贵而且排斥劳动力,导致大量失业。相反,那些乐于采用中间技术的中小企业,不仅投资小,而且能安置更多就业。所以舒马赫呼吁,为增加就业和改进国民福利,政府应当积极扶持中小企业的发展,以及鼓励对中间技术的应用。

舒马赫的中间技术是介于锄头与拖拉机之间,或者说是介于非洲砍刀与联合收割机之间的技术。中间技术是劳动密集型且适合于中小型企业的技术。它与粗糙的本土化技术相比,劳动生产率要高得多;它与资本高度密集的现代工业技术相比,又要便宜得多;而且可以在短期内为发展中国家提供大量就业机会,缓解失业的压力。中间技术在人力、财力、物力以及组织方面的问题都容易解决,也能较好地适应当地的经济生产环境。中间技术使用的设备简陋,操作技术容易掌握,也便于修理。中间技术在很短时间内就可以在发展中国家建立大量工作场所,并能够快速地被当地的工人所掌握;作为一种劳动力密集型的技术,中间技术的运用对原材料的依赖性比较小,对市场的适应性很强,操作人员容易训练,企业生产的组织管理也比较简单。

舒马赫以及他的后继者们认为,中间技术有许多优点,值得发展中国家的企业去追求和运用。首先,中间技术能够满足发展中国家企业和消费者的真正需要,能够为社会提供合适的新产品。其次,小规模生产对自然环境的危害也很小,所以中间技术对自然和环境是非暴力的,尤其在工业技术方面表现得更明显;中间技术是多样化和分散化的,这与工业技术的专业化和集中化的方向相反,符合自然与生命过程的要求。第三,这种技术富于人性和创造性,用这种技术进行的劳动是人们最喜欢的那种使用双手和大脑的有益劳动,而且人们在工作时也有机会享受人性化劳动所带来的乐趣和创造性。第四,发展中国家要想解决严重的失业问题,也必须依赖于发展中间技术。几乎所有的发展中国家,都存在着明显的城乡二元经济结构;城市越来越富,农村日益贫穷,劳动力就业机会越来越少。一个可行的办法,就是鼓励在发展中国家的农村创立大量中小型企业,并在这些企业中广泛使用中间技术。

中间技术大多具有中性特征,它既不是一种劳动力节约型技术,也不是一种知识和资本节约型技术;中间技术的这一特点使得企业在使用这种技术的过程中不会带来劳动资本比和劳动知识比的明显变化,这不仅对企业资本构成的稳定和生产安排的连续性具有十分重要的意义,而且对于保持宏观经济的一般均衡也具有极为重要的意义。因此,基于中间技术的以上特点,对于发展中国家工业化发展的初级阶段而言,采取较为平稳的、以中间技术引进和利用为主的工业化发展战略是比较可取的。对于发展中国家的企业来说,中间技术引进不失为一条企业技术创新与进步的重要路径。中间技术的引进、消化与应用,也是发展中国家企业进行新产品开发的一条重要路径。中间技术的采用,不仅可以在节约企业技术进步成本的基础上适当缩小与发达国家先进企业之间的技术差距,而且可以更好地为消费者提供技术和成本,且能满足消费需要的新产品。因而对发展中国家企业的新产品开发工作来说,中间技术显得更有效率。

需要指出的是,中间技术并不是落后技术;中间技术实际上也是一种包含大量创新和发明的技术,只不过它在很大程度上是对现有技术或产品的一种改进和创新。与先进技术所不同的是,包含在中间技术中的创新和发明活动更多地属于增量改良的性质。由于中间技术是一种以增量创新为主的技术体系,所以这种技术在发明和使用过程中的风险相对高新技术来说要小得多,它对制度环境的要求也就相对要低得多。而且对企业来说,在引进和利用中间技术时,技术的改良完全可以在现有技术基础上进行,而不必对现有的生产设备进行大规模的变更,这在很大程度上弱化了发展中国家企业技术进步和新产品开发的风险,提高企业新产品开发的成功概率。对发展中国家中风险承受能力较低的企业来说,引进中间技术来进行新产品的开发能够满足他们规避风险的需要。

与适宜技术观点一样,中间技术思想为抑制发展中国家企业盲目追求技术和产品的先进性而忽视技术与产品的适用性以及实际需求的冲动提供了重要的理论基础,对发展中国家企业的技术定位与技术发展战略的制定具有十分重要的意义。但我们不得不承认,中间技术观念的盛行,在很大程度上阻碍了发展中国家企业在先进技术研发上的投入,从而在事实上进一步地扩大了发展中国家企业与发达国家企业之间的技术差距。因此,自 20 世纪 90 年代以来,这种观点遭到了那些持后发优势观念的学者们的猛烈批评;后发优势观念认为,相对落后的发展中国家以及他们的企业,可以以相对比较便宜的价格从发达国家引进先进技术,实现技术的快速进步,从而快速地缩小与发达国家的技术差距。这种观点的主张者忽视了这样一个事实,发展中国家往往并不具备先进技术的使用环境,包括技术环境与市场环境。

(刘兴国)

参考文献:

[1]Schumacher, E. F. , Small is Beautiful [M], Harper Perennial, New York , 1989.

[2]程乐夫. 中国工业化过程的技术选择[J]. 华北电力大学学报(社科版),2004(2):16 - 18,21。

[3]赵建林. "中间技术"与贫困地区经济发展——福建省永泰、平潭二县调研纪实[J]. 发展研究,1998(8):44 - 45。

[4]王晓燕. 大力发展中间技术——农村剩余劳动力转移的理想途径[J].齐齐哈尔大学学报(哲学社会科学版),1998(5):12 - 14。

并行工程可以提高
新产品开发的工作效率

罗伯特·韦内,并行工程理论的主要创始人;美国国防部研究人员,担任国防部长助理代表及其他多个职务,总统信息技术咨询委员会成员;美国计算机械联合会教育委员会(ACM)成员;曾任大学教授,美国企业计算中心副总裁;现为多家咨询公司总裁。在计算机科学领域发表了许多技术性论文,1999 年出版了著作《军民工业的一体化:军事电子学的双重产品》,参与了总统报告《信息技术研究:我们未来的投资》的写作,获得过 ACM 的突出服务奖。

1982 年,美国国防高级研究项目局开始研究如何在产品设计过程中提高各活动之间并行度的方法。1986 年,美国国防部防御分析研究所发表了非常著名的 R－338 报告(《并行工程在武器系统采购中的作用》),正式提出了并行工程的概念。在 R－338 报告中,并行工程被解释为"集成地、并行地设计产品及其相关的各种过程(包括制造过程和支持过程)的系统方法"。这种方法要求产品开发人员从设计一开始就考虑产品整个生命周期中从概念形成到产品报废处理的所有因素,包括质量、成本、进度计划和用户的要求。这一定义有两个主要观点:一是并行工程要求设计和制造过程的多项计划任务同时平行交叉进行;二是在设计阶段中要提前考虑产品涉及的所有要素。

提出并行工程的概念的初衷是为了改进国防产品的生产,缩短生产周期,降低成本。由于该方法的有效性,各国的企业界和学术界都纷纷成立研究中心,开展实施一系列以并行工程为核心的政府支持计划,如美国 DICE 计划、欧洲 ESPRIT Ⅱ、ESPRIT Ⅲ 计划以及日本的 IMS 计划;同时,并行工程方法也从军用品生产领域扩展到民用品生产领域。1988 年 DARPA 发出了并行工程倡议,在美国西弗吉尼亚大学投资 4 亿~5 亿美元建立了并行工程研究中心。目前国际上已在并行工程思想、方法和实现技术上取得了一些成果,如阵列型机构、稻草人指导原则等企业组织机构形式和多功能综合产品开发(群)组的组织与管理方式;动态经营模型、高级 petri 网等产品开发过程的建模和仿真技术;DFx 等并行设计技术。20 世纪 90 年代后,美国许多大公司开始了并行工程的实践尝试,取得了实效;麦道公司、波音公司弹道系统部、ABB、西门子、IBM 等一系列大公司并行工程的尝试都取得了良好效果。美国很多大学、计算机及软件公司也开始进行有关技术的开发,开始了对支持并行工程的工具软件及集成环境的开发,取得了一批初步成果;在群组工作集成环境方面,有 DEC 公司的 FBE、Lotus 公司的 Notes 群件等;在集成产品开发过程的建模与管理方面,DEC 和 Perceptronics 公司均开发了相应的软件工具;在并行设计方面,一方面不少公司在开发 DFA、DFM 工具,另一方面,许多大的 CAD/CAM 软件商都在重构、修改原有系统,推出支持并行工程的新版本、新系统,如 PTC 公司的 Pro/E、IBM 公司的 CATIA、CV 公司的 CADDS、EDS 公司的 UGⅡ等。

并行工程是一种高效率的新产品开发技术。并行工程通过组织跨部门多学科的新产品开发小组,以并行协同工作的方式来对产品设计、工艺与制造等上下游环节同时进行考虑和并行交叉设计,使新产品开发中的问题尽早暴露出来,并共同来寻求解决方案。这种并行设计的工作方式,可以大大缩短新产品开发的时间,而且还能同时提高产品的质量和降低产品的成本。20 世纪 80 年代以来,制造业发生了根本性的变化。同类商品日益增多,企业之间的竞争愈来愈激烈,而且越来越具有全球性;长期的卖方市场变成了买方市场。消费者对产品质量、成本和种类要求越来越高,产品的生命周期越来越短。企业为了赢得市场竞争的胜利,不得不解决加速新产品开发、提高产品质量、降低成本和提供优质服务等一系列问题。在这些问题中,迅速开发出新产品并使其尽早进入市场是企业赢得竞争优势的关键;其中最为核心的就是时间。要解决这一问题,必须改变长期以来的传统产品开发模式。传统产品开发模式沿用串行、顺序和试错方法,即先进行市场需求分析,将分析结果交给设计部门,设计部门人员进行产品设计,然后将图纸交给另一部门进行工艺方法设计和制造工装准备,采购部门根据要求进行采购,等一切都齐备以后进行生产加工和测试;结果不满意时再反复修改设计和工艺,再加工、测试,直到满足要求为止,这常常造成设计修改循环,严重影响产品的上市时间、质量和成本。并行工程的出现,为解决传统新产品开发方式存在的问题提供了有效的手段,显著地提高了新产品开发工作的效率。

并行工程的实施改变了制造业的企业结构和工作方式,打破了研发过程中不同环节的前后逻辑关系,使得各设计环节之间可以并行作业;而且不同专业的人员组成多专业协同开发小组,可以在同一个设计环境中进行新产品的设计开发工作,甚至于参与研发的人员可以进行异地联合设计。在新产品开发并行设计过程中,企业研发过程犹如是一个纵横交错的复杂网络,各种与产品研发有关的信息可以在这一网络中实现双向的流动;信息在复杂网络内即时的、双向的流动可以避免新产品研发中不必要的重复工作,从而可以大大缩短新产品设计周期,节约了新产品开发的时间。此外,并行工程还可以缩短产品生产准备时间。国外某一汽车企业在采用了并行工程技术后,使产品从研究开发到达成预定批量的时间从 37 个月缩短到 19 个月,大大提高了企业新产品开发工作的时间效率。此外,并行工程的实施对降低产品成本,提高产品质量,提高企业创新能力和增强企业竞争能力也具有十分重要的作用。未来市场的发展将以缩短交货期作为主要特征,并行工程可以有效地缩短产品投放市场的时间,并行工程技术的采用将能够帮助企业更好地满足客户不断变化的需求。并行工程可以将错误限制在设计阶段,使所设计产品便于制造和维护,为质量"零缺陷"提供了基础,使企业的废次品损失显著下降;并行工程的仿真功能和快速的样件生成省去了昂贵的样机试制成本;而且由于并行工程在新产品设计时就已经考虑到了产品的加工、装配、检验和维修等因素,新产品在上市前的各项成本也会降低;所以,并行工程对新产品成本的降低具有显著的作用。基于并行工程在上述新产品研发方面的强大优势,并行工程目前已经成为全球企业产品开发的一项重要技术。

并行工程的实施依赖于产品开发过程建模技术、产品生命周期的数字定义技术、决策支持技术和支持平台技术 4 个关键技术。并行工程与传统生产方式的本质区别在于它把产品开发的各个活动作为一个集成的过程,从全局优化的角度出发,对该集成过程进行管理和控制,并对已有的产品开发过程不断地进行改进和提高,产品开发过程建模是其关键技术。并行工程产品开发过程得以实现的前提条件之一是必须建立全局的决策管理模型,在相应的决策模型的支持下,产品开发活动形成有机的整体。在并行工程中,可能存在资源不平衡、设计活动之间关于产品定义不一致、开发过程对上游设计评估不一致等冲突问题,都需要进行协同管理与控制。计算机网络与通讯技术,数据信息的存取,管理与控制的数据库管理和产品数据管理技术都是并行工程实施重要的平台支撑技术。

（刘兴国）

参考文献:

[1]Winner R. I,et al. . The role of Concurrent ENGINEERING in weapons system acquisition[R]. IDA Report R－338, AD～A203/615,1988.

[2]Pannell J. , Winner RI. . Concurrent Engineering:Practices and Prospects[R]. IEEE. CH2682－3/899/ 0000－0647, 1989:647－655.

[3]李美芳,李成明,房亚民. 并行工程及其应用. [J]中国设备工程,2006,(01):28－30.

[4]刘海兵,王玉龙. 并行工程在产品开发中的应用[J]. 河北北方学院学报(自然科学版),2005,(02):78－80.

[5]赵伟敏. 浅谈并行工程在产品开发中的应用[J]. 宁波高等专科学校学报,2001,(02):60－62.

从断裂打造创新：凭借断裂制胜

克里斯坦森，哈佛商学院工商管理教授，主要从事科技创新管理、组织能力开发以及新兴技术市场开发的研究；断裂性创新理论的创始人；对创新管理理论的发展作出了重要贡献。克里斯坦森曾获得美国管理科学研究院1992 年度最佳学术论文奖，美国生产与运营管理学会 1991 年度技术管理最佳论文奖——威廉·阿伯内西奖，1993 年度最佳管理史学论文奖——纽科曼特别奖，以及《哈佛商业评论》1995 年度最佳论文奖——麦肯锡奖等。主要著作有《创新者的困境》(1997)、《出路与困境》(2003)、《从断裂打造创新：凭借断裂制胜》(2004, Scott Anthony 合著)和《寻找下一步》(2004)。

断裂性创新理论最早见诸克里斯坦森 1997 年出版的《创新者的困境》一书,2003 年出版的《出路与困境》进一步完善和发展了断裂性创新理论。克里斯坦森认为创新有两种形式,可持续创新和断裂性创新。可持续创新以挑剔的、高端产品的消费者为目标,断裂性创新并不旨在为现有消费者提供更好的产品,而是引入与现有产品相比不够好的产品或服务,它们也常常是比较简单、更加便捷与廉价的产品。可持续创新使公司沿既有的发展轨迹前进,他们根据以往客户的观念改进产品。由于公司创新总是领先于人们生活的变化,可持续创新的步伐也基本上总是超前于人们接受变化的能力。断裂性创新产品或服务起先不如已有的产品或服务,至少以标准价值观衡量是这样的。然而,与现有产品相比,它们往往更经济也更易于使用。这些产品在核心市场之外发展,迎合自己特有的客户,这些客户并不在意产品的局限。在《创新者的困境》中,克里斯坦森指出,面对断裂性创新的竞争对手,那些大公司注定要失败,因为它们不得不取悦于最有价值的客户,而且别无选择:它们受到重力一样的力量牵引走向末路。在美国钢铁业,小钢铁厂颠覆一体化钢铁公司的案例清晰地解说他的理论——断裂性技术的力量是如何一步一步发挥出来的。断裂性创新从最低端开始,提供质量较差但有成本优势的产品,而不是与传统的优势企业在大市场上进行竞争。

克里斯坦森在《创新者的困境》中对美国的计算机硬盘行业进行了深入的研究,指出了断裂性技术与可持续性技术的不同,认为断裂性技术创造了全新的价值观念。在该书中,克里斯坦森分析了断裂性技术出现的六个基本步骤。克里斯坦森认为,断裂性技术最先会在传统的大公司中被创造出来;其次,营销部门将检查重要客户对新技术的第一反应;检查的结果是,公司继续在传统技术上进行大规模的投资;紧接着,新公司开始设立,新技术的市场在尝试中形成;然后,新竞争者进入市场;最后,传统公司试图守住自己的市场份额并与新进入者在市场上友好相处。克里斯坦森认为上述步骤揭示了为什么传统公司通常不具备应用断裂性技术的能力与兴趣。为了更好地理解断裂性技术出现的上述步骤,克里斯坦森在断裂性技术框架内提出了四个重要的解释性原则。首先,在一个优秀领导的公司中,通常不是管理者,而是顾客决定了资源的配置。其次,小市场不能满足大公司的增长的需要,但对新出现的或成长性企业来说却是有吸引力的。第三,不存在的市场是不能被分析的,断裂性技术的应用前景并不能被预测,失败是成功不可避免的一个阶段。第四,技术供应并不总是等于市场需求,技术的进步往往快于市场的成长。这些原则表明,大公司由于更为担忧市场前景的不确定性,并且受到现有客户对资源配置的制约,往往难以对新出现的断裂性技术表现出兴趣;而且断裂性技术所对应的小市场规模,也不能满足大公司对市场的要求,所以一般情况下,断裂性技术总是被中小企业或新进入企业所应用。克里斯坦森认为,任何企业都不能拒绝上述 4 个原则,唯一可做的就是承认和接受这些原则,并且尽可能地利用这些原则来促进自己的优势。例如,一个大公司可以在公司的内部创造一个孤岛,公司继续发展传统的产品,而新设立的孤岛则应用新技术来创造新市场。

虽然克里斯坦森提出断裂性技术理论的初衷是为了提高传统大企业的管理水平,但不可否认的是,断裂性技术理论对企业新产品开发工作而言也具有重要的指导性意义,这些意义主要体现在以下三个方面:

首先,断裂性技术理论为企业新产品开发指出了新的切入点。克里斯坦森发现,许多优秀企业曾经被人们崇拜并竭力效仿,但最终却在市场和技术发生突破性变化时丧失了行业领先地位。克里斯坦森指出,良好的管理是导致这些企业衰败的原因。它们认真研究市场的趋势,系统地将资本投向那些可以保证最佳回报的创新,而不是积极投资于断裂性技术。克里斯坦森提出了一套断裂性创新原则,主要内容是:创建一个围绕突破性技术的新的独立事业部门,不受主流客户的左右,而把自己融入那些需要断裂性技术产品的客户中。把实现断裂性技术商业化的责任,下放给规模恰好与目标市场相匹配的一个小的组织,从而更容易对小型市场上出现的成长机会做出反应。在断裂性创新原则的指导下,企业管理者可以同时做好两件事情,一方面保证企业近期内的健康运行,同时动员足够多的资源,关注那些最终可能导致企业走下坡路的断裂性技术,运用断裂性技术来为企业开发合适的新产品。

其次,断裂性技术理论为企业新产品开发提供了新的思路。传统新产品的开发基本上都基于现有产品的技术改良路线,并且遵循市场需求的原则。当市场用户对现有产品提出了新的要求时,企业就会根据用户的要求进行技术的改良。这种改良都是渐进性的。断裂性技术理论虽然强调技术的突破性,但并不要求新技术在技术上具有领先性;新进入者更为关注的是技术的差异化,对市场的规模要求并不是很严格。当突破性技术出现时,企业可以将技术商业化,创造一个不同于传统企业产品的差别化产品。因此,从现有技术体系中寻找没有被传统大企业利用的技术并进行商业化,也是一种断裂性的创新。这一新产品开发思路能够在很大程度上节约企业技术创新的成本,降低企业新产品开发的经济风险。

最后,断裂性技术理论指出了传统大公司新产品开发的误区。断裂性技术理论认为,如果市场的竞争集中在可持续创新方面,市场的新进者就很难获得机会;因为主流企业引领着这样的趋势,他们不断地进行技术的根本变革或渐进的变革来满足高端市场的客户需求,这些客户往往愿意为优秀产品花费不菲的代价。然而,面对拥有断裂性技术的新进者,这些主流企业却往往会败下阵来。因为后者能够提供更廉价、更简单、更便捷的产品或服务来满足不那么挑剔的客户。断裂性技术理论认为,相对简单、直接的技术解决方案可以胜过功能强大的主流方案。低端市场的断裂性创新,往往是从主流企业最易忽视的客户中寻找突破;而针对新兴市场的断裂性创新,则往往从现有公司的核心市场之外的小型市场寻找突破。新兴市场断裂性创新者一般不太会引起主流企业的警觉,因为他们总是认为,这些最初的市场微乎其微,目前还不必对其过分关注。当新兴市场的断裂性创新者成长壮大时,他们往往避免介入到现有的市场秩序中,而是将客户从普通市场吸引到新兴市场中。

（刘兴国）

参考文献:

[1]Scott D. Anthony,Mark W. Johnson,Matt Eyring. A Diagnostic for Disruptive Innovation[J]. HBS Working Knowledge,2004 - 8 - 9.

[2]Clayton M. Christensen,Michael E. Raynor. The Innovator's Solution:Creating and Sustaining Successful Growth[J]. Harvard Business School Press,2003.

[3]Clark Gilbert,Joseph L. Bower. Disruptive Change:When Trying Harder Is Part of the Problem[J]. Harvard Business Review,May 1 2002.

[4]Clayton M. Christensen. The Innovator's Dilemma[M]. Harvard Business School Press,1997.

[5]吴江. 创造性破坏——迎接颠覆[J]. 中国电力企业管理,2005(12):47 - 48.

引入适宜技术，提升竞争能力

斯蒂格利茨，公共部门经济学领域专家。1988 年起在斯坦福大学任经济学教授，自 1993 年开始成为克林顿总统经济顾问团的主要成员，并且从 1995 年 6 月起任该团主席。1997 年起任世界银行副总裁、首席经济学家，现任美国布鲁金斯学会高级研究员。1979 年获美国经济学会克拉克奖，2001 获得诺贝尔经济学奖。斯蒂格利茨为经济学的一个重要分支——信息经济学的创立作出了重大贡献。他所倡导的一些前沿理论，如逆向选择和道德风险，已成为经济学家和政策制定者的标准工具。阿特金森，牛津大学纳菲尔德学院院长、经济学教授，公共金融与分配理论和政策专家，英国政府政策顾问。阿特金森 1995 年获得英国 CES 组织颁发的突出贡献奖。阿特金森与斯蒂格利茨在人力资本、公共经济学等多方面进行过合作研究，发表了一些合作研究成果；他们合著的《公共经济学讲义》(1980)，被公认为是公共金融领域研究和教学的规范。此外，他们共同合作的成果还包括著名的 Atkinson – Stiglitz 定理。

所谓适宜技术，即技术上可靠，适合当地实际需要，掌握与使用较方便，群众乐于接受，且费用低廉的方法、技术和设备的总称。与适宜技术相对应的是适宜技术战略，即指依据本国的物质条件，引进各种类型的经过检验的技术，其核心点是慎重地选择和管理技术，使技术与本国的情况相适宜，能够在技术引进后发挥较高的技术生产效率。

发展中国家虽然可以以较低的成本从发达国家引进技术，但面临哪类技术适合模仿或引进的问题。1969 年,阿特金森与斯蒂格利茨在《Economic Journal》上联合署名发表了《A new view of technological change》一文,在论文中首次提出了适宜技术的概念。虽然阿特金森与斯蒂格利茨提出这一概念的初衷是利用技术差距来解释发展中国家和发达国家之间所存在的巨大人均收入差距,但却在事实上奠定了适宜技术的理论基础。在这篇论文中,他们提出了"实践中积累知识"的基本观点,也就是地方性的边干边学的观点。阿特金森与斯蒂格利茨认为发展中国家和地区不能一味照搬和模仿发达国家已经用过的技术来满足自身发展的需要,而必须研究该技术与现有的相关技术是否配套,以及在当前条件下该技术能否被开发应用以及该技术的社会可接受性等。阿特金森与斯蒂格利茨认为厂商在"实践中积累知识"的行为要受到当地特定的投入要素组合的制约,因此必须选择与它们自身条件相适应的技术来安排生产,而不是片面地、一味地盲目追求技术的先进性。换句话说,阿特金森与斯蒂格利茨认为,对于发展中国家技术进步来说,先进技术并不一定就是最好的选择。

自从阿特金森与斯蒂格利茨正式提出所谓适宜技术的概念以后,发展经济学家们开始围绕着这一观点展开了大量的研究。其中最为重要的一个成果就是舒马赫在1973年提出来的中间技术观点。中间技术从本质上看与适宜技术具有一定程度的相似性;所不同的是,中间技术更为强调技术的中间状态,而适宜技术则强调技术与引进方环境与条件的合适性。David 用适宜技术来进一步解释了发展中国家和发达国家之间所存在的巨大人均收入差距;Diwan 和 Rodrick 在一个南北贸易模型中重新强调了适宜技术的重要性;Caselli 和 Coleman 认为跨国增长分析中发达国家和发展中国家之间的全要素生产率的差异是由于发达国家和发展中国家之间要素禀赋结构(资本、劳动力技能)的差异所造成不同国家采取了不同技术结构的结果。关于适宜技术的最近的比较有影响的文献是 Basu 和 Weil,他们采用了阿特金森与斯蒂格利茨的做法,认为技术是特定投入组合所专有的。

适宜技术具有以下一些特征,即低投资成本;单位产出的低资金投入;最终产品低成本;实现自然资源的有效配置;组织结构简化或对现有社会和文化环境的高适应性。世界银行认为适宜技术的四大要素是目标的适应性、产品或服务的适应性、工艺适应性、环境和文化的适应性。适宜技术理论认为,发展中国家要想快速提升本国技术水平，必须按照本国的资源禀赋所决定的比较优势从发达国家引进适宜的技术。该理论认为，发达国家的技术由熟练工人使用，当技术转移到发展中国家时，技术改由非熟练工人使用；劳动技能和技术之间的这种不匹配会导致发达国家和发展中国家在相同技术水平上的技术、资源产出差异。适宜技术理论认为，发展中国家人才外流严重妨碍了发展中国家的发展，迫切需要制订国家和国际政策来防止发展中国家的人才外流并消除其不利影响，以及制订方案将主要来自发达国家的适宜技术知识在发展中国家进行大规模的传播。发展中国家的技术属于第三梯度即传统技术，对发展中国家转移的技术适宜性含义是，所转移技术的水平接近发展中国家现有技术水平，通过适当的适应性调整能够为发展中国家的企业所吸收和使用。

适宜技术理论对企业的技术研究与新产品开发也具有重要的意义。企业适宜技术，就是能够与企业紧密结合、改进或提高企业生产力的技术，能给企业带来价值、提高竞争能力与盈利能力的技术。企业新产品开发活动中，往往有多种技术可供选择采用；但不同技术的经济效益也不一样。一项技术的运用，都要消耗一定的人力、物力与财力，而且依赖于当时的具体条件。企业选择技术，无论是自有技术还是引进技术，都要结合企业的具体条件考虑它的适用性。否则，即使是先进技术，也不一定能带来好的经济效益。但是，适宜技术绝非是与先进技术相对应的一种技术，适宜技术包括先进技术、中等水平的中间技术和较低水平的改良技术。企业在新产品开发过程中，根据自己的条件采用国际上最先进的技术，能取得良好的经济效益，这种技术同样也是适宜的。适宜技术理论的运用要求克服两种倾向：一种是片面追求技术的先进性，认为技术越先进越好；另一种是以选择适宜技术为借口，迁就劳动力就业的要求，降低企业技术先进性，从而影响企业技术进步的速度。

虽然从理论上说适宜技术理论有利于帮助发展中国家选择和引进符合本国技术发展与进步需要的技术；但由于种种原因，发展中国家引进的适宜技术往往是过时的、二流的、效率不高的淘汰技术。因此，未来学家托夫勒指出，适宜技术战略和中间技术战略一样，是一种失败的战略，只能是发展中国家技术进步的一种急救绷带；发展中国家要想从根本上改变技术落后的不利局面，必须坚决抛弃适宜技术战略，大力引进西方国家最先进的技术，与发达国家站在同一起跑线上,与他们进行跃向未来的赛跑。

（刘兴国）

参考文献:

[1]Basu Susanto, Weil David N.. Appropriate Technology and Growth[J]. The Quarterly Journal of Economics,1998(113): 1025 – 1054.

[2]Diwan I, Rodrik D. Patents, Appropriate Technology and North – South Trade[J] Journal of International Economics, 1991(30):27 – 47.

[3]Atkinson A. B,Stiglitz J. S.. A new view of technological change[J]. Economic Journal,1969(79):573 – 578.

[4]高玉春.对引进"适宜技术"论的质疑[J].内蒙古社会科学(汉文版),1984(02):43 – 46.

[5]刘道良.要重视适宜技术的研究和采用[J].学术论坛,1981(04):68.

第六篇　市场营销

每一个广告都是对品牌形象的长期投资

　　大卫·麦肯齐·奥格威，是现代广告业的大师级传奇人物。生于英国西赫斯利，早年做过厨师、炊具推销员，后移居美国，在乔治·盖洛普博士的研究所担任助理调查指导。1948 年，他在纽约以 6000 美元创办了奥美广告公司。如今，奥美在 100 个国家有 359 个办事处，为全世界第六大代理商，奥格威作为奥美的精神领袖，被尊称为"奥美教父"。他被《时代》周刊称为"当今广告业最抢手的广告奇才"，被《纽约时报》称为"现代广告最具创造力的推动者"，法国一家著名杂志称他为"现代广告的教皇"，并将他与爱迪生、爱因斯坦等并列为对工业革命最有贡献的人物。奥格威本人以创作许多富有创意的广告而赢得赞誉，赢得了诸如 IBM、美国运通、强生等大客户。他始终坚持广告必须有助于销售。主要著作有《一个广告人的自白》、《大卫·奥格威自传》、《奥格威谈广告》、《广告大师奥格威：未公布于世的选集》等。

　　"每一个广告都是对品牌形象的长期投资"是大卫·奥格威于 1955 年 10 月在芝加哥对美国广告同业公会发表题为"形象和品牌——创意运作的新方法"时提出的。其实，这是奥格威借用盖德和莱维发表在 1955 年 3 月号《哈佛商业评论》上的《产品与品牌》中的观点。这个看法成了奥格威的"创意信条"之一，他几近顽固，对此信条一直深信不疑，数十年始终不变，并在随后的 30 多年身体力行。1986 年 3 月 18 日，奥格威在纽约第五十届广告调查基金会的午宴演说中又一次公开阐释该信条。"每一个广告都是对品牌形象的长期投资"始终伴随着奥格威的广告生涯,他希望广告能够为企业的产品带来长期的成功,而不是短期销售收入的快速上涨。

因为奥格威的"每一个广告都是对品牌形象的长期投资",营销学界把20世纪60年代称为"形象时代"。随着竞争加剧,广告效果今不如昔,花费了巨额广告费用的企业不得不问这样一个问题:"广告到底能为企业带来什么?"花了冤枉钱的广告主抱怨说"我花在广告上的钱有一半被浪费掉了,糟糕的是我不清楚是哪一半"。奥格威认为,广告应该有助于企业树立清晰明确的品牌形象,每一张广告和每一个广告片都应该对塑造品牌的整体形象有所贡献,而不是支离破碎、独立自主地发挥销售产品的功用,即"每一个广告都是对品牌形象的长期投资"。然而,在60年代,几近95%的广告都是即兴之作,同一品牌的各个广告之间是互不关联的,所以,大多数的产品,虽然每年都做许多广告,但是,年复一年,这些广告都缺乏统一的、连贯的、个性鲜明的形象。为什么呢? 人类贪婪的本性在作怪。大多数的广告主都不希望自己的品牌形象和个性一成不变,他们希望自己的产品是"万金油",最好能够满足每一个人的需求。然而,试图吸引每一位顾客的产品往往谁都吸引不了,结果是品牌缺乏个性。奥格威说,企业要想在市场上获得长期成功,就必须树立一个清晰明确的品牌形象,或者品牌个性,并在各种场合,坚持不断重复、强化自己的品牌形象,且不要轻易地更换,这样消费者就不会对该企业的品牌形象产生混淆,从而使得其品牌形象深入人心。主题一致的广告则能够帮助企业塑造连贯统一的品牌形象,使企业拥有品牌优势。奥格威声称,"如果广告主能够致力于运用广告为品牌建立最有利的形象,并塑造最清晰的个性,长此下去必将能够获取最大的市场占有率,进而产生最高的利润"。在奥美内部,他们假定客户们绝不是为了谋取一时的利润,而是打算做常青企业,故奥格威经常用备忘录或者便条的形式告诉自己的员工,奥美要努力为客户的品牌创造清晰突出的个性。同时,年复一年,忠于品牌个性,历久不变。

事隔30年,广告业发生了急剧的变化,媒体费用急速膨胀,广告片的制作成本高得离谱;最糟糕的是,厂商削减了广告费用以发动价格战来达成销售目标。近年来,我们对于一轮又一轮的价格战已经习以为常了,彩电、冰箱、手机等轮番挑起价格战,似乎只有降价才能够赢得消费者,击败竞争对手。那么,为了走出价格战的怪圈,我们更应该重新回头看看奥格威的"每一个广告都是对品牌形象的长期投资"。奥格威说,现在,各个厂家似乎正在放弃传统的做生意方法,即运用广告来建立品牌形象和品牌忠诚,转而愿意为降价支付更多的促销津贴,因为销售经理的老板更重视下一季的收入,而对建立品牌缺乏兴趣,对公司的未来缺乏关注。俗话说"一百年才能培养出一个贵族",建立品牌也是如此。与降价相比,树立长期品牌形象的广告没有立竿见影的效果,因为创造一个品牌是一个长期的、艰巨的过程,需要才能、信心和毅力三者的结合,短期效果不明显,但从长期来看,肯定会有不凡的业绩。作为消费者,我们知道价格战带来的好处,但是,同时它使得我们逐渐变成了价格敏感性顾客,对于品牌没有忠诚,即价格战使顾客在买东西时更看重价格而非品牌。于是,1986 年 3 月 18 日,奥格威在纽约第五十届广告调查基金会的午宴演说中对客户提出了严重警告,"如果他们继续作价格上的促销,而无力投资广告以建立品牌的话,他们的品牌将会沦为悲惨的下场"。是的,降价促销不会为品牌带来任何好处,只会损害已建立的品牌形象,而广告则是对品牌形象的长期投资,奥格威为现在正处于价格战漩涡而不能自拔的企业指明了方向。

然而处于现实的社会中,我们不得不承认,有太多的企图改变品牌形象与个性的力量存在,比如,人员流动频繁的广告公司、社会经济力量的变动、广告主营销战略的变化,特别是,一个新上任的销售总裁的"三把火"等都有可能改变企业产品的品牌形象。这些要改变的力量似乎从来都没有间断过,甚至连百年企业可口可乐也概莫能外,他们在经历了失败的品牌形象转型之后,不得不重新恢复原来的"正宗货"这一深入人心的品牌形象,而万宝路的香烟广告则坚持自己的西部牛仔品牌形象长达 30 年,为这一新品牌在香烟市场上的崛起立下了汗马功劳。因此,奥格威说,"在这种情形下,要坚持一个前后一致的创意策略,实在需要很大的胆识和顽固的魄力"。另外,如果原有的品牌形象已经不被消费者认可了,如何树立新的形象也是一个问题。因为原有的品牌形象越鲜明,改变的难度就越大。在当今这个动荡的社会里,如何在坚持自身长期品牌形象的同时兼顾消费者的变化也对广告代理商提出了新的挑战。

(韩顺平)

参考文献:

[1] [美] 大卫·奥格威. 一个广告人的自白[M]. 北京:中国友谊出版公司,1991.

　　[2]［美］大卫·奥格威. 大卫·奥格威自传［M］. 海口:海南出版社,
1998.

　　[3]［美］大卫·奥格威. 广告大师奥格威:未公诸于世的选集［M］. 北
京:机械工业出版社,2003.

　　[4]［美］大卫·奥格威. 奥格威谈广告［M］. 北京:机械工业出版社,
2003.

　　[5] Burleigh B. Gardner, Sidney J. Levy. The Product and The Brand
［J］. Harvard Business Review,1955(March – April).

企业困难的原因在于它们重视的是"产品",而不是"顾客需要"

西奥多·莱维特,哈佛商学院的名誉教授,曾在 1985—1989 年间担任《哈佛商业评论》的主编,是当今世界上管理和营销领域最受尊敬的权威人物之一。他在营销、创新方面都很有建树,尤其对 20 世纪末营销的大发展起到了重要的推动作用,被誉为"营销的营销者"。著有《营销猜想》、《管理思想》《营销创新》等。另外,还在经济、政治、管理以及营销领域发表了许多文章,曾 4 次获得《哈佛商业评论》最佳年度论文奖,其他荣誉包括:1962 年因《营销创新》获得学术管理奖、1969 年亲笔签名奖、1970 年查尔斯·柯立芝奖的"年度营销人物"、1976 年乔治·盖洛普奖、1978 年美国营销协会营销理论和实践突出贡献奖、1989 年国家管理协会管理重大贡献奖。主要理论贡献有"市场营销近视症"、"产品生命周期"、"营销全球化"、"创新性模仿"等。

"企业困难的原因在于它们重视的是'产品',而不是'顾客需要'",这是西奥多·莱维特教授 1960 年在《哈佛商业评论》上发表的经典文章《市场营销近视症》中提出的观点,该文被认为是营销理论史上的一个重要里程碑。虽然很多管理人员可能从未读过这篇文章,但是很少有管理人员不知道关于铁路和石油行业的例子的。该篇文章自发表以来,在实践领域和研究领域都引起了极大的反响,正如 1975 年的回顾中所说,"该篇文章最大的影响是使得一些企业第一次认真地思考它们真正的业务和使命是什么"。该文如此经典以至于《哈佛商业评论》分别于 1975 年、1986 年及 2004 年多次重印。

如果企业只重视它们的产品,过分陶醉于自己产品的完美性,而忽略了顾客及其基本需求,该企业就患了莱维特教授所说的"市场营销近视症"。菲利普·科特勒在其经典著作《营销管理——分析、计划、执行和控制》中还对"市场营销近视症"进行定义。他说,"如果制造商关心产品甚于关心产品所提供的服务,那就会陷入困境。制造商钟爱自己的产品,往往就忘了顾客购买产品是为了满足某种需要。人们不是为了产品的实体而买产品。人们买钻头是由于它能提供一种服务:钻出一个洞孔。产品实体是服务的外壳。营销者的任务是推销产品实体中所包含的利益或服务,而不能仅限于描述产品的形貌。如果推销员把注意力集中在产品上而不是顾客需要上,这就被称为患了营销近视症。"

莱维特教授引用了铁路、电力、石油、干洗等17个行业的例子来说明"一些企业在困难时期衰退的原因在于它们重视的是产品,而不是顾客需求"。这些行业曾经是所谓的"增长型行业",由于错误或者不适当地定义了它们的业务而被淘汰、正在被淘汰或者即将被淘汰。因此,为了避免陷入困境或摆脱困境,企业应该以顾客为导向,而不应该以产品为导向;企业应当根据顾客的需求来定义自己的行业,而不是根据狭隘的产品或者技术特点来描述自己。莱维特最喜欢举的例子是铁路和石油行业。他认为今天的铁路行业陷于困境不是因为其他的工具(汽车、卡车、飞机甚至是电话)更好地满足了顾客的需求,而是铁路本身并没有满足顾客需求。铁路公司的总经理错误地定义了他们的行业,因为他们是铁路导向的,而不是运输导向的;他们是产品导向的,而不是顾客导向的。因此,一旦铁路行业的领导者真正认识到他们的业务是满足公众对运输的需求之后,那么大幅度的盈利和增长将势不可挡。迄今为止,石油行业还比较走运,在其发展过程中,不时地、奇迹般地被起源于行业外部的创新和发展所拯救(如内燃机和中心燃油加热器的发明)。但是莱维特认为如果石油行业的领导者继续以产品为导向来定义自己的行业,认为他们是生产石油的,而不是把自己看作能源的提供者,那么,该行业有朝一日可能会再次成为像生产马车鞭子行业一样典型的案例。如果公司的管理者认识到其业务是提供能源的,他们是最有可能为其生存着想并寻找出路的,反之,如果他们继续把自己束缚在狭隘的产品导向经营方式之中,其业务将不会有什么起色。石油行业只有意识到其使命是满足顾客对能源的需求,而不是寻找、提炼或者销售石油,该行业才有可能持续增长。

在现实世界里,企业往往因专注于自己的产品而忽略顾客的需求。科特勒将这些企业的困境形象地比喻为"更好的捕鼠器"的错误。莱维特教授指出导致企业专注于产品的4个条件:首先,如果企业相信增长的人口和更为富庶的人口保证了该行业的自动增长,它们就会专注于改进现有的产品,提高获得和制造产品的效率,以期超越竞争对手。其次,如果企业相信本行业的产品没有竞争性的替代品,它们就不会注意顾客的基本需求和偏好。另外,如果企业相信批量生产能够降低成本而获得更高的利润,企业就会致力于生产,忽视对市场营销和顾客重要性的关注。最后,如果企业致力于技术研究和开发,对技术优势的迷恋往往使得企业很少关注顾客和市场的问题。以上这4个条件是"市场营销近视症"患者的病因,使得不少企业已经在市场上消失或正在消失。因此,莱维特教授指出"一个行业是一个满足顾客的过程,而不是制造产品的过程,充分理解这一点对所有企业家来说都是至关重要的。一个行业始于顾客及其需求,而不是专利、原材料或者销售技能"。如果从顾客的需求来定义自己的行业,那么企业首先是顾客满意的实体传递者,然后进一步考虑如何创造使顾客满意的产品,最后才是寻找制造产品所必需的原材料等,而不是相反。

莱维特教授提出的"市场营销近视症"开拓了管理者和研究者的视野,但是它脱离实际的关于组织战略能力的假设却造成一些新的问题。他认为石油行业可以将自己定义为能源行业而获得持续增长,其假设前提是该组织的战略能力是无限的,至少也是适应性非常强的,即石油公司应该是柔性组织,石油行业可以轻易地转向蓄电池、太阳能等新型能源而不衰退。但是,不同的行业在原材料获取、技术诀窍、生产过程、分销渠道以及所面临的顾客上都存在着明显的差异,石油行业在转向一个新行业或者多元化经营的过程中,始终要受到其组织自身能力、资产专用性、竞争优势等的限制,而这种限制使得实际操作中的企业往往面临着更多的挑战。另外,莱维特教授定义一个行业的方法似乎有点好高骛远,它过分重视增长的市场机遇。如果只看重市场前景,而忽视企业内部产品、技术、管理等方面的创新,或不顾企业本身的经营特点和经营实力,也会导致企业丧失利润基础和竞争优势而衰败,这就走向了另一个极端——"市场营销远视症"。科特勒指出"市场营销远视症"和"市场营销近视症"一样危险。

(韩顺平)

参考文献:

[1]Theodore Levitt. Marketing Myopia [J]. Harvard Business Review1960(July – August).

[2][美]菲利普·科特勒. 营销管理:分析、计划、执行和控制[M]. 上海:上海人民出版社,1999.

[3][美]本·M.恩尼斯,基斯.K.考克斯等. 营销学经典:权威论文集. 大连:东北财经大学出版社,2000.

[4][美]亨利·明茨伯格,布鲁斯·阿尔斯特兰德等. 战略历程:纵览战略管理学派[M]. 北京:机械工业出版社,2001.

分销系统是企业重要的外部资源

　　埃德华·雷蒙德·柯立在哈佛商学院任教长达 42 年,是工业市场营销的创始者之一,提倡案例教学。柯立从 1963 年起担任哈佛商学院管理教育项目主席,1980—1986 年担任研究主任,1993 年被哈佛商学院授予杰出服务奖。作为一个管理者、研究者以及案例编写者,柯立赢得了同事和学生的喜爱,其主要著作有:《工业市场营销:案例及概念》、《多渠道管理》、《灰色市场:原因及对策》、《市场选择以及产品计划的关键点》等等,并且编写了有关 IBM、诺顿等大量生动有趣的案例,为哈佛的案例教学作出了杰出的贡献。

　　柯立在 1983 年的专著《工业市场营销:案例及概念》一书中提出:"分销系统是企业重要的外部资源, 代表着公司义务的承诺。它的建立通常需要若干年,并且不是轻易可以改变的。它的重要性不亚于其他关键性的内部资源,诸如制造部门、研究部门、工程部门和地区销售人员以及辅助设备等等。"多年来,分销系统在研究领域的缺失是显而易见,渠道作为营销组合的 4P 之一,几乎都是作为其他三种营销组合(产品、价格、促销)的陪衬。柯立认为,随着竞争的全球化趋势,分销系统对企业的重要性日益增加,战略联盟、营销伙伴以及双赢等已经成为企业领导人的口头禅。

　　对于分销系统的概念,站在不同渠道成员的角度就会有不同的理解。柯立的观点是站在生产商的角度,认为分销系统是属于企业的外部资源。外部资源意味着分销系统存在于企业外部,它不是公司内部机构的一部分;同时也意味着企业并不是完全自建渠道,它们也要使分销商承担相应的渠道功能和风险。所以,对分销系统的管理也就涉及不同组织之间权力、利益、功能等的协调和控制,而不仅仅是生产商内部的协调和管理。持有这种观点是很重要的,因为外部资源具有不可控制性,一方试图控制另一方的想法只会导致渠道成员间的冲突,而不是分工协作。然而,正如柯立所观察的那样,生产商抱怨分销商汇聚了太多同类产品,没有致力于自己产品的销售;而分销商抱怨说生产商设立了过于密集的加盟店,使得分销商之间竞争激烈,无利可图。生产商和分销商之间的合作正逐渐走向了冲突,结果导致了顾客流失,企业的销售额、市场份额以及竞争地位的丧失,这个结局无论生产商还是销售商都是不愿意看到的。如果生产商把自己的渠道成员看作是公司外部的重要资源,那么,它就会为分销商的利益着想,想方设法调动分销商的积极性,寻求双方合作的基础,在信任的基础上建立营销伙伴关系,通力合作以发挥分工协作的优势。所以,对于生产商来说,观念的转变是很关键的,同时也是很艰难的,只有摒弃传统的控制分销商的想法,把分销商当作自己重要的战略伙伴,才是一个共赢的结果。

产品同质化、价格战横行、促销手段雷同,这使得企业通过产品、价格、促销等建立竞争优势越来越困难。而一个企业分销系统的建立往往需要付出巨大的成本和努力,这种基于不同组织关系和人员的营销组合是竞争对手在短期内无法模仿的。因此,一个基于长期合作关系的分销系统,是企业重要的外部资源,也是企业建立长期竞争优势的重要基础。百年来,可口可乐一直是碳酸饮料市场的龙头老大,它的秘诀是什么?可口可乐公司不但通过新产品、有竞争力的定价以及大规模的促销来夺取市场份额,更重要的是它与自己的瓶装商、批发商以及零售商紧密协作,建立了牢固的战略伙伴关系,实施密集型渠道战略,这是其竞争对手在短时间内无法复制和模仿的。可口可乐出现在学校、火车站、便利店等每一个顾客可能购买的角落,这样,顾客随时随地都能买到可口可乐。可口可乐密集的渠道策略为其牢固的市场份额奠定了坚实的基础。分销系统不仅能为企业建立长期竞争优势奠定基础,它也代表着公司义务的承诺。这不但是对分销商的承诺,也是对顾客的承诺。顾客在生产商的渠道终端购买企业的产品,一般来说他们很少直接与生产商企业接触,因此,顾客对企业渠道终端的印象就是其对生产商的印象。那么,企业终端形象的统一性和连贯性对于顾客的选择来说就是一个很关键的因素。如果企业的各个渠道成员之间分工协作进展顺利,顾客在终端看到的就是一幅欣欣向荣的景象,货架干净整齐、产品齐全、员工服务态度好,这带给顾客的是愉悦的购物体验;相反,如果渠道冲突不断,那么,顾客看到的将是另一幅场景,店面狼藉、找不到顾客的产品,员工萎靡不振,那么,谁愿意在这样的终端购买产品呢?因此,分销系统是企业直接向顾客展示自己形象和实现承诺的重要方式。一个良好的分销系统带给顾客的是信任和放心,这对于企业扩大自身影响,争取顾客份额起到了至关重要的作用。

近年来,分销系统领域正发生着一些微妙而又重要的变化,即经过多年的发展,营销渠道力量正在悄悄地转移,从生产企业的手里逐渐转向了零售商。不但包括大型零售巨头沃尔玛、家乐福等,还有许多分类专卖巨子如玩具反斗城、国美电器等。零售商作为顾客的"把门人",它的崛起是一种趋势。从专业分工的角度来看,分销商能够汇聚许多生产商的产品,获得销售的规模经济,降低交易成本,从而能够比任何一个单独生产商的销售力量有更多的优势。柯立认为"分销商贸易的实际增长比国民生产总值的实际增长还要快,而且这种趋势还在延续"。分销商谈判能力的增长使得供应商的影响力逐渐减少,分销商不再是生产商可以随意处置的下属,而是生产商的重要顾客。从供需角度来看,在供不应求的情况下,分销商要讨好生产商以获得紧缺的产品,这时候生产商主宰着一切;而供过于求的经济形势使得生产商希望在分销商的"头脑份额"中占有一席之地,分销商的力量逐渐强大。这对于习惯了把分销商作为自己内部机构一部分的生产企业来说,确实面临着日益严峻的挑战。面对分销商的崛起,生产商与分销商之间的矛盾和冲突也逐渐暴露出来。我们对于这种渠道冲突已经屡见不鲜了,比如家电制造商如格力、三星等与家电连锁企业之间的冲突就不曾中断过,利益之争也从没有停止过。从长期来看,生产商和分销商之间的利益冲突是不可避免的,然而双方根据不同的市场情况都会在一定的时期占据渠道的主导地位,那么,是不是谁占据了主导地位,谁就可以为所欲为,任意压榨另一方呢?

主导地位的优势是不牢固的,柯立的"分销系统是企业重要的外部资源,代表着公司义务的承诺"为今天仍然沉迷于强势思维而不能自拔的企业提供了重要的启示。生产商和分销商是一个合作竞争的共生系统,虽然利益摩擦不可避免,但是利益冲突和矛盾确实可以淡化。为了吸引更多的顾客,需要生产商和分销商的共同努力,只有把彼此作为自己的战略伙伴,在信任和承诺的基础上合作,渠道分工协作的优势才能够得到充分发挥。

(韩顺平)

参考文献:

[1] [美]伯特·罗森布罗姆. 营销渠道管理[M]. 北京:机械工业出版社, 2003. Frank V.

[2] E. Raymond Corey. Industrial Marketing: Cases and Concepts [M]. Englewood Cliffs, N. J Prentice – Hall, c1983.

[3] Cespedes, Raymond E. Corey. Managing multiple channels [J]. Business Horizons, 1990 (June – July).

重要的是"价值观"与"生活形态"

威廉·莱泽是美国密歇根州立大学研究生院的市场营销学的荣誉教授,佛罗里达州奥克兰大学的著名访问学者,曾担任美国市场营销协会的主席、政府机构及财富 500 强企业的咨询顾问,是营销领域最具影响力的大师之一。其主要著作有:《营销和广告的人口统计手册》、《营销管理》、《社会营销:视角与观点》、《当代酒店市场营销》等。

作为一门新兴的学科,市场营销学是多学科融合的边缘交叉学科,它的快速发展得益于经济学、心理学、社会学、管理学等多个学科的贡献,如今,营销中的一些概念仍然借鉴了这些学科的成果,比如我们将要谈到的价值观和生活方式。20 世纪 60 年代以前,价值观和生活方式一直是社会学家研究的主题。到了 1963 年,市场营销学教授威廉·莱泽在美国市场营销协会会议上,首次把生活方式这一社会学家所熟悉的概念引入了市场营销和消费者研究领域,并阐释了生活方式与市场营销的关系,从而开启了市场营销研究一个重要的新方向。他将生活方式定义为"一个系统概念",是从总的和最广泛意义上讲的一种特有的生活模式。随后,营销学界开始对消费者的价值观和生活方式进行了系统研究,并将其作为一种市场细分的方法;另外,他们也开发了一系列的量表来测量消费者的价值观和生活方式模式。价值观和生活方式与市场营销的结合,大大丰富了营销研究的内容,同时也给营销界的实践者带来了深入了解其消费者的机会。

消费者是令人难以捉摸的,对于营销管理人员来说,如何透彻地了解消费者始终是一个难题。1956 年,美国市场营销学教授温德尔·史密斯首先提出了市场细分理论。随后,这一理论被广泛地用来指导企业的市场营销活动。市场细分理论认为,消费者是有差异的,那么在差异的基础上依据其消费特点,可以将某一整体市场划分为若干个需求类似的消费者群体,这是在混乱的市场中筛选出同质市场的过程。传统的市场细分是根据人口统计特征,比如年龄、性别、收入等把消费者划分成不同的目标市场,或者是根据消费者所处的地理位置把市场划分成不同的地理区域。尽管这些细分变量容易测量,在消费者研究中也是必不可少的,但仅仅依靠这些变量,营销管理者无法清晰地描述他们的目标市场。比如利用年龄来描述"同龄人"似乎是越来越不准确了。菲利普·科特勒曾经提到一个例子,福特野马汽车的目标市场是年轻人,但实际上它的买主各种年龄群体的人都有,这里关键的问题不是年序上的年轻,而是心理上的年轻。价值观和生活方式作为一种更理想的市场细分方法,通常被归为心理特征变量细分方法,为如何了解消费者提供了一个重要的工具和方法。一般来说,消费者的价值观和生活方式会受到其所处群体文化、价值观、资源、象征物等的影响,是个体参与某一生活方式细分的结果。对价值观和生活方式的研究主要集中在消费者的态度、兴趣、自我感知、对周围环境的观点和看法、日常生活方式、工作习惯、休闲娱乐等等,这些研究为消费者人口统计特征的框架增添了许多具体的内容,解释了产品是如何被使用的、这对消费者意味着什么、消费者的购买动机以及购买习惯等等。

与传统的细分市场方法不同,价值观和生活方式的细分方法有着更为广泛的心理学和社会学基础,将消费者按照价值观和生活方式进行分类后,每一个细分市场的消费者都具有相似的价值观和生活方式。威廉·莱泽认为生活方式"包含那些形成并发展于一个社会中的动态生活的模式"。随后,研究者们试图挖掘消费者的生活方式"模式",开始系统地对价值观和生活方式进行测量。迄今为止,美国斯坦福研究学院设计的价值观和生活方式细分系统是最受欢迎的。它在 1978 年被提出,在 1989 年又作了大幅度的修改,VALS2 试图更多地选择那些相对具有持久性的态度和价值观,用以反映个人的生活方式。以被测试者的自我取向(个人所追求的目标和行为)和资源(个人追求他们占支配地位的自我取向的能力)为基础,SRI 识别出了完成者、信奉者、实现者、成就者、奋争者、挣扎者、体验者和制造者等 8 个一般的心理细分市场。每一个细分市场的消费者或许在年龄、教育程度、地理位置等方面有很大的差异,但他们拥有类似的价值观和生活方式。现在,许多国家都在采用 VALS 量表对其消费者进行细分,比如新加坡、德国、法国、中国等,其细分结果已经被营销经理们广泛地使用。

采用价值观和生活方式进行市场细分的优点是显而易见的,根据预期客户所持有的价值观和所追求的生活方式,企业更容易在全国甚至全球范围内树立统一的形象,不受人口统计特征或者地理特征差异的限制。了解目标市场的价值观和生活方式,赋予其品牌相应的个性特征,使得企业的品牌个性与目标顾客的追求相一致,那么,清晰的品牌形象就能够吸引到更多有类似价值观和生活方式的消费者。因此,在传统细分的基础上,挖掘消费者潜在的价值观和生活方式,透过消费者的表面特征了解他们内心的真正追求,使用消费者熟悉的语言与消费者沟通,能够更容易、更有效地向他们进行营销活动;了解消费者的生活方式,可以进一步了解在某种生活方式下的消费者的消费习惯、购买特征、媒体接触习惯、休闲选择活动等等。如今,我们越来越多地倾向于吸引按照某一特定生活方式生活的群体。"百事新一代"就是利用消费者的价值观进行市场细分而取得巨大成功的。百事的定位是"年轻、活泼、时尚",它将目标锁定年轻人,而不是像可口可乐那样不分男女老少全面覆盖。现在的年轻人追求个性,喜欢酷,而且很多都是追星族,往往通过其所消费产品的品牌个性来显示自己的与众不同。于是,百事抓住年轻人喜欢酷的心理特征,推出了一系列以"百事新一代"为主题的广告,同时,又邀请多位体育、娱乐明星为其品牌代言,"年轻、活力、自由、挑战、渴望"是其广告宣传的重点。"百事新一代"符合年轻人暗藏的消费心理,突出了年轻人的张扬个性,从而赢得了年轻人的喜爱,使得可口可乐显得"落伍、过时"。作为一种更理想的细分方法,价值观和生活方式为企业提供了吸引目标市场的更好方法,与人口统计特征及地理细分方法相结合,企业能够更清晰地描述自己的预期客户特征,从而在广告宣传、促销等活动中能够吸引到预期客户。

尽管利用价值观和生活方式对市场进行细分正在被广泛地使用,但是,价值观和生活方式的细分方法也具有一定的局限性。首先,它依赖事后描述性变量对构成细分市场消费者进行分析,且这种调查要持续相对较长的一段时间,故这种细分变量体系并不能用来对未来购买者的行为进行有效预测,对未来购买者消费习惯和购买行为进行预测是营销经理们最为关注的一个方面,决定着企业未来的发展前景。另外,现有的VALS都是针对个体进行的测量,实际上,许多消费品消费决策都是基于家庭进行的,或者很大程度上受家庭其他成员的影响;而在许多情况下,工业品的购买也是一个集体决策的行为。因此,价值观和生活方式的结果对于特定的产品和情景是不适宜的。

（韩顺平）

参考文献：

[1][美]德尔·I. 霍金斯,罗格·J. 贝斯特等. 消费者行为学[M]. 北京:机械工业出版社,2005.

[2][美]菲利普·科特勒. 营销管理. [M]. 上海:上海人民出版社, 1999.

[3]籍磊. 在华跨国公司营销方式的转变看营销理念的革命——生活方式营销[J]. 中国学术研究,2005(4).

[4]Wendell R. Smith. Product Differentiation and Market Segmentation as Alternative Marketing Strategies[J]. Journal of Marketing,July 1956.

[5]Lazer, W. Life Style Concepts and Marketing ╱ Toward Scientific Marketing[R]. Chicago：American Marketing Association, 1963, pp. 140 – 151.

营销的目的就是使推销成为
多余的环节

　　彼得·德鲁克被称为"当代管理学之父"、"大师中的大师"。彼得·德鲁克生于维也纳,曾获得法兰克福大学法学博士。德鲁克的管理著作被公认为是管理学中最优秀的著作,在半个多世纪的管理文献中,彼得·德鲁克是这个领域中被引用得最多的作者。"到目前为止,管理理论只产生过一位伟大的思想家,这就是彼得·德鲁克",这是《经济学家》杂志对这位大师的评价。1954年德鲁克出版了《管理实践》,标志着现代管理学的诞生,并奠定了他在管理学界大师的地位。2003年7月,彼得·德鲁克接受了美国总统布什颁赠的美国最高荣誉勋章"总统自由奖章"。他的主要著作还有《公司的概念》、《卓有成效的管理者》、《管理:任务、责任、实践》、《工业人的未来》、《成果管理》、《管理导论》、《创新与企业家精神》、《管理前沿》等。

　　自1954年以来,德鲁克开始撰文论述顾客对于企业的重要性。他指出顾客是企业存在和发展的基础,是顾客的需要给了企业生存和发展的机会。德鲁克认为,营销的目的在于深刻地认识和了解顾客,从而使产品完全适合顾客的需要而形成产品自我销售。因此营销的目的就是要使推销成为多余的环节。德鲁克这一论断的提出使得人们重新认识营销,并为后来的学者研究营销提供了新的空间,直到今天营销所关注的依然是顾客需要、顾客偏好。在《管理实践》的第六章中,他写道:"我们的事业是什么样并非取决于生产者,而是消费者;并非取决于公司的名称,公司的规章条款,而是当消费者购买一种产品或服务时得到的满足。"此外德鲁克率先提出了以基于顾客导向的市场界定来确定企业的事业,企业应该做什么。德鲁克主张将市场营销的重点从生产者转移到顾客的身上,拓宽市场营销的内涵,使得越来越多的学者关注营销。德鲁克对顾客重要性的论述早已得到企业界、营销学界及社会的承认和赞许,并成为现代营销学的基础和出发点之一。

在上个世纪 70 年代之前,市场营销的概念非常狭隘,市场营销所关注的仅仅是货物在生产者和消费者之间的流通。当时对市场营销的论述主要集中在营销的销售职能上,大多数把营销和销售混为一谈,而且多数的营销定义将营销活动与组织的生产过程挂钩。营销和推销并没有严格的界定。营销被认为是一种市场上的经济交换过程。当时企业组织的营销观念基本上都是生产观念和产品概念,企业仅关心其产品或生产,并不在意消费者的需求。企业的经营是生产出企业认为好的产品,然后采取各种推销手段竭力推销给消费者。

德鲁克指出,成功的营销是使企业产品已经有了将要购买的顾客。现代市场营销观念明确告诉人们,营销应该是找出顾客所需,并按需提供产品。德鲁克在提出"营销的目的就是使推销成为多余的环节"时,很多企业仍然是生产出企业满意的产品,然后竭力去推销产品。这说明在当时企业和社会还没有充分理解营销以及营销和推销的关系,甚至混淆营销和推销。营销和推销虽同为一种创造交换过程的活动,但还有很多区别。推销是以销售为本,以销售量为导向,强调消费者之间的无差异性的一种单向过程,环境适应能力很差;而营销则是以顾客为本,由市场调研决定产出,强调消费者需求的差异性的一种双向互动过程,环境适应能力较强且有整合的计划和反馈。推销注重卖方利益,而营销关注买方需求。因此德鲁克认为营销是比推销更有效、更先进的一种实现交换过程的方法和手段。因此一个成功的营销必然能取代推销,使推销成为多余的环节。德鲁克作为管理学大师对营销的贡献也是多方面的。德鲁克开创了一种顾客导向的新的营销观念,他对营销调研的作用也有很多开创性的论述。

顾客是德鲁克研究市场营销的出发点和最终归宿。德鲁克的思想改变了人们对营销的理解,改变了企业的营销方法和营销思路。从德鲁克的著作中不难看出,他认为营销的出发点应该是顾客。企业的营销应该首先从顾客做起,而不是从产品做起。企业应该首先确定顾客需求的特点及趋势,然后分析提供何种产品或服务来满足顾客需求,并在此基础上确定产品的渠道、价格、促销策略。在确定顾客需求的特点和趋势时,德鲁克认为应用市场调查的方法来确定。他认为企业应该首先通过有效的市场调查来确定消费者未满足的需求、市场潜力、市场趋势和市场结构的变化。企业在明确了顾客未满足的需求以及市场特点后,可以根据企业目前的能力设计和生产符合消费者需求特点的产品。由于这种产品的功能和特点刚好符合消费者的需求特点,从而产品具有了德鲁克所说的"自我销售"的能力,因此只要以一种合适的价格,合适的渠道,恰当的方式和顾客接触,必然能够引起生产者所期待的交换过程。在现实中,一个成功的营销将创造一个适销对路的产品,这个产品在市场上受到消费者的欢迎和支持甚至可能会供不应求,这时企业自然无需进行任何推销工作。

在德鲁克提出"营销就是使推销成为多余的环节"的论断后,虽然得到了企业和社会的广泛赞同,但推销并没有因此而退出企业、市场以及社会的舞台。只是现代的推销和当时的推销已经不是完全相同的概念了。当时德鲁克言下的推销是企业在达到自身希望的交换活动的一种观念和一系列做法,和营销是同一层次的概念。而现代的推销更多情况下指的是一种销售方式。在现代经典营销理论的 4P(product、price、place、promotion),人员推销依然占有一定的地位,并作为销售促进的一部分内容而存在。推销是通过售货员或推销员直接与顾客见面,向他们传递信息,介绍商品或劳务知识,引起消费者的关注和兴趣,促进消费者的购买。这种促销有一定的优点,如信息传递准确,针对性比较强,反馈信息及时等。因此推销依然是现代营销学不可缺少的内容。

营销理论在不断发展,从 4P 发展到 4C 再到现在最新的 4R 理论。营销观念的发展也早已超越了推销观念发展到了社会营销观念。(营销观念的发展依次是生产观念、产品观念、推销观念、营销观念、社会营销观念。)稍加研究不难发现推销在现代营销中的地位在不断降低,而顾客受关注的程度则是越来越高。这也说明了德鲁克关于营销和推销的论述具有很强的前瞻性,为学者研究市场营销指出了正确的方向。

以上的论述从不同的角度介绍了德鲁克对营销和推销关系的论述。德鲁克的研究对现代营销学有一定的开创性的意义,为后人留下了很多宝贵的营销思想。"营销的目的就是使推销成为多余的环节"这一论述无疑是以最简洁的语言向当时仍然处在营销学混沌之中的人们道出了营销学的真谛。

(韩顺平)

参考文献:

[1][美]菲利普·科特勒.营销管理[M].北京:中国人民大学出版社,2001.

[2][美]彼得·德鲁克.管理实践[M].北京:工人出版社,1989.

[3][英]沙尔坦·克默尼.大师论营销[M].北京:华夏出版社,2005.

定位:赢得争取心智的战役

杰克·特劳特和艾·里斯都是世界著名的营销战略学家,他们共同创立了定位理论,合著的著作主要有《定位》、《营销战》、《22 条商规》以及《营销革命》等。杰克·特劳特现任特劳特伙伴公司总裁。他曾在通用电气(GE)的广告部开始其职业生涯。离开通用后,他在 Uniroyal 的分公司担任过广告部经理。之后,特劳特加入艾·里斯的广告和营销策略公司,两人合作了 26 年之久。

"在传播信息充斥的社会中,一定要赢得争取心智的战役。"这是艾·里斯和杰克·特劳特两位营销战略大师 1981 年在其著作《定位》中提出的观点。

杰克·特劳特和艾·里斯于 1969 年 6 月在《广告行销杂志》发表了《定位是人们在今日模仿主义市场所玩的竞赛》,在此文中首次使用定位一词。1972 年,又在广告时代上发表了题为《定位时代》的系列文章,随后,于 1981年出版了专著《定位》,对定位从理论到实践作了阐述。特劳特 1996 年又撰写了《新定位》,使得定位理论不断系统化并深入人心,在市场的混乱状态中杀出了一条生路。2001 年,特劳特和里斯创立的定位理论被评选为有史以来对美国营销管理影响最大的理论。

20 世纪 50 年代被认为是独特的销售主张的时代,企业如果能为自己的产品找到独特的卖点就可以超越竞争对手获得持续增长;随后,广告大师大卫·奥格威提出"每一个广告都是对品牌形象的长期投资",20 世纪 60 年代被称为形象时代。在买方市场逐渐成熟,竞争加剧,产品同质化日趋严重的情况下,杰克·特劳特和艾·里斯提出了定位理念,声称 20 世纪 70 年代将是定位时代。他们的预言得到了证实,实际上,随后的 30 多年,定位理论不断为商业界注入了新的生机和活力。

杰克·特劳特和艾·里斯认为,我们所在的社会变成了一个信息充斥的社会,随着互联网技术的快速发展,这种传播过度的局面将会越演越烈。心理学研究表明,大脑的短期记忆最多只能保有 7 个信息主体,而我们每天接受的同类信息远远超过 7 个。过多的传播信息使得消费者感到无从选择,产生焦虑,于是我们的大脑就会自动抵制许多信息。想在商战中取得成功的企业都在寻找如何在消费者头脑里占有一席之地,答案是定位。定位不是对你的产品做什么,而是对你预期客户要做的事,也就是说,企业要在预期客户的头脑中给自己的产品定位,从而"赢得争取心智的战役",因此,在信息爆炸的社会里,传播的问题是如何使信息进入消费者的头脑中。

与企业传统的由内而外的思维方式不同,定位是逆向思维,它由外向内,从预期客户的头脑中寻找解决问题的方法。换句话说,定位是以外部的消费者为基础,以市场为基础来进行传播的。定位理论之前,企业从自己的产品出发,在管理人员的头脑中寻找解决之道,结果造就了许多自以为是的企业,它们认为自己的策略肯定能够吸引消费者,而对消费者的看法和态度置若罔闻,这使得不少企业纷纷陷入困境。从可口可乐推出"新可乐"而惨遭失败的教训中,我们可以看到,尽管新可乐的口味确实好,公司内部也一致认为"新可乐"优于原有的可乐,可真正的问题是消费者的头脑里是不是也有同样的观念呢? 在消费者的头脑中,原有可乐的"正宗货"形象根深蒂固。结果,"新可乐"无法消除消费者对可口可乐的观念而被迫重新定位自己为经典可乐。事实和真理被消费者头脑中现存的观念打败了。定位理论则从预期客户头脑中的观念出发,把观念当作事实来接受,然后把企业的产品与消费者已接受的观念相联系,重构这些观念以达到企业所希望的境地,从而避免与消费者的观念相背离。心理学研究告诉我们,人们往往不能容忍被别人认为是错的,所以试图转变人们观念的想法往往会招致灾难的结局。因此,定位必须符合消费者头脑中的观念,对产品进行定位时,必须从消费者的角度出发,因为是消费者在定位产品,而不是广告主和广告代理商在为产品定位。定位理论使得管理者开始重视他们的"上帝"——消费者,逐渐对消费者的行为、态度等进行研究,并据此制定决策。可以说,定位理论使得以产品为中心的时代更加过时,从而引导实践领域和研究领域走向以顾客为中心的时代。

俗话说"商场如战场",杰克·特劳特和艾·里斯也说"在市场营销的战争中,竞争者就是假想的敌人,顾客的头脑就是要占领的阵地"。商战是思想之战,战场就在消费者的头脑里,所以,企业"一定要赢得争取心智的战役"。既然是"战役",肯定是双方甚至多方共同争夺目标市场的过程,因此定位本身也是一个对抗性的游戏,不但要考虑消费者,而且还要考虑竞争对手。那么,企业要想赢得"心智的战役",就必须在预期客户的头脑中占有一席之地。特劳特和艾·里斯指出第一个进入人们头脑的品牌所占据的长期市场份额通常是第二个品牌的 2 倍,第三个品牌的 3 倍,而且这个比例不会轻易改变。可见,先于竞争对手第一个打入预期客户的头脑中,先入为主,抢占优先权能够为企业占据客户的头脑赢得无可比拟的竞争优势,但是企业自己并不能造就领先者,只有顾客认可的领先者才是真正的领先者,因此后来者也可以使用特劳特和里斯提供的定位方法后发制人,成为领先者。

然而,定位理论并不是完美无缺的。首先,由于杰克·特劳特和艾·里斯都是广告人出身,他们观点的局限在于,在传播过度的社会,应该使用广告这种传播策略来"赢得争取心智的战役",强调让产品占领消费者心目中的空隙。仔细想来,他们的定位还不是真正的以顾客为导向,他们确实是从顾客出发,但这时企业的产品已经存在了,因此他们的目的是把产品与消费者心目中的观念相结合,创造一个独特的定位,从而"赢得争取心智的战役"。从这个意义上来看,这场"战役"仍有推销观念的痕迹,杰克·特劳特和艾·里斯强调的在预期顾客心目中建立一个有利的位置也是一种巧妙的心理定位,实际上并没有重视消费者需求的变化。其次,"争取心智的战役"是过去式,而不是进行式或者将来式。他们关注的是现有顾客对产品的看法,且一般都是购买过该产品的顾客,这样,企业了解到的是老顾客对产品的观点,问题是老顾客的观点随着时间有没有变化呢? 企业潜在的顾客是不是也会被这样的观念吸引? 对于新产品的上市,企业是没有办法发掘"预期顾客头脑中的观念"的,在这个信息充斥的社会中,新产品如何吸引预期顾客的注意力也是一个问题。最后,他们的理论较好地阐释了如何满足消费者的需求,但事后诸葛的代价越来越高,现在的消费者变得越来越挑剔,越来越难以满足,引导消费者的需求,给他们惊喜变得越来越重要,故对那些引导消费者需求的企业来说,预测消费者的需求比挖掘他们头脑中的观念更重要。

(韩顺平)

参考文献:

[1][美]本·M.恩尼斯,基斯·K.考克斯. 营销学经典:权威论文集. 大连:东北财经大学出版社,2000.

[2][美]艾·里斯,杰克·特劳特.定位:二十周年经典纪念版 [M].北京:中国财政经济出版社,2002.

[3][美]杰克·特劳特,史蒂夫·瑞维金.新定位:"定位"理论的刷新之作[M].北京:中国财政经济出版社,2002.

[4][美]艾·里斯,杰克·特劳特. 营销战[M]. 北京:中国财政经济出版社,2002.

企业如果不能在服务竞争中取胜，则必然面临生存危机

　　克里斯丁·格罗鲁斯是服务营销领域学术地位最高，最引人注目的开拓者，北欧学派的代表人物。格罗鲁斯教授自 1971 年以来，一直在芬兰赫尔辛基汉肯经济与管理学院任教，现任该校学监、市场营销学系主任、管理教育中心主任。格罗鲁斯教授才思敏捷，治学严谨，通晓芬兰语、德语、瑞典语、英语等语言；致力于服务营销的研究，被现代市场营销学之父菲利普·科特勒教授誉为是"我们所见到的服务营销研究领域学术地位最高、最值得评论的学者中的代表"。由于在营销学方面的突出贡献，格罗鲁斯教授荣获阿塞尔营销学研究奖并被芬兰科学与艺术协会授予杰出会员称号。主要著作有《服务营销学》、《工业服务营销学》、《战略管理与服务业的营销》、《如何销售服务产品》、《服务营销：诺丁学派的观点》、《公共部门的服务管理》、《全面沟通》和《服务管理与营销》等，其中《服务管理与营销》一书问世不久即被翻译成多种语言，很多学校都把它作为服务营销课程的首选教材。

　　"企业只能用服务来竞争，不仅服务性企业，其他企业今天也只能如此。"这是格罗鲁斯对服务竞争的基本看法。他认为今天的企业提升其竞争力的核心解决方案是了解顾客（包括最终消费者、最终用户、供应商和分销商）价值的内生过程，在此基础上向他们提供能够满足其价值生成过程的一整套产品，这是一种服务观。企业必须将有形的产品和无形的服务有机地整合成一个总体的解决方案，即服务产品。他通过深入的研究服务业，得出了服务区别于有形产品的自身特点，以及以前的经典营销理论在服务型产品上的缺陷，从而开创了服务营销用来指导今天的企业的营销活动。今天服务营销已经发展为一门独立的学科，格罗鲁斯无疑是贡献最大的学者之一。

　　传统的营销学理论是在北美那种商业机构成熟、宣传媒介完善、分销系统发达、纯粹工业制造品销售占主导地位的工业经济时代形成的,关注的对象主要集中在纯粹的工业制造品,其关注的服务主要是指工业品的售后服务,没有关注纯粹的无形的服务型产品。因而这种理论在服务营销和服务产品营销中的指导作用是有限的,在其他国家的应用也值得怀疑。此外传统的营销理论并没有充分地探索服务与有形产品的区别,以及有形产品和无形的服务相结合形成的产品的特性。因此,传统的营销理论不能完全适应服务以及服务产品的营销。随着经济的发展,后工业时代的到来,服务业在经济中所占的比重逐渐超过了传统的制造业,传统的营销理论与经济的不吻合性逐渐凸出。格罗鲁斯就是在这种情况下质疑经典营销理论,提出了一系列服务营销理论改进和补充传统的营销理论。

　　格罗鲁斯对服务竞争的界定是:企业必须找到能够形成竞争优势的核心解决方案,这个核心解决方案可能是有形的产品,也可能是无形的服务,然后围绕企业的核心解决方案,利用与其他企业构成差异的一组或一系列服务来击败竞争对手。要做到这一点,企业必须以服务观来审视自身及其与顾客的关系。他提出,关系特性是服务的内生特性,市场营销应是在获利的基础上通过建立、维持和促进与顾客的长期关系,以便满足参与交易各方的目标。这要通过互利的交易和承诺的满足来实现。以服务观来管理企业的各个交易相关者,将使企业受益无穷。与参与交易的各方发展长期友好互利的关系是市场营销的核心。企业与顾客之间的关系永远都是服务关系,因为企业产品本身也具有一定服务属性。在很多情况下消费者购买产品不是需要产品,只是需要产品所能提供的一种服务。格罗鲁斯提出的服务竞争、服务营销等概念填补了传统营销理论在服务营销上的空白,也使得传统的营销理论适用性大大提高。在服务营销理论中他论述了服务竞争导向被企业和社会采纳的必然性。他认为,今天越来越多的企业都清醒地认识到,核心产品、核心技术只为他们提供了一个基本的平台,而无法保证其肯定具有竞争优势。这要求企业调整观念与导向,将服务作为新的竞争手段。今天,顾客的需求已不仅仅局限在具体的产品或技术上,顾客群已变得非常复杂,他们的信息获取量和信息获取能力都比以前大大增加,顾客需求也趋于复杂,在产品的各个层面上都追求更高的价值。激烈的市场竞争强化了顾客的这种追求。为了给顾客提供更高价值的产品,企业必须关注服务,服务的重要性日益显示出来。由于科学技术特别是信息技术的进步,使企业有能力也有必要不断地推出新的服务项目增加产品的附加值。新的信息技术还使得企业更容易与顾客保持良好的关系。不管是附着于产品还是服务的技术解决方案,都无法成为在竞争中取胜的法宝。在今天的顾客看来,技术解决方案是企业本身的职责,并不能给他们创造额外的价值。服务在顾客关系管理中是唯一能给顾客创造价值的要素。当企业必须通过服务来取得竞争优势(获取竞争优势必须依赖于顾客关系)时,企业应该实施以市场为导向的管理,而不是营销管理。

格罗鲁斯服务竞争理论的根基在于北欧服务营销理论。北欧学派的一个重要观点是营销决策是整个有机的管理体系中不可分割的组成部分。不管是高层管理决策还是一般性决策都要充分考虑顾客和市场的反应。格罗鲁斯教授的研究成果不仅在欧洲很有影响,在营销的发源地美国也受到了高度重视。他沿用了北欧学派的做法,用一种全面系统的观点来考察营销理论、创造服务营销理论。他的研究成果有很强的现实意义,对未来营销学的发展也有着重要的影响。以格罗鲁斯为代表的北欧学派还从服务管理和营销理论的创新中引申出客户关系管理理论,认为"客户关系管理就是一个企业如何随时与客户发展和保持关系"。北欧学派更注重建立和保持正在形成中的客户关系,并用这种方法来调整企业的资源,丰富和完善了营销理论。

当今的服务营销学领域并非只有格罗鲁斯执掌的北欧学派一枝独秀,还有采用传统的定量方法,基础是对假设的试验的北美学派。服务竞争理论在格罗鲁斯的服务营销理论里是重要的一部分,已经发展到成熟阶段,很多在前期提出的探索性的理论已经被证实是有效的或是符合事实的。服务营销理论作为一门新兴的学科,虽然其理论已经得到市场和社会的肯定,但是在理论推广和实际应用上还没有达到传统营销理论的地位。

现在服务营销的研究主要在服务质量、关系营销、顾客接触和客户关系管理等方面。服务营销理论是在传统的营销学理论上发展成熟的,其理论基础仍然是经济学。服务营销理论仍然关注顾客,但是已经不同于传统营销理论的关注顾客。传统营销理论关注顾客需要,并要求比竞争对手更快更有效地满足顾客的需要。而服务营销理论则强调与顾客建立长期互利的友好关系,从而使企业从良好的客户关系中获得利润。

以上的论述从不同角度介绍了服务竞争理论的来源及发展,也从不同的角度说明了服务竞争理论的科学性。由于服务和服务产品在社会经济中不断增加,顾客对产品的要求不断提高,服务成为创造产品核心价值和附加值越来越重要的工具和手段,不能在服务竞争中取胜的企业将很难生存。

（韩顺平）

参考文献:

［1］［美］菲利普·科特勒.营销管理［M］.北京:中国人民大学出版社,2001.

［2］［芬兰］克里斯廷·格罗鲁斯.服务管理与营销［M］.北京:电子工业出版社,2005.

［3］［美］詹姆斯·A.菲茨西蒙斯.服务管理［M］.北京:机械工业出版社,2002.

通过传播来创造未来价值

唐·E.舒尔茨是美国西北大学迈迪尔新闻学院整合营销传播教授,A-gora营销咨询公司总裁,整合营销传播理论的开创者。其代表著作有:《整合营销传播》、《全球整合营销传播》、《整合营销传播:创造企业价值的五大关键步骤》、《战略性广告活动》、《广告战略精华》、《销售促进精华》、《销售促进管理》、《测量品牌传播的投资回报率》和《战略性报纸营销》,其中,《整合营销传播》是第一本整合营销传播方面的著述,也是该领域最具权威性的经典著作,他在《整合营销传播》中提出的战略性整合营销传播理论,成为20世纪后半世纪最主要的营销理论之一,为此,唐·E.舒尔茨被誉为"世界整合营销传播之父"和"20世纪全球对营销最有影响力的人物之一"。

整合营销传播这一观点,是80年代中期开始出现的,这一概念的提出使得许多学者预感到具有战略意义的"传播协同效果"时代的到来,并从各自的观点出发提出了传播协同效果的定义。企业各种传播手段的协同效果逐步演化成了整合营销传播这一概念,但还没有形成一个确切的定义。研究者们当时都普遍认为根据研究角度和使用立场的不同,整合营销传播的定义也应有所差别。在《整合营销传播》一书中,舒尔茨将整合营销定义为将所有与产品或服务有关的信息来源加以管理的过程,使顾客以及潜在顾客接触到经过整合的信息,从而产生购买行为,同时有效地维持顾客忠诚。关于传统营销和整合营销传播的区别,舒尔兹教授用了一句非常生动的话来表述:前者是"消费者请注意",后者是"请注意消费者"。这也意味着整合营销传播是和一个以顾客为中心的时代紧密联系在一起的。"通过传播来创造未来价值"是舒尔茨整合营销三部曲第二部《全球整合营销传播》中文版序言的标题,这本书是第一本从全球性角度深入探讨整合营销传播的著作,舒尔茨在书中为销售商和营销组织分析了他们所要达到的目标,并就中国公司提高其营销传播水平进行了简要回顾和前景预测。从舒尔茨的著作中,我们可以看出,他认为在全球化和产品趋同的背景下,企业的营销必须从以产品为中心转化为以顾客为中心的方式来进行,这是整合营销的精髓,同时也是企业建立竞争优势,创造顾客和股票价值的途径之一。

《整合行销传播》书中的第一句话便说:"4P(产品、价格、通路、促销)已成昨日黄花,新的行销世界已转向4C(顾客需求、成本、方便、沟通)",即把产品搁到一边,加紧研究消费者的需要与欲求,不要再卖你所能制造的产品,要卖消费者所期望购买的产品;暂时忘掉定价策略,快去了解消费者要满足其需要与欲求所须付出的成本;忘掉通路策略,应当思考如何给消费者方便;最后请忘掉促销,90年代的正确词汇是沟通。之后,舒尔茨又进一步提出了5R理论,并以5R作为IMC之基础,5R较4C更突显顾客的核心地位,它们是与顾客建立关联、注重顾客感受、提高市场反应速度、关系营销越来越重要和赞赏回报是营销的源泉,从而营销的核心从交易走向关系,对顾客价值关注越来越多,这也使舒尔茨整合营销思想有一条主线。菲利普·科特勒指出:整合营销包括两个层次的内容,一是不同营销功能——销售、广告、产品管理、售后服务、市场调研等必须协调;二是营销部门与企业其他部门,如生产部门、研究开发部门等职能部门之间的协调。整合营销实质是谋求从供应商—生产商—分销商—顾客整条价值链的最优化。可以把整合营销视为是对价值链的整合,整合可以保证提供产品或服务的各个环节的质量,以实现顾客价值的最大化;整合可以更有效地管理各种相关资源,以发挥高效的经济效益。因此说,整合既有利于顾客,又有利于企业,可以实现双赢局面。

在舒尔茨的另一本著作《整合营销传播:创造企业价值的五大关键步骤》中,他更是指出了IMC是一种整体性的模式:IMC的基本假设之一就是企业组织的所有部分与其他部分是相关联的;IMC要求企业经理能够同步关注内部顾客和外部顾客;IMC认为企业的能力在于其品牌以及与现有顾客和潜在顾客的关系;进一步说,IMC坚信企业组织的任何事情都可以对其品牌价值和顾客关系带来正面或者负面的影响。而过去,从业人员把营销传播假设为一种"创造的过程",甚至是一种艺术形式,所以无法从财务的角度加以评估与问责。但是,他们不同意这一观点。就像公司拥有的其他任何资产一样,通过营销传播对顾客以及潜在顾客进行投资,就必须能够获取回报,而且在财务上能够识别并进行评估衡量,能够给组织和股东创造价值。舒尔茨在这本著作中还说明了整合营销传播的八项指导原则,成为以顾客为中心的组织、采用由外向内的规划、以整体顾客体验为重点、把顾客目标和公司目标结合起来、设定顾客行为目标、把顾客当成资产、精简职能业务活动和集中营销传播活动。主题内容是介绍整合营销的流程,包括识别顾客和潜在顾客、评估顾客与潜在顾客的价值、规划信息与激励、评估顾客资产回报率和项目执行后的分析和未来规划。显而易见,《整合营销传播:创造企业价值的五大关键步骤》这本书是具体的整合营销传播创造价值的过程介绍。

综上所述,整合营销传播是未来营销传播的必然趋势,它能够给顾客和公司都带来价值,并将成为公司建立竞争优势的重要途径之一。舒尔茨在整合营销方面的三部著作不仅对整合营销传播的概念作了深刻的分析和详细的阐述,也清楚地说明了企业建立整合营销传播的流程和原则以及价值创造的过程,这都体现了他"通过传播创造未来价值"的思想。

(韩顺平)

参考文献:

[1][美]唐·E.舒而茨、海蒂·舒尔茨.整合营销传播[M].北京:中国财政经济出版社,2005.

[2][美]菲利普·科特勒.营销管理[M].上海:上海人民出版社,2003.

[3][美]唐·E.舒尔茨、菲利普·J.凯奇.全球整合营销传播[M].北京:中国财政经济出版社,2004.

营销的格言是产品、服务和价值

菲利普·科特勒生于 1931 年,是国际上公认的市场营销学权威,现代营销学的集大成者,被誉为现代营销学之父,现任美国西北大学凯洛格管理学院终身教授。科特勒曾获得麻省理工大学博士学位,哈佛大学博士后。科特勒教授不仅是美国市场营销协会设立的"杰出营销学教育工作者奖"的第一位获奖人,还曾获得欧洲市场营销顾问和销售培训者协会颁发的"营销卓越贡献奖"。他曾三次获得《营销杂志》年度最佳论文奖——阿尔法·卡帕·普西奖。除此之外,他多次获得美国国家级勋章和褒奖,包括斯图尔特·亨特森·布赖特奖、保尔·D. 康弗斯奖、杰出营销学教育工作者奖和查尔斯·库利奇奖等。科特勒博士还担任美国管理学院主席、美国营销协会董事长和项目主席以及彼得·杜拉克基金会和众多跨国公司顾问。科特勒著作众多,《营销管理》一书被奉为营销学的圣经,其他著作还有《国际营销》、《营销典范》、《营销管理》、《非营利机构营销学》、《新竞争与高瞻远瞩》、《营销原理》、《社会营销》、《旅游市场营销》近年又出版了《亚洲新定位》和《营销亚洲》。

菲利普·科特勒对营销学的最重要贡献在于他把营销普及为一门独立的学科。他在营销学内的研究方向很多。"营销是个人和集体通过创造,提供出售,并同别人自由交换产品和价值以获取其所需之物的一种社会和管理过程"是他对营销学的理解和定义。他注重研究顾客价值、交换过程、顾客服务、营销推广及顾客满意度。科特勒认为营销的指导原则是顾客价值,是以交换过程为基础的,且交换的产生受到当事人双方对价值、成本、满足感等因素感受的影响。科特勒指的顾客价值是顾客从某一特定产品中获得的一系列利益,包括产品价值、服务价值、人员价值和形象价值,而从一个大的视野来看,对消费者影响最大、企业最好直接控制的无疑是产品价值和服务价值。

因此科特勒认为对营销最有意义最为重要的三个概念是产品、服务和价值。

在上个世纪70年代之前,市场营销还是一门非常简单的学科,营销的理论和实践都集中在企业组织或者是盈利性组织方面,其主要由消费者市场营销和企业市场营销组成。消费者营销很大一部分是在大众化营销原理上进行的。企业营销则是考虑如何建立最有效的销售队伍。大部分的营销观念和营销活动都集中在如何实现销售上。科特勒的研究成果在很大程度上完善和补充了当时的营销理论,并且建立了一个完善的市场营销学理论体系,囊括了当时的学者的营销学研究成果,使之成为一门学科。此外科特勒还努力将市场营销理论推广到非盈利组织,如大学、慈善机构等。

科特勒推崇德鲁克提出的"公司首要任务就是'创造顾客'"。因此科特勒的营销理论也围绕着帮助企业达成与顾客的交换展开。在探讨和论述企业如何实现其希望的交换活动时,他认为最有价值的三个概念就是产品、服务和价值。在交换过程中,顾客会形成一种价值期望,并根据它行动。他在营销学里论述的价值除了上述的顾客价值之外还有顾客让渡价值,科特勒认为顾客是让渡价值最大化的追求者。营销学里的价值不同于经济学对价值的论述,科特勒在营销学里把价值描述为一种利益,顾客所获得的利益。顾客让渡价值是指顾客价值与顾客成本之差(顾客成本主要包括货币成本、时间成本、体力成本和精力成本)。消费者将从能提供给他们认知的最高顾客让渡价值的公司产品服务。科特勒在市场营销学里论述的价值的载体并不是经济学理论所阐述的纯粹的产品,除了产品还有销售渠道和人员形象等,产品是价值最重要的载体。科特勒在营销学里对产品的定义是"能够提供给市场以满足需要和欲望的任何东西"。产品对于营销学的意义不仅仅在于其是顾客价值的载体,还在于不同的产品类别将影响营销策略的使用及其效果。因此产品无疑是市场营销最重要的概念之一,也是企业在提高顾客价值时的首要考虑因素。营销学里一个完整的产品主要有五个层次,每个层次都增加了顾客更多的价值,它们构成顾客价值层级。最基本的层次是核心利益:顾客真正购买的基本服务或利益。在核心利益之后还有基础产品、期望产品、附加产品和潜在产品四个层次。从营销学对产品的定义来看,他指的产品不仅包括有形的产品,还包括无形的服务。服务可以作为对有形产品的补充也可以作为一种独立的无形产品。科特勒强调了管理服务业和附属的服务。相比于有形产品,服务是无形的、不可分离的、不易存储的和异质的。

"顾客能够判断哪些供应品能够提供最高价值"是科特勒阐述营销理论的基础,也说明了现代市场营销学的理论基础是经济学。他延续了彼得·德鲁克开创的一个趋势,把营销学的重点从价格和分配转移到一个更大的领域,加深了人们对营销学的认识和理解。科特勒把促进企业与消费者的交换活动作为研究营销的出发点和营销的本质。进而通过一系列的论述说明了顾客、产品、价值和服务对于营销的重要性、相互间的关系以及它们对营销策略的影响。

自上个世纪 80 年代以来,科特勒的营销理论风靡世界。可是最近几年,出现了一些反思和批判科特勒的经典营销理论的思潮。反思和批判主要集中在:(1)经典营销理论是否是放之四海而皆准的,即地域的适应性。(2)经典营销理论追求理论上的完整性、正确性,对具体的营销策略缺乏深入研究,不足以指导当前企业的营销工作及迅猛发展的营销实践。(3)经典营销理论对新的营销理论和营销方法还没有合理吸纳。(4)经典营销理论对专属于营销范围的目标和战略界定不清。(5)经典营销理论对顾客的高度关注和对竞争的较少关注与现代营销实践不符。

由于市场发展和竞争的现实需要,人们日益加强的生态意识、社会意识以及其他相关学科,如管理学、经济学、心理学的进步,营销理论也在不断地发展。营销理论的发展依然是在经典营销理论体系的框架下发展,主要表现有:营销理论不断更新,如 4R 理论、绿色营销理论、关系营销理论、客户关系管理理论的出现;营销理论向适用各个国家、各个行业的方向发展;适应营销主题和营销方式的变化。

以上论述从不同角度阐述了科特勒的"营销的格言是产品、服务和价值"对营销学理论和实践的意义。产品、服务和价值是经典营销学理论的重要支撑点,也是科特勒在营销学里所重点论述的内容。产品、服务和价值是每个企业的营销活动都必须要考虑的三个要素。

(韩顺平)

参考文献:

[1][美]菲利普·科特勒.营销管理[M].北京:中国人民大学出版社,2001.

[2][英]沙尔坦·克默尼.大师论营销[M].北京:华夏出版社,2005.

[3][美]本·M.恩尼斯.营销学经典权威论文集[M].大连:东北财经大学出版,2000.

[4][美]小查尔斯·W.兰姆.小约瑟夫·F.海尔.营销学精要[M].重庆:电子工业出版社,2003.

美学为组织创造有形价值

　　贝恩特·施密特毕业于美国康奈尔大学,获得心理学博士学位。目前是美国哥伦比亚大学商学院市场营销学教授。其主要研究领域包括战略与全球市场营销、品牌建立、企业识别与形象管理,以及消费者行为等。贝恩特·施密特曾与乔治敦大学市场营销学教授亚历克斯·西蒙森于 1997 年合著《Marketing Aesthetics: The Strategy Management of Brand, Identity, and Image》。

　　在《视觉与感受:营销美学》这本详细阐述营销美学的著作中,贝恩特·施密特和亚历克斯·西蒙森两位学者为公司如何利用美学效果创造竞争优势提供了明确的指导原则。这些原则成功地突破了品牌创造的传统思维,采用品牌创造、识别和形象相结合的新方法,着重说明如何通过标识、宣传手册、包装、广告以及声音、香味和光线等美学效果推销"记忆深刻的体验感受"。两位学者还探讨了是什么使公司识别或品牌识别具有如此不可抵挡的吸引力,什么样的风格和主题对于不同的背景具有决定性的作用,以及一定的视觉符号传达了什么样的含义。由此得出结论:任何行业、任何企业中的任何人使用"营销美学"的工具都可能受益。

　　事实上,我们经常谈论一个企业的核心竞争力,可能是独特的技术、专业人才、企业文化或垄断资源,当我们深刻审视那些持续成功的公司,如可口可乐、麦当劳或青岛啤酒,我们会发现,"然而,产品或服务质量、杰出的工艺和工程,或优秀的经营和财务管理,并不能解释这些产品和公司在当今市场中的成功的原因。将重点放在核心竞争力、质量以及顾客价值上也不足以创造一种无法抵御的吸引力。每个公司都通过利用美学找到了形成差异化的强有力的支撑点,在顾客心里创造了总体的正面形象,描述了公司或品牌强有力的个性"。

两位学者还提出了打造深度品牌的三段论,即性能/价值——品牌(名称和联想)——感官体验(美学)。见下图:

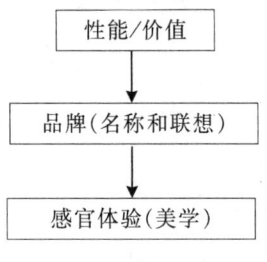

营销方法的重心

这个结论可以为我们日常所接触到许多品牌的成长过程提供理论依据。一般而言,一个新产品进入市场时,都是着重在性能/价值上进行阐述,以区别于竞争产品,这种策略我们也称之为 USP(独特销售主张)。当产品获得了一定的市场份额后,更多的传播工作放在了提升品牌上,其直接的目的就是使品牌丰富化,即产生联想。但真正能够产生品牌忠诚,使顾客与品牌形成亲密关系并"相伴终身"的则是所谓的感官体验,是一种美学情愫。

从定义上来看,营销美学是指一个组织或品牌的美学所共同拥有的结构和参照特性。客观上讲,这些都是"虚"的东西,但营销美学却可以为组织创造有形价值,主要表现在以下方面:①美学产生忠诚。情有独钟的顾客并不是始终关注产品的质量,更多的是在持续的质量保证前提下的情感认知。②美学能提高产品定价。耐克的运动鞋可以卖到1000元以上,海尔的冰箱也比同规格的竞争产品价格高,因为顾客认可品牌的价值,接受品牌的美学价值。③美学能从杂乱的信息中显露出来。我们的身边充斥着各式各样的信息,在同质化竞争日益明显的今天,技术的差异化或者被滥用,或者被注入简洁的识别系统中,而简洁的直接作用就是脱颖而出。④美学能在竞争中获得保护。对品牌的保护往往是要通过法律的手段才能生效,但通常的情况下,美学设计越是强有力,在识别要素中表露得越多,从实际的角度来看它就越容易得到保护。我们很难想象竞争者能够模仿一个成功企业所有的感觉要素和美学设计。⑤美学能节约成本并提高劳动生产率。短期内导入美学营销所带来的一般是成本的上升,但随着时间的推移,所有这些投入都会被摊薄并产生意想不到的积极效果。而且,一个有吸引力的美学系统也是一件强有力的内部营销工具,它吸引了有创新精神的第一流人才,这是进入新的外部市场的关键因素。此外,美学还能够激励员工,美化工作环境。

那么,企业在什么时候应该考虑导入或强化其美学营销策略呢?以下几种情况一般被认为是好的契机:①公司结构的变化。②忠诚度降低或失去市场份额。③形象过时。④形象不一致。⑤新产品、产品延伸或新服务。⑥新的竞争者。⑦顾客特性的变化。⑧进入新的市场。⑨更多的资源。最新的案例应该是柯达的变化,由于数字化时代的影响日渐明显,柯达感到自己已经有些落后于这个时代了,于是对其使用了36年的标识作了调整,意味着柯达将打破框框,以积极适应这一快速变化的新时代,证明其正坚定不移地彻底地向数码领域全面转型。见图:

柯达品牌标志对比 施密特和西蒙森,1997

资料来源:KODAK 公司网站

(韩顺平)

参考文献:

[1][美]贝恩特·施密特,亚历克斯·西蒙森著.曾嵘等译.视觉与感受 —— 营销美学[M].上海:上海交通大学出版社,1999.

[2][英]肖恩·史密斯,乔·惠勒著.韩顺平,吴爱胤译.顾客体验品牌化 —— 体验经济在营销中的应用[M].北京:机械工业出版社,2004.

[3][美]约瑟夫·H.博耶特、杰米·T.博耶特著.杨悦译.经典营销思想[M].北京:机械工业出版社,2004.

营销就是创造和管理一个卓越的
价值让渡系统

消费者是理性的。顾客能够判断哪些供应品将为他们提供最大的价值。在有限的信息和一定的搜寻成本、灵活性和可支配收入等因素的限定下顾客是价值最大化的追求者。这是科特勒所构建的经典营销理论的基础,即顾客是价值的追求者。企业要抓住顾客,其营销活动必须以顾客价值为核心,进行价值营销。价值营销是以对消费者价值构成、成本构成与消费者价值让渡系统的深入理解与把握为基础的。价值让渡系统的各个环节和要素与供应链、价值链是一样的,不同的是价值让渡系统的传递是双向的,系统中的各个要素不仅向下游提供供应品,还向上游传递信息。

在经典的营销理论中,营销都是以顾客作为出发点和最终归宿。传统理论认为营销是要关注顾客需要和欲望,并且比竞争对手更快、更有效、更有利地传送目标市场所期望满足的东西。传统的营销理论有四个支柱:目标市场、顾客需要、整合营销和盈利能力。而科特勒的"营销就是创造和管理一个卓越的价值让渡系统"命题的提出突破了传统的营销理论的框架。在价值让渡系统中企业不仅向下游企业传递产品还向上游企业提供信息等资源,所以企业要关注的不仅仅有顾客(下游企业)的需要和欲望,还要有上游企业所需的信息和其他需要。因此科特勒的这个命题扩充了传统营销学的内涵,开拓了传统营销学的视野。

科特勒在《营销管理》第十版的第一章写道:"营销学主要是辨别和满足人类与社会的需要。人类与社会的需要是人类与社会在某种特定的条件下产生的,这些信息并不属于企业所有,也并不完全为企业所了解。满足人类与社会的需要这个工作是由企业完成的。因此可以说营销学是联系消费者与企业的纽带。而通过这个纽带上游企业向下游企业(顾客)提供产品、价值,下游企业(顾客)通过这个纽带向上游企业传递信息。消费者的购买是对能满足其需求的内在价值的购买,因此消费者的价值评价是购买决策过程中最主要的决策依据。消费者根据所接触到和收集到的信息进行一定的整理和加工,再用整理和加工的结果判断市场上的各个供应品对他自身价值的大小,然后根据价值最大化,成本最小化的原则进行商品的选择。这时争夺顾客已经不再是单纯提供相同功能的产品或服务的企业之间的竞争,而是各个企业所在的顾客价值让渡系统之间围绕顾客让渡价值的竞争。每个顾客价值让渡系统内的所有企业务必通力合作,建立长期稳定、互利共赢关系,使企业将其上游的供应商也看作顾客,为他们提供服务,向他们提供有用的信息,使他们能够更好地发展也能够更好地为自己服务。这也是格罗鲁斯关系营销的基本观点。顾客让渡价值是指总顾客价值与总顾客之差。总顾客价值就是顾客从某一特定产品或服务中获得的一系列利益;主要包括产品价值、服务价值、人员价值和形象价值。产品价值指产品本身属性能够给消费者带来的效用和利益。服务价值是指消费者在购买和使用商品的整个过程所得到的相关服务所带来的效用和利益。个人价值主要指企业与顾客接触的员工的良好形象为顾客带来的利益和效用。形象价值包括良好的企业形象所带给消费者的利益。总顾客成本主要有货币成本、时间成本、体力成本和精力成本。货币成本指消费者在购买商品时的货币支出。由于现代人的生活节奏逐渐加快,人们发现时间是宝贵的,是有价值的。消费者在购买商品时所花费的时间也渐渐作为一种成本记入顾客成本。消费者在购买商品时花费的精力和体力分别作为精力成本和体力成本记入消费者成本中。各个不同的顾客价值让渡系统内的企业就围绕着如何从各个方面增加每一项顾客价值、减少每一项顾客成本进行通力协作,争取比其他顾客让渡价值系统创造更大的顾客让渡价值,争取更多的顾客。当一个顾客价值让渡系统在这种竞争中获得胜利或者占据优势时系统中的每个成员都将从中获得利益。在系统内部成员之间主要根据其在价值链中为商品作出的价值增值分配取得的利益。

顾客价值让渡系统由科特勒提出的顾客让渡价值衍生而来。顾客让渡价值理论已经被企业和社会的接受,但是顾客让渡价值系统理论还没有得到企业和社会的认同。当前,只有为数不多的企业用顾客价值让渡系统理论来指导企业的营销工作。顾客价值让渡系统理论的提出为企业探讨新的工商关系、提出创新的营销策略、营销活动提供了新的思路,我们至少应该首先从理论上认识到顾客价值让渡系统作为无形的企业集合体的价值。

德鲁克指出公司的首要任务是创造顾客,这个任务的主要执行者是企业的营销活动。今天的顾客是价值最大化的追求者,企业要想抓住顾客必须为顾客创造更大的顾客价值,并且以比较低的顾客成本。根据价值链理论,一个产品最终的价值是生产这个产品的一条价值链或者是顾客价值让渡系统作用的结果,并非一个企业努力的结果。因此争夺顾客是不同顾客价值让渡系统(价值链)内所有企业的共同的努力。企业的营销要想取得进步,要想争取到更多的顾客,必须要使其所在的整个顾客价值让渡系统更加有效。因此科特勒提出:"营销就是创造和管理一个卓越的价值让渡系统。"

以上从不同角度分析了"营销就是创造和管理一个卓越的价值让渡系统"这一命题的正确性和有效性。随着经济的发展单个企业在竞争中的作用在逐渐减弱,而由不同企业组成的顾客价值让渡系统在竞争中的作用在加强。企业要想在未来的竞争中赢得更多的顾客,顾客价值让渡系统将成为不可忽略的一个考虑因素。在未来,营销的作用和功能也许会逐步向顾客价值让渡系统上发展。

(韩顺平)

参考文献:

[1][美]菲利普·科特勒.营销管理[M].北京:中国人民大学出版社,2001.

[2][美]彼得·德鲁克.管理实践[M].北京:工人出版社,1989.

[3][美]迈克尔·波特.竞争战略[M].北京:华夏出版社,2001.

顾客控制了公司的命运

帕特丽夏·席柏是全球知名电子商业策略顾问公司 Patricia Seybold 集团公司的创办者兼总裁,公司的客户包括惠普、微软和安达信等,主要在电子商务战略、最佳实践和技术架构决策方面为他们提供帮助。席柏担任科技产业顾问长达二十年之久,她非常擅长分析新科技对于企业、组织和整体产业的影响,观点同时兼顾经营层面与技术层面,她也是《CEO》、《Business 2.0》以及《Computer World》等杂志的资深专栏作家。席柏的著作有全球最畅销图书《Customers. com》、《深入顾客的生活》,以及《如何在互联网时代创建一个盈利性的企业战略》、《顾客革命》等。

帕特丽夏·席柏长期致力于互联网的发展可能带来的顾客地位的变化,以及由此企业应该采取的应对措施的研究,在《顾客革命》一书中,席柏为我们预见了"顾客经济"时代的来临,她认为这既可以是一个莫大机会也可以是一个巨大的难题,在顾客革命中获胜的公司将是那些时刻关注顾客,并随着顾客需求的变化而调整相关策略的公司,通过对 14 家著名公司的研究,她认为随着无线通信的发展和网络的普及,顾客控制了公司的命运。"顾客控制了公司的命运"这个观点不仅贯穿了《顾客革命》整本书的每一个章节,也是席柏创作本书的基础。

席柏在《顾客革命》一书中提到顾客开始控制公司的命运了,他们开始转化产业,改变公司的运营模式,而顾客的忠诚度,对于公司的决策者和投资者都越来越重要。顾客取得了控制权,他们将改变你我所熟悉的经济面貌,顾客现在可以随时随地与我们做生意,并且开始要求改变定价、销售渠道,甚至设计递送产品或服务的方法。思科的 CEO 约翰·钱伯斯,他利用他工作时间的80%与顾客进行沟通,并且要求所有的管理层花费50%以上的时间跟顾客面对面互动。席柏还提出了顾客导向经济的三大原则:第一个原则是顾客取得了控制权,由于互联网的普及,顾客可以轻松地上网寻找他们所需要的一切,包括产品咨询、交易,甚至根据需求量身定做的产品和服务,通过电子化的方式,顾客可以随时随地与企业互动。顾客将改变企业的商业模式、产品的价格、产品开发的顺序、分销的模式等等,公司的策略全部都将受到顾客的影响。一旦顾客导向的力量开始发生作用,产业中的参与者别无选择只有接受。第二个原则是顾客关系代表一切,公司的经济价值是和他能够吸引和留住,以及能够在盈利基础上供应多少顾客相联系的,顾客关系是企业的无形资产,也是企业最大的资产。第三个原则是顾客体验至关重要,顾客忠诚是建立在体验之上的。席柏还提出了创建完美顾客体验的八个步骤:(1)创造诱人的品牌个性;(2)在所有渠道和接触点提供一致的顾客体验;(3)真正关心顾客和他们体验的结果;(4)衡量你在顾客所重视的指标方面做得怎么样;(5)追求运营的卓越;(6)不浪费顾客的时间;(7)将顾客的偏好和信息整合到公司和他们的互动中;(8)创建可以随着顾客关注点的变化而快速变换的产品、服务和过程。这一切都意味着顾客将要控制公司的命运,公司必须采取相应的措施来迎接顾客经济的到来,否则将被顾客抛弃。

从企业对顾客关系的日益重视,我们不难看出,席柏所预言的顾客经济的时代已经悄悄来临了。国内一些学者关于顾客以及顾客关系的论述和席柏的观点不谋而合。他们认为在当前的市场环境下,企业间的竞争已经不再仅仅是基于产品的竞争,一方面,随着市场和信息沟通渠道的日益饱和,产品质量和服务特征日渐趋同;另一方面,顾客在产品、服务、渠道和沟通等方面的选择余地空前增大,转移壁垒不断降低,企业经营活动的实际控制权越来越多地转移到顾客手中。顾客已经成为企业价值链网络中最关键的组成部分,同时扮演着消费者、生产者、产品的共同开发者和价值的共同创造者等多重角色,一个以顾客为中心的超强的竞争时代正在来临。这源于其多因素,其中,超强的竞争环境是其推动力,互联网等通讯基础设施与技术的蓬勃发展是其迅速得到关注的根源,无数成功企业的实践已经表明:沿着价值链向下游拓展、充分接近顾客,是企业成功的诀窍所在。同时管理理论重心的转移和发展推动了顾客中心时代的来临。"关注顾客需求,以顾客为中心"是现代企业唯一的正确选择。根据海格尔等人的研究成果,顾客关系管理与产品创新和基础设施管理一道,共同构成了绝大多数企业必备的三大部门,而且还处于核心地位。而波特的价值链理论则把企业看作一系列创造价值和支持价值创造的活动的集合,认为企业通过有效管理构成价值链的内部活动可以创造竞争优势,同时,波特发现,无论对于商务机构还是个人顾客,都同样存在着价值链,企业的差别优势正是来源于自身价值链如何与顾客价值链相连接。可见顾客的角色正在发生变化,而他们的观点一致支持了席柏关于顾客将要控制公司的命运的观点。

的确,顾客正在渗透到市场的每一个角落,现在公司之间的竞争,已经转变为以顾客为中心的竞争。在这种竞争形态下,顾客成了公司利润的根本源泉,成了影响公司生存和发展的关键资源,所以很自然地顾客也就对公司的命运拥有了控制权。

(韩顺平)

参考文献:

[1]Patricia B. Seybold Ronni T. Marshak Jeffrey M. Lewis. The Customer Revolution:How to Thrive When Customers Are in Control[M]. Crown Publishing Group, March 2001.

[2]王永贵. 顾客资产管理:资产、关系、价值和知识[M]. 北京:北京大学出版社,2005.

[3]Hagel,J. Marc Singer. Unbundling the corporator[J]. Harvard Business Review, 77(2), 1999, pp. 133 – 141.

[4]M Bower、RA Garda. The role of marketing in management. Handbook of Modern Marketing[M]. Buell, McGraw Hill, New York, 1985.

世界上到底有多少品牌并不重要, 我的品牌世界才真正重要

　　约翰·奈斯比特是美国著名的未来学家,早年曾涉足政坛,1963 年被肯尼迪总统任命为教育部助理部长,后被聘为约翰逊总统的特别助理。离开白宫后,先后担任 IBM 及柯达公司高级主管,有着 30 多年的企业管理经验。主要著作有《大趋势》、《亚洲大趋势》、《全球吊诡》、《2000 年大趋势》。《大趋势》于 1982 年问世,在《纽约时报》排行榜上榜维持两年之久,销售 800 万册。约翰·奈斯比特每年巡回欧、亚、美各地演讲,并为一些全球著名跨国企业做市场研究及长期规划。

　　在当代西方社会思潮中,未来主义因深切地表达了对人类社会生存与发展的关注、具体而详尽地描绘了人类社会的未来形态而独树一帜,约翰·奈斯比特是其重要代表人物之一。奈斯比特著述甚丰,《大趋势》取得成功之后的近 20 年里,几乎平均每年均有新作问世,其中不少系与他人合著。"世界上到底有多少品牌,这对我来说并不重要,我的品牌世界才真正重要"是奈斯比特在 IBM 2003 年论坛上做的"我们将进入一个什么时代"演讲中谈到的,他向我们讲述了当今世界正在发生的事情,以及它同中国的关系。他所谈论的问题是人们普遍都在思考研究,并寻求解决方案的问题。

　　奈斯比特在预言我们将进入一个什么时代时,告诉我们世界的变化是在不断进行的,如果我们想要理解哪些部分正在发生变化,在以什么样的速度发生变化,哪些部分是保持不变的,这就需要我们认真地研究。大部分的东西是保持不变的,而我们通常把注意力集中到了变化的事物上。他主要向我们陈述了(1)战争是优化创新的舞台——军方慷慨解囊起到了研究与开发的作用;(2)全球化并不意味着美国化——全球的人们都在努力加强他们的文

化特征,所以我们越变得全球化,我们的行为越是部落化;(3)中国是世界的加工厂——中国的消费经济正在成为增长的引擎,正在越来越多地补充出口经济;(4)我们应当遵循自然的自我构建的模式——因特网是自我构建的,但现在它也仅仅实现了全部潜力的5%;(5)真实可信是一个新的标准——品牌要做的工作,就是要努力进入每个人的品牌世界;(6)更高层次的信息技术及遗传工程——宗教与科学产生了冲突,不亚于伽利略与达尔文时代的冲突;(7)在高科技的世界当中人们需要保持平衡——未来社会保持个性的唯一途径就是增加高格调;(8)计算机和"诗人"——技术不能以牺牲人文为代价这八个趋势。其中,在谈到品牌的内涵正在变化时,奈斯比特认为在技术几乎可以模拟一切的世界当中,辨别真伪就变得最为重要,商标、品牌一直是所谓真实性的标志,它们还将会比以往更重要。商标——一种小小的图标,正在向信任过渡,这是决定性的。商标本来是一种保护的方法,保护你的版权专利,但是信任让你征服世界,你要让你的客户相信你的商标。的确,企业需要有一个信任标志,而企业的品牌的目标是进入"我的品牌世界"。奈斯比特认为世界上可能有几百万个品牌,但是这并不会削弱人们所钟爱的品牌的价值。这不是一个简单的加减法游戏,加上一个并不意味着一定要减去另一个,也就是说品牌的不断增多并不会减弱人们对现有品牌的喜爱,每个人都会创造一个对自己有意义的品牌世界,耐克、索尼、奔驰、IBM、《纽约时报》、三大男高音等等。因此在最后奈斯比特提出了这样的看法,"世界上到底有多少品牌,这对我来说并不重要,我的品牌世界才真正重要",品牌要做的工作,就是要努力进入人们那个"我的品牌世界"。

奈斯比特对品牌的看法强调了每个人自己的品牌世界,很多其他的学者也在不同的侧面支持了这种观点。我们首先来看一下菲利普·科特勒对定位下的定义,他认为定位是对公司的提供物和形象的策划行为,目的是使它在目标消费者的心智中占据一个独特的有价值的位置。在此,他强调的目标顾客的心智和奈斯比特强调的"我的世界"是不谋而合的。无独有偶,阿尔·里斯和杰克·特劳特的《定位:头脑争夺战》一书也支持了奈斯比特观点。里斯和特劳特的定位理论主要强调对产品和品牌的心理定位,也就是要在顾客的心理上下工夫,使某一品牌、公司或产品在顾客心目中获得一个据点,一个认定的区域为止,或者占有一席之地,最好是使其具有第一说法、第一时间、第一位置,创造第一才能在顾客心中造成难忘的、产生购买决定的优势效果。他们还认为顾客对品牌的印象不会轻易改变,虽然一般认为新品牌有新鲜感,较能引人注目,但是顾客真能记在脑子里的信息,还是熟悉的东西。在《公关第一,广告第二》中,阿尔·里斯再一次支持了奈斯比特的观点,他认为,一般的消费者认为他或她已经对各种品牌了解得够清楚,知道该买哪个品牌,看电视和这个情况完全相同。你记住了你认识的品牌。你记不住你不认识的品牌。你甚至不会花力气去记你不认识的品牌的名字。对于广告,阿尔·里斯说:"如果我没有听说过它们,它们就不会好到哪里去",对于品牌也是如此。由此可见人们所关注品牌都只是自己品牌世界里的品牌,而对于其他的品牌就会视而不见,觉得不怎么样。这也许就是奈斯比特强调品牌的目标是进入那个"我的品牌世界"的原因吧。

由此可见,奈斯比特的"世界上到底有多少品牌,这对我来说并不重要,我的品牌世界才真正重要"这个观点得到了普遍的支持和认可,因此,企业在对品牌进行定位和维护时,也就不得不从顾客的心理上下工夫,努力进入顾客的品牌世界以及长期停留在这个世界里了。

(韩顺平)

参考文献:

[1][美]约翰·奈斯比特. 我们将进入一个什么时代[J]. 中外管理. 2003 年第 5 期.

[2][美]阿尔·里斯、劳拉·里斯. 公关第一,广告第二[M]. 上海:上海人民出版社,2004.

[3][美]阿尔·里斯、杰克·特劳特. [M]. 北京:中国财政经济出版社,2002.

公关第一,广告第二

　　阿尔·里斯是世界最著名的营销战略家之一。1972 年,他和杰克·特劳特在《广告时代》杂志上发表了《新定位》一文,令“定位”一词开始进入人们的视野。1980 年他们再度联手合作,出版了《广告攻心战略 —— 品牌定位》,再次引领市场营销学界的“定位”潮流,该书也成为了广告学界经久不衰的畅销书。此后,1985 年、1988 年、1990 年、1993 年,里斯和特劳特四次合作,著有《营销战》、《自下而上的市场营销》和《22 条商规》。其中,《定位》和《营销战》在多个国家被译成 17 种文字出版,而《22 条商规》则成为各国商务类图书的畅销书。1994 年开始,阿尔·里斯和他的女儿劳拉·里斯在纽约建立了里斯咨询公司。此后,里斯于 1996 年出版了《聚焦》,并与劳拉·里斯分别在 1998 年和 2000 年出版了《打造品牌的 22 条法规》和《打造网络品牌的 11 条法则》。1999 年,阿尔·里斯被《公共关系周刊》杂志评为 20 世纪 100 个最有影响力的公关人物之一,同年 6 月,他成为《商业周刊》的封面人物。2002 年,里斯和他女儿劳拉·里斯合著的新作《公关第一,广告第二》犹如一颗炸弹引爆了全世界的营销界、企业和媒体。

　　在《公关第一,广告第二》这本书中,里斯向我们揭示了一个新时代的到来,即“公共关系时代”,他认为当今的市场营销首先是要进行公共关系,广告缺乏创建品牌的关键要素——可信度,只有公共关系才能提供这种可信度,因此只有通过公共关系才能使自己的品牌在消费者心目中占有一席之地;市场营销始于公共关系,而广告则是公共关系的延续,所以说是公共关系在打造品牌,而广告只应用来维护通过公共关系创建起来的品牌,并且里斯认为广告人员应该放弃那种大爆炸式的方式,而是通过公共关系来创建品牌。

《公关第一,广告第二》这本书共分为四个部分,第一部分介绍广告的衰落,主要论述广告欠缺可信度,效果不佳;第二部分介绍公共关系的兴起,通过实例来证明,最近很多新品牌的创建都是公共关系的成功,而不是广告的成功;第三部分讲述了广告的新角色,广告的角色是维持品牌,而非创造品牌,其真正功能是强化业内已存在的信息;第四部分通过一个寓言故事再次论证是公共关系创建了品牌,而广告只能起到维护公共关系建立起来的品牌的作用。

里斯提出的"公关第一,广告第二"的观点以全新的视角向目前营销界的"唯广告模式"提出质疑,第一次把公共关系的力量从理论方面展开研究。2002 年《公关第一,广告第二》在美国初次出版的时候,就曾引起过营销界和广告界的广泛争论,在我国,也引领了一场不小的关于"广告是否衰落与公共关系能否崛起"的话题讨论。

广告作为产品推广、品牌建设的直接途径已经成了营销界奉为圭臬的圣经,大卫·奥格威使用"不做总统就去做广告人"的豪言壮语更把广告的作用推向了无所不能的巅峰。然而美国著名管理学者柯林斯的《基业长青》一书指出,每一家能成就百年基业的卓越企业,无一不是沟通上的高手。在一个敞开式的商业社会,任何一家企业的成长不可能是沿着单一直线型的轨道发展,也就是每一家企业所面对的商业环境不再只是有客户、供应商、销售商等单一产业链上的合作伙伴,而是还必须与产业链之外的政府、媒体、竞争对手、银行等相关团体打交道,将企业良性信息传达给他们,接受他们回馈的意见,企业才能在良好的市场环境中得到支持与发展。只要任何一方的关系处理失当,就有可能招致严重的后果:一些企业因为不善于与媒体进行沟通,在企业出现负面报道之后处理手法不当,导致媒体群起而攻之,这将给企业造成严重的负面影响。由此可见,公共关系的重要性。而在国内,存在三种观点,即广告谈不上衰落、公关迟早压倒广告、公关广告共生。广告谈不上衰落的观点以北京大学现代广告研究所所长陈刚为代表,他认为,中国的公关行业还处于起步阶段,特别不成熟,短期内还无法胜任任何企业营销传播中的主导性工作。因而在一段时间内,广告仍然会是主角,无论是维护品牌发展,还是创造一个新的品牌,广告都将发挥至关重要的核心作用,中国的广告业还谈不上衰落。公关迟早压倒广告观点的代表人物是中华传媒网首席执行官刘国基,他认为,与其说公关公司的业务疆界逐渐扩张,倒不如说各种营销传播专业的领域逐渐模糊更为恰当。核心的问题思考是,从满足广告主的总体营销传播需求的价值链来观察,究竟哪种组合的效益最高、成本最低、战线最短、协调最易、管理最简。还有,就是以目标消费者的角度来观察,哪个营销传播专业的接触面最广、渗透率最深、公信力最强、成本效益最高。在分析了公共关系与广告的特性,并从广告主和消费者两方面出发进行评估后,刘国基的观点是:"公共关系必然压倒广告"。而公关广告共生的代表人物是广东平成广告有限公司董事长吴晓波,他认为如果广告真如里斯所预言的那样衰落,那么公关将如何崛起? 公关主要依赖于媒体传播,而媒体运营的根基正是广告。若媒体失去广告的支撑,那么以媒体为运转平台的公关业,又将到哪里去觅食? 公关、广告所遭遇问题,其根本在于多元化的媒介必然稀释任何一种传播手段的话语权力。面对这种媒介环境,营销传播应该走向整合化,广告与公关并不会非此即彼,而应是共生关系。现在的企业也无不以行动来欢迎"整合营销传播"。里斯所提到的一些品牌的成功,也并非是公关的成功,而是新的商业模式的成功,是因为顺应了"整合"潮流。里斯的观点其实是以局部之表象代替或指称思想上的本质。他认为:里斯以"广告用来保牌,而不是创牌"的观点设定公共关系与广告的二元对立关系,这种论调与更高层次的"整合营销传播"是相悖的。

由此可见,对于里斯的"公关第一,广告第二"的观点,在学术界真是众说纷纭,我们很难对谁是谁非做出判断,但是,可以肯定的是,广告和公共关系作为传播的手段,对于企业来说两者缺一不可,在对两者孰轻孰重辩论的同时,也就意味着整合营销时代不可抵挡地到来了。

(韩顺平)

参考文献:

[1][美]阿尔·里斯、劳拉·里斯. 公关第一,广告第二[M]. 上海:上海人民出版社,2004.

[2]潘海霞. 公关真的在崛起? 广告真的在衰落? [J]. IT时代周刊. 2003.10.

[3][美]詹姆斯·柯林斯、杰里·波勒斯. 基业长青[M]. 北京:中信出版社. 2002.

所有的行业都是娱乐业

麦克凯恩是黑曜石公司的副董事长,该公司是一家价值 1 亿美元的上市公司,拥有数家子公司。二十年来,他一直为通用电气、AT&T、IBM、美国运通和美林等公司服务。他还是麦克凯恩演出集团的董事长。他是"圆桌演讲家"里最年轻的成员,这个精英团体汇集了国内一流的二十位商业演讲家。

"所有的行业都是娱乐业"是美国著名的演说家斯科特·麦克凯恩出版的一本关于体验经济的著作《商业秀》中的一句格言。这句看似有些绝对的格言,将体验营销的魅力推向了极致,甚至断言,体验模式已经渗透到了商业经营的每一个角落。

麦克凯恩认为,娱乐业之所以能够成功,是因为它在观众之间建立了一种感情上的联系。这种联系越强大,成功也就越辉煌。因此,建议每一位经营者必须与其客户、同事建立一种感情上的联系,用这种联系来建立某种忠诚的关系,这种忠诚是每一个企业都在寻求的最重要的目标。

在《商业秀》中,麦克凯恩列举了一些事例来验证这一观点的正确性。如麦当劳快餐店为不能吃芝麻的客户换不带芝麻的汉堡包、赫兹租车公司在作者发生交通事故时与作者的对话令作者对公司产生由衷的好感等。对于金融服务这样的行业又如何理解,难道博得顾客的好感能代替为顾客的资产增值? 麦克凯恩并没有下如此结论,他举了一个事例来说明具有顾客体验意识的作用。"这位客户是一位年过七旬的寡妇,不常进城。考虑到要为这位客户创造一种终极体验,这位股票经纪人意识到,他自己的体验是从那位客户来到他办公室,讨论她的财务问题时开始的,而客户的体验是从她把自己的车开进停车场的车位,并开始往他的办公室走的时候开始的。首先,她必须把车停在那位经纪人的办公室所在的摩天大楼的车库里。然后,她还必须独自穿过车库,坐电梯来到大楼的大堂。她还要从那儿穿过大堂,搭乘一个能把她带到那位股票经纪人的办公室的电梯。"当她第二天走出那位经纪人的办公室的时候,他决定为她创造一次终极客户体验。这一次,他将她的体验升到了终极水平:他不光陪她一起穿过办公楼的门厅,送她到大楼的电梯跟前,他还一直陪她乘电梯下到办公楼的大堂,然后陪她穿过大堂来到车库电梯前,与她一同乘电梯下到她放车的那一层,陪她走到她的车跟前,拿过她的车钥匙,给她打开车门,帮助她坐进车里。在她把车倒出车位之前,她把车窗玻璃摇下来,告诉这位经纪人,她将把自己在另一个经纪人那里投资的 30 万美元转给他。"这位经纪人后来感悟到,"我研究了金融和投资,然而,终极客户体验是我在我职业生涯中遇到的最强大的工具之一。唯一一件让我心烦的事情就是,我过去一直没有用过它"。

与此命题相一致的另一个结论是肖恩·施密斯和乔惠勒提出的"体验就是一切"。两位作者在《顾客体验品牌化:体验经济在营销中的作用》一书中列举了许多事例来说明我们已经进入了体验时代。这些典型的事例有 First Direct 银行、星巴克咖啡、哈里斯博彩娱乐、哈雷·戴维森等,这些公司通过为顾客提供体验感受而赢得顾客的青睐,成为公司的忠诚顾客乃至拥护者。其结果是 First Direct 银行的顾客向其竞争者关闭了账户、星巴克的连锁店开遍了全世界、哈里斯博彩娱乐公司的顾客投入了更多的赌注、哈雷·戴维森的顾客购买了机车以外的很多东西。这一结果正应了弗雷德里克的"忠诚的价值",《忠诚的价值》指出,忠诚的顾客更让公司有利可图,因为销售成本被分摊的时间更长,顾客增加了购买量以及消费率,管理成本降低,顾客推荐别的顾客,并且更愿意支付额外费用。一杯卡布其诺咖啡在星巴克值 2.25 美元,而仅仅作为一般货物的咖啡则仅售 18 美分。

从以上事例我们可以发现,无论是服务品牌还是产品品牌,都在极力通过增加顾客体验来赢得顾客,增加附加价值。因为在当今的商业文化中,优秀是远远不够的,公司不能仅满足于成为单项冠军,而是要能够很好地整合各种娱乐性资源来提升公司业务的差异性,管理品牌资产的实质是管理顾客资产,体验过程中顾客的愉悦感受、互动传播以及感情强化都与品牌紧密的结合,而且这一过程本身也可能成为一个独立的品牌,与原有品牌相辅相成,共同构成为顾客带来更多价值的品牌组合。从这一点来看,"所有的行业都是娱乐业"的结论的确不为过,当然,这种娱乐化的公司业务应该能够有效地实现顾客体验品牌化的目标。

为了能够有效地管理顾客体验,已经有学者开始关注顾客体验管理这一课题,有些公司建立了顾客体验管理系统。一家咨询公司甚至创建了体验工程学,一门将组织每天传送的体验进行全程管理的系统方法。体验工程学用一种近乎苛刻的眼光关注顾客与公司交易的细微之处,在体验设计方面,力求保证贯穿整个体验的每一个素材能够起到加强顾客感受的作用并留下难以磨灭的印象。这样,组织就能够将这些体验素材与相关的人员、产品和工作流程结合起来构造整体顾客体验,这些素材不断重复,对顾客产生刺激,而顾客也就感受到一种欢快流畅、独特的品牌体验。

结合相关论述,可以得出以下实现顾客体验的步骤:区分目标顾客;定义目标顾客的价值,明确哪些价值将导致购买行为和顾客忠诚;选定独特的品牌承诺;详细了解顾客体验,设计关键点和员工行为以传递品牌承诺;开发综合性的革新战略以实行新的顾客体验;设置专门的经理来管理顾客体验;对员工在知识、技能和工具的使用方面进行培训,保证在每一个关键点上都能有效地传递品牌承诺;通过改善领导艺术和工作测量来提升业绩;采用顾客和员工反馈机制来维持顾客的评价并持续不断地改善顾客体验;改进公司制度、人力资源系统和业务流程以传递顾客体验;在业务进行的过程中不断地与顾客沟通以强化顾客体验品牌化。

(韩顺平)

参考文献:

[1][美]斯科特·麦克凯恩著.王楠崟、徐化译.商业秀 —— 体验经济时代企业经营的感情原则[M].北京:中信出版社,2004.

[2][英]肖恩·史密斯,乔·惠勒著.韩顺平,吴爱胤译.顾客体验品牌化 —— 体验经济在营销中的应用[M].北京:机械工业出版社,2004.

[3][美]盖尔·汤姆著.郑晓明译.感悟 —— 顾客体验型公司成功的奥秘[M].北京:电子工业出版社,2003.

[4][美]B.约瑟夫·派恩,詹姆斯·H.吉尔摩著.夏业良等译.体验经济[M].北京:机械工业出版社,2002.

[5][德]施密特著.冯玲,邱礼新译.体验管理顾客—— 实施体验经济的工具[M].北京:机械工业出版社,2004.

图书在版编目(CIP)数据

西方工商管理学经典命题/陈传明主编. —南昌:江西人民出版社,2010.3

(西方经典命题丛书)

ISBN 978 – 7 – 210 – 04348 – 5

Ⅰ.西⋯　Ⅱ.陈⋯　Ⅲ.工商行政管理 – 研究　Ⅳ.F203.9

中国版本图书馆 CIP 数据核字(2009)第 229410 号

责任编辑:汪　婷

装帧设计:揭同元　蔡二弘

西方工商管理学经典命题

主编:陈传明

江西人民出版社

地址:南昌市三经路 47 号附 1 号

邮政编码:330006

电话:0791 –6898705

发行部电话: 0791 –6898893

网址:www.jxpph.com

E –mail:jxpph@ tom.com　web@ jxpph.com

发行:各地新华书店

印刷:江西省南昌市红星印刷有限公司

2010 年 3 月第 1 版　2010 年 3 月第 1 次印刷

开本:787 毫米 ×1092 毫米　1/16

印张:20.25

字数:330 千字

印数:1 –4000 册

ISBN 978 – 7 – 210 – 04348 – 5

定价:39.00 元

(赣人版图书凡属印刷、装订错误,请随时向承印厂调换)